LE PAIEMENT DES PENSIONS

INSCRITES

SUR LES LIVRES DE LA DETTE PUBLIQUE

Jean d'HERCLONVILLE

DOCTEUR EN DROIT

CHEF DE BUREAU AU MINISTÈRE DES FINANCES

LE PAIEMENT DES PENSIONS

INSCRITES

SUR LES LIVRES DE LA DETTE PUBLIQUE

RÈGLES ANCIENNES ET PRINCIPES NOUVEAUX

LETTRE-PRÉFACE DE M. RAYMOND POINCARÉ

PARIS

LIBRAIRIE DALLOZ

11 RUE SOUFFLOT, 11

1925

PRÉFACE

Le paiement des pensions, en l'état actuel de la législation,
est une science ardue, connue seulement de quelques initiés.
Nous aurions hésité à entreprendre l'exposé de ses principes
s'il ne nous était venu quelques encouragements. Qu'il nous
soit permis, au début de ce travail, de remercier bien cordiale-
ment ceux qui nous les ont adressés, nos maîtres et nos
collègues qui nous ont donné leurs conseils et qui ont facilité
nos recherches, et d'exprimer notre vive gratitude à l'émi-
nent homme d'Etat qui a bien voulu apprécier notre effort
dans les termes ci-après.

SÉNAT.

27 juin 1925.

Cher Monsieur,

J'ai lu avec un grand intérêt votre remarquable
étude sur le paiement des pensions. Il n'est pas de
sujet dont l'actualité soit plus manifeste et qui s'impose davantage à l'attention publique. Si l'on songe
que l'annuité budgétaire destinée à assurer le service des pensions dépasse aujourd'hui trois milliards
et, par conséquent, représente environ le dixième
de toutes nos dépenses, dommages de guerre compris, on mesure sans peine l'importance d'un système de paiement qui concilie l'exactitude et la

rapidité. Ces deux qualités essentielles ne sont pas, à vrai dire, aisément compatibles. Lorsqu'on cherche à éviter les erreurs et les doubles emplois, on s'aperçoit qu'il devient difficile de simplifier les opérations, et lorsqu'on tâche d'alléger le travail des comptables et d'épargner aux pensionnés les formalités inutiles, on constate que toute simplification risque de compromettre la sécurité. Cercle vicieux dont il faut cependant sortir.

C'est ce que vous vous êtes efforcé de faire, dans l'intérêt commun des comptables publics, des bénéficiaires de pensions et des contribuables. Vous avez attentivement comparé les lois d'avant-guerre et les lois récentes, celle-là garantissant au Trésor un maximum de sécurité, celles-ci ayant surtout pour effet d'accélérer la liquidation et le paiement des pensions. Vous avez montré qu'il résultait de cette double législation un organisme très complexe qui n'est pas sans mérite, mais qu'il devient nécessaire d'assouplir. Voilà pour le législateur une tâche urgente et délicate. Souhaitons qu'il l'aborde le plus tôt possible, qu'il arrête les grandes lignes d'une révision générale et qu'il laisse au Conseil d'Etat le soin de se prononcer par voie de règlement d'administration publique sur les innombrables questions de détail que soulève ce vaste problème.

Recevez, cher Monsieur, avec mes félicitations, l'expression de mes sentiments dévoués.

R. POINCARÉ

RÈGLES ANCIENNES ET PRINCIPES NOUVEAUX DU PAIEMENT DES PENSIONS INSCRITES SUR LES LIVRES DE LA DETTE PUBLIQUE

La législation des pensions est extrêmement touffue. (1). Depuis la loi des 3-22 Août 1790 qui, la première, reconnaît dans certains cas exceptionnels, une dette de l'Etat, sous forme viagère, envers certains fonctionnaires privilégiés ou envers certains citoyens jugés dignes d'une récompense nationale, nombreux sont les textes qui ont étendu ce droit à pension, en modifiant chaque fois les conditions d'exercice et même de nature, — simple faveur, sorte de *droit-reflet* à l'origine devenu aujourd'hui un véritable droit *subjectif* (2) garanti par une action devant le Conseil d'Etat ou devant des juridictions spéciales comme les tribunaux créés par la loi du 31 mars 1919.

C'est ainsi que les militaires, leurs veuves ou leurs orphelins se sont vu concéder des pensions d'ancienneté, d'invalidité, des pensions de réforme, des pensions de réversion, par les lois du 11 avril 1831, (militaires de la guerre), 26 avril 1855, 25 juin 1851, 10 juillet 1874, 13 mars 1875, 22 juin 1878, 5-18 Août 1879, le décret du 8 Mai 1880, les lois du 23 Juillet 1881 et 16 Mars 1882, les lois du 18 Avril 1831 (Marine), l'ordonnance du 5 Octobre 1844, les lois du 24 Novembre 1848, et 26 Avril 1855, le décret du 4 Août 1855, les lois des 26 Avril et 21 Juin 1856, 26 Juin 1851, 26 Juin 1862, 10 Avril 1869, le décret du 8 Novembre 1872, les lois des 21 Juin 1878,

---

(1) V. l'introduction historique du *Traité des pensions civiles et militaires* Grioiet, Verge et Robinet, Code des lois administratives et politiques de la collection Dalloz.

(2) Sur le sens de ce mot v. Joseph Barthélémy. *Essai d'une théorie des droits snbjectifs des administrés.* Paris. Larose 1899. V. également Hauriou. Précis p. 317. Note.

2

5 et 18 Août 1879, 22 Mars 1885, — des compléments
de pension payés sur la Caisse des *Offrandes nationales*
(loi du 27 Novembre 1872), — des *suppléments* (Loi du
26 Janvier 1892, art. 49), — des *pensions proportionnelles* (Lois des 11 Avril 1831, 11 Juillet 1899, 21 Mars
1905, 13 Juillet 1911, 23 Décembre 1912, 18 Juillet 1913,
30 Décembre 1913, 9 Avril 1914, 30 Septembre 1916, 25
Mars et 16 Avril 1920). Les fonctionnaires civils et leurs
veuves et orphelins se sont vu reconnaître des droits
analogues, sinon tout à fait équivalents, par les lois
du 9 Juin 1853, le décret du 9 Novembre 1853, la loi du
14 Mars 1915.

Certaines catégories spéciales de fonctionnaires ou de
victimes des évènements politiques, par des lois de circonstance dont plusieurs d'ailleurs sont aujourd'hui
desuètes, ont bénéficié d'avantages semblables. C'est
pourquoi figurent encore, sur les feuilles journalières
de récapitulation des paiements effectués à la Caisse
Centrale du Trésor public, les donataires dépossédés
(Loi du 26 Juillet 1821), les grands fonctionnaires de
l'Empire (Loi du 17 Juillet 1856, Loi du 16 Septembre
1871, art. 25, Décret du 10 Mars 1872), les bénéficiaires
de la Caisse des retraites ecclésiastiques (Loi du 30 Janvier 1907), les victimes du coup d'État du 2 Décembre
1851 (Loi du 30 Juillet 1881), les magistrats réformés
(Loi du 30 Août 1883), les survivants des blessés de 1848
(Loi du 18 Avril 1888), etc...

Puis est survenue la guerre pour compliquer une situation déjà si complexe et créer de nouveaux droits,
consacrés par la loi du 31 Mars 1919, au profit des invalides, des réformés, de leurs veuves et de leurs orphelins... et au profit des victimes civiles par la loi du
24 Juin 1919.

Enfin est arrivée l'unification apportée par la loi du
14 Avril 1924 (1).

Mais s'il est difficile de suivre dans tous ses détails
l'évolution du droit en la matière et de définir les règles
diverses qui président à la *concession* et à la *liquidation* de chaque nature de pension, en revanche, en ce
qui concerne le *paiement* de toute cette catégorie de

---

(1) V. les nomenclatures des pensions inscrites au Grand-
Livre de la Dette publique jointes aux circulaires de la C. P. du
23 Nov. 1917 p. 75, du 23 fév. 1923 p. 2, et du 16 mars 1925, p. 9.

dépenses publiques, il est possible de systématiser, d'établir des classifications et de poser des principes généraux, d'indiquer une méthode.

Une remarque préliminaire s'impose même au seuil de cette étude : une certaine unité de principe domine, dans tous les paiements effectués au Trésor, et le paiement des arrérages des pensions ne diffère pas par essence du paiement des dépenses des Ministères. Il n'existe plutôt entre ces deux catégories d'opérations que des nuances de forme, de modalités. C'est toujours au fond, la règle très générale édictée par l'art. 10 du décret du 31 Mai 1862 qui, dans son esprit, s'applique au paiement des pensions. « Aucun paiement ne peut « être fait qu'au véritable créancier, justifiant de ses « droits et pour l'acquittement d'un service fait. » Une simple observation permet la transposition dans notre domaine, de cet axiome élémentaire dont découleront toutes les autres règles comme autant de corollaires ; par « service fait » il faut entendre que le créancier de l'État, le pensionnaire, doit faire la preuve indiscutable de son existence pendant un temps déterminé et donner au comptable le moyen de faire admettre cette preuve par le Juge des comptes. Ce qu'il y a lieu de retenir en tous cas, et de mettre en évidence, c'est pour le pensionnaire comme pour tout autre créancier, l'obligation de justifier de ses droits et pour le payeur celle de justifier de la libération du Trésor.

Ces justifications doivent être faites conformément à des prescriptions légales et règlementaires dont beaucoup sont déjà anciennes. Mais depuis la guerre, cette législation et cette règlementation ont été presque entièrement bouleversées par un travail considérable d'adaptation des vieux principes à des situations imprévues. Des innovations nombreuses en sont résultées qui ont complètement modifié les errements anciens : création du livret, de la carte d'identité ; du certificat de vie-procuration, institution d'un agent comptable des pensions, etc., etc.

Il nous a paru nécessaire d'exposer les règles nouvelles, de les coordonner, de les expliquer et de les faire apparaître à leur place dans l'ensemble dont elles font partie et de donner un aperçu du monument législatif et règlementaire ainsi restauré et remis à neuf.

Tel est l'objet du présent essai.

PREMIÈRE PARTIE

DES RÈGLES GÉNÉRALES
QUI S'APPLIQUENT AUX PAIEMENTS COURANTS
DES PENSIONS DE TOUTES NATURES

CHAPITRE PREMIER

TITRES ET LIVRETS DE PENSION

Titres ancien modèle et livrets. — Production du titre. Exception : perte après délivrance d'un duplicata. Paiement par procuration. — Titres irréguliers : rectifications et pièces à produire. — Veuves remariées de la loi du 31 Mars 1919. — Mineurs. Emancipation. Majorité d'un co-titulaire. — Aliéné non interdit. — Interdit. — Prodigue. Conseil judiciaire. — Division. — Réunions. — Estampilles et mentions manuscrites. — Renouvellement des titres épuisés. — Perte (ou vol) et duplicata. .

Le payeur ne peut effectuer aucun paiement sur une pension sans procéder à trois opérations préliminaires : exiger la production d'un titre, — vérifier l'échéance des arrérages, — et s'assurer si ces arrérages sont assignés payables sur sa caisse.

La Dette Inscrite délivre un titre ou brevet à chaque pensionnaire. Ce titre est *l'instrumentum* contenant la justification des droits du pensionnaire. Il est opposable au Trésor, à la seule condition d'être régulier et revêtu du visa du contrôle (1) Jusqu'en 1919 ces titres étaient d'un modèle uniforme : c'étaient des certificats d'inscription sur le Grand-Livre des Pensions assez analogues aux certificats nominatifs délivrés aux ren-

____

(1). Loi du 24 Avril 1838 article 5. Décret du 31 Mai 1862 article 263.

tiers et portant, au verso, un certain nombre de cases
destinées à recevoir l'indication des sommes payées
trimestriellement.

La loi du 5 Septembre 1919 (1) a institué un nouveau
mode de paiement des pensions (2) et substitué aux titres de l'ancien modèle, des livrets munis de coupons
qui sont détachés au moment du paiement. La couverture du livret contient tous les renseignements qui permettent de vérifier l'identité du titulaire; la première
page remplace le certificat d'inscription et porte toutes
les mentions qui y sont inscrites.

Production du titre. — La production de l'un ou de
l'autre titre est indispensable. Elle est prescrite par la
Circ. de la Compt. Pub. du 26 Juin 1902 § 5 qui ne concerne, il est vrai, que les titres ancien modèle. Mais les
raisons qui nécessitent la production du titre ancien
modèle justifient *a fortiori* celle du livret. La présentation du titre a pour but de permettre la consatation
contradictoire du paiement, son contrôle et certaines
vérifications (notamment celle des énonciations contenues dans le certificat de vie ou dans la carte d'identité). En ce qui concerne les titres ancien moèle cependant, dans certains cas exceptionnels, le titre peut ne
pas être produit. La Dette peut autoriser (son autorisation est alors indispensable et doit être explicite) un
pensionnaire à toucher sans titre (3) lorsqu'elle présume
que le titre, qui d'ailleurs a fait l'objet d'une déclaration de perte, a été engagé et remis à un prêteur. La
pension est dite payable sans titre et le pensionnaire
est tenu de se présenter lui-même et de donner quittance

---

(1) V. la circulaire de la Comptabilité publique du 9 Novembre 1920 et notamment page 3 la description de la contexture
des livrets.

(2) L'intervention de la loi en ce domaine est une nouveauté.
Jusqu'à ce jour la matière n'avait été organisée que par des
règlements. On doit constater ici une extension du pouvoir législatif et un empiètement sur le pouvoir exécutif. La conséquence sera d'augmenter le formalisme administratif qu'on
désire éviter

(3) Les payeurs ne doivent payer sans titre que les pensions
autorisées et figurant sur un état. En pareil cas les pensionnés
doivent toucher personnellement. S'ils ne le peuvent, ils doivent donner devant notaire, une procuration, ou tout au moins
une autorisation spéciale « à l'effet d'encaisement ».

au bas d'un certificat de vie. De même, il est admis, qu'au cas où le pensionnaire ne peut toucher lui-même et ne veut pas se dessaisir de son titre, le payeur peut valablement se libérer entre les mains d'un mandataire muni du certificat de vie du titulaire et d'un pouvoir notarié (1).

Mais en ce qui concerne les paiements sur livrets, il n'y a pas d'exception : le paiement ne peut être effectué sans le détachement du coupon adhérent au titre : l'absence du livret met le payeur dans la nécessité absolue de refuser tout paiement.

Titres irréguliers. Rectifications. — Les titres doivent être établis par la Dette avec la plus rigoureuse exactitude. Cependant leur examen et leur comparaison avec les documents qui sont entre les mains du payeur (bulletins mobiles, extraits de registre, etc.) ou avec les pièces produites par le pensionnaire, ou avec les déclarations de ce dernier, révèle parfois des irrégularités. Il n'appartient pas aux comptables de corriger ces erreurs (2). Le titre irrégulier doit être renvoyé à la Dette.

Différentes sortes de rectifications : (échéances, montant de la pension, immatricule). — L'erreur peut porter soit sur le montant de la pension, (dans le cas de simple erreur matérielle, la Dette rectifiera immédiate-

---

(1) Sur la forme de ce pouvoir V. les ordonnances des 1 r Mai 1816 et 9 Janvier 1818. Il existe encore une exception à la règle qu'aucun paiement ne doit être effectué quesur production du titre. Dans certains cas très exceptionnels on admet le paiement sur récépisé lorsque le titre a dû être déposé pour être mis en harmonie avec les modifications édictées par la loi. Cette mesure a pour but, en prévision d'une attente assez longue, de permettre à l'intéressé de toucher les arrérages de sa pension à l'ancien taux tant qu'il ne sera pas en possesion d'un titre rectifié à un nouveau taux. C'est ainsi que sont payés sur récépisé les arrérages des pensions dont les titres ont été déposés pour bonification de la L. du 18 Juil. 1922. (Cette mesure ne concerne que les militaires et les veuves de militaires. Lettre commune de Fév. 23. L'autorisation est donnée à partir du 1er Mars 1923 Circ. du 18 Oct. 1922.) Mais il ne faut pas étendre cette mesure. Il n'y aurait pas lieu de l'appliquer notamment aux titres ancien modèle déposés pour échange contre des livrets à coupons.

(2). Circ de la Dette inscrite du 5 Février 1903 § 4.

ment, — dans le cas d'erreur de liquidation, l'affaire doit être portée devant le Ministère des Pensions ou devant le Ministère liquidateur, qui procèdera à une révision : un nouveau décret de concession doit intervenir) soit sur l'indication des échéances, soit sur l'immatricule.

Dans ce dernier cas, il se peut que le nom du pensionnaire soit mal orthographié, qu'un prénom soit omis, que la date ou le lieu de naissance soient mal indiqués : la rectification sera effectuée au vu de l'extrait de l'acte de naissance.

Mais le titre contient parfois des inexactitudes plus perfides : l'indication d'une fausse qualité civile, plus facilement qu'une faute d'ortographe dans un prénom, peut entraîner un faux paiement. De plus, l'erreur sur la qualité s'insinue fréquemment sans qu'il y ait aucune faute imputable au rédacteur du titre : il se trouve souvent que le libellé, régulier au moment où il a été établi, ne correspond plus à la situation actuelle du pensionnaire.

Tous les changements qui viennent à modifier cette situation doivent être suivis. Les payeurs sont tenus d'examiner minutieusement, à ce point de vue, les documents qui leur sont soumis. Leur attention doit surtout être en éveil lorsque les paiements sont faits à des femmes, ou aux représentants des mineurs ou à des interdits.

La capacité civile de la femme, en effet, et par conséquent la validité de son acquit, dépendent de son état matrimonial. Cette capacité est diminuée par le mariage et rétablie par la dissolution du lien conjugal. Chaque fois qu'un évènement survient pour nouer ce lien ou pour le rompre (divorce ou veuvage) le titre doit être envoyé à la Dette et modifié. Tel est le fondement primitif de la règle en vertu de laquelle l'immatricule du titre d'une femme pensionnée doit indiquer de façon précise, non seulement les noms et prénoms de la titulaire, mais encore ses noms de Veuve de M. X..., ou de femme de M. Y..:

Cette règle ne se fonde plus aujourd'hui tout à fait sur le même motif. La loi du 28 Décembre 1922 dispense la femme ou la veuve remariée de l'autorisation maritale qui, par application de l'art. 217 du Code Civil, lui était demandée pour toucher sa pension. Néanmoins la règle subsiste et se justifie par une autre considération. La femme, en se mariant, peut perdre la qualité de française, puisqu'elle adopte la nationalité de son nouveau mari. Or la perte de la qualité de français entraîne la perte de la jouissance de la pension.

Donc en cas de mariage ou de nouveau mariage, l'envoi du titre à la Dette inscrite sera accompagné d'un extrait de l'acte de mariage (ou du livret de famille, ou d'un bulletin de mariage) et d'un certificat de nationalité du mari (1), — en cas de divorce, du jugement prononçant le divorce ou 'd'une expédition de l'acte de mariage sur lequel le jugement aura été transcrit, — en cas de veuvage de l'acte de décès du mari.

Veuves remariées de la loi du 31 mars 1919. — Une conséquence du principe admis par la loi du 28 Déc. 1922, c'est qu'il n'y a pas lieu à rectification du titre lorsque la femme est séparée de corps ou de biens. La séparation, en effet ,qui étend la capacité civile de la femme ne saurait modifier sa nationalité (2).

Plus complquée est la situation des veuves titulaires, en vertu de la loi du 31 Mars 1919, d'une pension qui leur appartient en propre augmentée de majorations qu'elles reçoivent en qualité de tutrices. Ces veuves, qui sont créancières du Trésor, en leur double qualité de pensionnées et de tutrices doivent, en cas de remariage et au cas où de leur première union il xiste des enfants mineurs de moins de 18 ans et titulaires de majoratons, justifier qu'elles ont conservé leur tutelle.

Elles produisent à cet effet, en plus de l'acte du nouveau mariage et du certificat de nationalité que doivent fournir toutes les veuves remariées, soit une délibéra-

---

(1) Dans la pratique actuelle, en cas de convol en secondes noces, la pensionnaire est invitée à rédiger une demande (conforme à un modèle). La signature de la pétitionnaire est légalisée par le Maire qui certifie, en outre, que le second mari est citoyen français (Circulaire de la Direction de la Comptabilité publique du 15 juillet 1922).

(2). D'ailleurs antérieurement au 28 Déc. 1922, la Dette ne rectifiait pas davantage le titre en cette circonstance. Le payeur notait le changement survenu et se faisait produire les justifications nécesaires pour opérer le paiement entre les mains de la femme agissant seule. La législation nouvelle rend ces justifications superflues,

tion du conseil de famille antérieure au nouveau mariage les autorisant à conserver la tutelle après s'être remariée, soit une délibération postérieure au nouveau mariage les réintégrant dans la tutelle qu'elles avaient perdue.

Si, en principe, l'immatricule du titre appartenant à une femme capable de toucher elle-même doit indiquer très rigoureusement son état-civil exact, à plus forte raison cet immatricule doit être complet, lorsque le pensionnaire ne touche pas lui-même et qu'il est obligé de se faire représenter.

Mineurs. — Le titre délivré à un mineur doit indiquer les nom et prénoms du tuteur ; il doit donc être rectifié et renvoyé à la Diète lorsque le titulaire est mineur et qu'un chargement survient dans la tutelle, par suite du décès du tuteur ou pour toute autre cause ou lorsque l'incapacité du mineur cesse par suite de son *émancipation*.

Emancipation. — Pour permettre la rectification, le titre sera accompagné de la délibération du conseil de famille qui nomme le nouveau tuteur ou émancipe le mineur ou, dans le cas d'émancipation par le mariage, de l'acte de mariage, et, s'il s'agit d'une orpheline, d'un certificat de nationalité du mari.

Majorité d'un co-titulaire. — Il existe une hypothèse où la rectification s'opère sur la production du titre seul, sans qu'il soit nécessaire de fournir aucune pièce, c'est le cas où plusieurs mineurs sont co-titulaires d'une pension civile ou d'une pension militaire concédée en vertu de la loi du 11 Avril 1831 ou de la loi du 18 Avril 1831 et où d'un d'eux devient majeur (1). Pour les orphelins de la loi du 31 Mars 1919 le titre de pension principale n'est pas modifié et reste valable jusqu'à la majorité du dernier, le titre de majoration (qui est collectif) est échangé par la Dette et remplacé par un titre diminué de 500 francs au fur et à mesure que chacun des enfants atteint sa 18e année.

---

(1) N. B. Cette règle ne s'applique qu'aux pensions civiles et militaires d'ancienneté.

Aliéné non interdit. — Il se peut encore qu'un pensionnaire majeur, devienne, pour cause d'aliénation mentale, incapable de gérer son patrimoine. Tant que l'aliéné n'est pas interdit, il lui est donné un administrateur provisoire. Le nom de cet administrateur sera immatriculé sur le titre du pensionné sur production d'un extrait de jugement nommant l'administrateur ou, au cas où l'aliéné est hospitalisé, un extrait de la délibération de la commission administrative de l'hospice désignant celui de ses membres chargé des fonctions d'administrateur provisoire (1).

Interdit. — Si un jugement d'interdiction est intervenu, il est nécessaire de produire soit un extrait de jugement accompagné de la délibération du conseil de famille nommant le tuteur à l'interdiction, soit simplement cette délibération si elle fait mention du jugement.

Lors d'un changement dans la tutelle ou dans l'administration provisoire, — et ce changement se produit au minimum tous les trois ans pour l'administrateur provisoire (Art. 497 et sq. du Code Civ. Loi du 30 Juin 1838 art. 32) — il y a lieu à nouvelle rectification du titre sur production d'une nouvelle délibération du conseil (tutelle) ou d'un extrait du nouveau jugement (administration).

Prodigue. Conseil judiciaire. — Il se peut enfin qu'un pensionné se trouve pourvu d'un conseil judiciaire (2). L'inscription du nom et des prénoms du conseil judiciaire sera opérée par la Dette au vu d'un extrait du jugement de nomination.

Division. — Les titres de pension collectfs de même que les titres nominatifs de rente sur l'Etat, peuvent faire l'objet d'une division. Ainsi les certificats d'inscription délivrés à deux ascendants (L. 31 Mars 1919 Art. 28), par exemple, sont divisés en cas de décès de l'un d'eux, sur production de l'acte de décès, ou au

____

(1) Pour les aliénés placés dans un asile public, le Préfet indique au T. P. G. les noms des administrateurs provisoires. Le titre n'est psa modifié.

(2) Le payeur doit être averti de cette situation : l'immatricule du titre la fera connaître

cas où les ascendants ont un domicile séparé, sur production d'un extrait de jugement (1) de séparation de
corps, ou d'un rapport explicatif rédigé par le comptable assignataire (Circ. du 11 Mars 1922 § XI).

La division peut être demandée d'ailleurs de façon
générale par l'un des co-pensionnaires quel qu'il soit.
Il suffit qu'il y ait intérêt sans même qu'il ait besoin
de justifier cet intérêt.

Réunions. — Inversement les titres de pension peuvent faire l'objet de réunions. Tel est le cas lorsqu'au
décès d'un fonctionnaire civil ou d'un militaire, une
veuve en seconde noces se trouve en concours avec des
orphelins mineurs d'un premier lit. Si la veuve vient
à décéder, sa pension est réunie à celle des orphelins ;
si au contraire les orphelins viennent à décéder ou at-
teignent leur majorité, leur pension est réunie à celle
de la veuve (2).

Les rectifications des carnets de pension sont soumis
à la même règlementation que celle des brevets de pensions. Les pièces à produire sont les mêmes. Elles sont
énumérées à l'arrêté N° 4 de la circulaire de la comptabilité publique (N° 2306) du 9 Novembre 1920 (3).

Après régularisation, titres et carnets sont renvoyés
accompagnés d'un certificat de la Dette faisant connaître les modifications intervenues au comptable chargé
du paiement des arrérages. Celui-ci prend note des
changements apportés avant de remettre au titulaire
le titre et les pièces qui sont sa propriété.

Les titres et les carnets sont destinés à porter la mention des paiements effectués.

Estampillage des titres et mentions manuscrites. —
A cet effet, les titres ancien modèle portent au verso une
série de cases rectangulaires assez analogues à celles
dont sont revêtus les titres de rente nominatifs à leur

---

(1) En cas de divorce il y a une nouvelle liquidation et délivrance de deux titres : l'un de 400 fr. et l'autre de 800.

(2) Loi du 9 Juin 1853 Art. 16 § 3 « sans préversibilité en sa
faveur » dit la loi. — Circ. guerre du 12 Mai 1879. — L. 31 Mars
1919 Art. 20.

(3) Pages 46 et sq. Pour le détail se reporter à cette circ. où
la façon dont les comptables doivent opérer est minutieusement décrite.

revers. Chaque case correspond à une échéance et est estampillée au moment du paiement avec le plus grand soin (1). Si l'estampille doit être annulée, l'annulation est approuvée par le comptable ou son fondé de pouvoir.

L'ensemble de ces estampilles permet d'établir le compte du pensionnaire. Afin de faciliter l'établissement de ce compte, l'application du timbre de paiement doit, dans certains cas, être complétée par une mention manuscrite.

Ainsi, *lors du paiement des premiers arrérages* d'une pension civile ou militaire, il est extrêmement rare que l'échéance corresponde avec la date de jouissance de la pension. Dans cette hypothèse, c'est-à-dire au cas où la jouissance indiquée au recto du titre, est modifiée par le certificat de cessation de paiement (ou de radiation des contrôles). le payeur inscrit à la main au-dessus de l'estampille : jouissance du... et mentionne la somme payée .Dans l'hypothèse où la date du certificat de cessation de paiement coïncide avec la date de jouissance du titre, le payeur inscrit seulement le montant de la somme payée (2).

En ce qui concerne les pensions de guerre (Loi du 31 Mars 1919) la date à porter au moment du paiement des premiers arrérages est celle du certificat de cessation de paiement (papillon) délivré par la Sous-Intendance. Plus tard, *au moment où sont payées, sur le vu d'une feuille de décompte, les sommes dues pour la période antérieure* à la date indiquée par le certificat de cessation de paiement, le payeur porte la mention : rappel du... au..., et lorsqu'au lieu d'une somme à

---

(1) L. 22 Floréal an VII Art. 9 contient des mesures pour assurer et faciliter le paiement des rentes et pensions. D. 31 Mai 1862 Art. 266 « Chaque paiement est indiqué au dos du certificat d'inscription de pension, par l'application qui en est faite d'un timbre énonçant le trimestre pour lequel le paiement a eu lieu et dont il a été donné acquit. « Circ. Dette inscrite 27 Oct 1882).

(2) Ces renseignements sont très importants à connaître au cas où la pension fait l'objet d'une révision. Le nouveau titre sera délivré, si la révision de la pension est admise, sous déduction des sommes perçues sur l'ancien. S'il n'y a aucune mention. le payeur risque de payer à compter de la date de jouissance indiqué sur le titre et par conséquent de faire un faux paiement.

payer, il y a un précompte à exercer, à précompter.....
soldé le..... Enfin si aucune somme n'est à payer : rappel néant.

Enfin dans l'hypothèse où le paiement d'une pension
est suspendue par la Dette Inscrite, il y a lieu de porter
la mention : suspendu du... au... ou encore : à compter du... pour... (telle somme) ; et lorsque la Dette lève
la suspension : levée de suspension à compter du...

Les mêmes mentions sont portées, dans les mêmes
cas, sur la souche des livrets de pension. Certaines de
ces mentions sont même imprimées en blanc. Telles
celles des premiers arrérages et celle du rappel. Cette
dernière est ainsi libellée : arrérages du... au... à précompter... net à payer... Pour les pensions d'avant-guerre, les premiers arrérages sont ainsi notés : arrérages du... (jouissance) au... (échéance du 1er coupon).

Renouvellement. — Lorsque toutes les casses d'un
titre de pension sont estampillées (les cases sont prévues pour une durée de 10 années), le titre doit être
réexpédié c'est-à-dire renouvelé. Il en est de même
pour les livrets, au bout de 10 années également, tous
les coupons sont détachés.

Perte (ou vol) et duplicata. — Nous avons vu antérieurement (p. 6) que la dette n'autorise que tout à fait
exceptionnellement un pensionnaire à toucher sans titre. Il peut arriver cependant que le concessionnaire
d'une pension ait perdu son brevet soit par sa propre
faute, soit à la suite d'un vol, qu'il se trouve dans l'impossibilité matérielle de le représenter et qu'il ne soit
pas autorisé à recevoir le paiement de ces arrérages
sans avoir à produire cette pièce indispensable : il est
sursis au paiement jusqu'à ce que le pensionné négligent ou victime d'un vol ait obtenu un duplicata.

La délivrance de ce duplicata n'est pas effectué sans
de nombreuses précautions destinées à déjouer la
fraude d'un titulaire indélicat qui pourrait être tenté
de se faire payer deux fois les mêmes arrérages. Aussi
la déclaration de perte est-elle entourée d'une certaine
solennité. Le pensionnaire est invité à la faire devant

le Maire (1). Cette déclaration est rédigée sur papier
timbré (2), conformément à la loi du 22 Brumaire an
VII. Elle est ensuite légalisée par le Préfet ou le Sous-
Préfet et visée par le Trésorier Général (ou le comptable sur la caisse duquel le paiement de la pension est
assigné) qui indique le dernier trimestre payé sur le
titre perdu.

La Dette procède alors à la délivrance du nouveau
titre et ne manque pas d'aviser le comptable sur la
caisse duquel le paiement des arrérages est assigné. Ce
comptable ne peut plus dès lors payer sur production
du titre déclaré perdu.

Il n'est jamais délivré qu'un seul duplicata. (3).

Dans le cas de perte ou de vol d'un livret de pension,.
le pensionnaire doit en premier lieu aviser de la disparition, dès qu'elle est constatée, le comptable assignataire. Celui-ci prend note, de façon à ce qu'aucun paiement ne puisse être effectué sur le livret déclaré perdu.
Le pensionnaire est ensuite invité à souscrire une déclaration analogue à celle que doit faire le titulaire d'un
brevet perdu (4). Cette déclaration est remise au comptable qui la vise en indiquant les derniers arrérages
payés sur le livret perdu et le transmet à la Dette inscrite.

« Il y a lieu de noter, dit la circulaire du 9 Nov. 1920,
« art. X, que, contrairement aux règles actuellement
« suivies qui s'opposent à la délivrance d'un triplicata
« de titre de pension, en cas de perte d'un duplicata, les
« pensionnaires pourront en pareil hypothèse obtenir
« un nouveau carnet. » Il est matériellement impossible en effet, dans le mode de paiement innové par la
loi du 5 Sept. 1919, de payer un pensionnaire sans carnet, puisque le paiement ne peut s'effectuer sans détachement d'un coupon.

---

(1). Elle devait être faite originairement en présence de deux
témoins. Cette présence n'est plus aujourd'hui indispensable.
(Circulaire de la Direction de la comptabilité publique du 15
juillet 1924).

(2). Sauf pour les pensions militaires.

(3) Toutefois cette prescription peut être tournée. Si le pensionnaire touche en application de la loi du 26 juillet 1917, des
avances mensuelles sur sa pension , ces avances sont subor-
données à la production du titre. Tout pensionné peut donc se
faire délivrer un triplicata, en déclaranat qu'il désire percevoir ses arrérages mensuellement, par avances.

(4) V. l'arrêté du Ministre des Finances N° 5 du 7 Oct. 1920,
annexe 6 de la circ. de la comptabilité publique du 9 Nov. 1920.

CHAPITRE II

DES ÉCHÉANCES

Echéances de la loi du 12 Août 1876. — Echéances B créées par la loi du 31 Décembre 1915. — Fusion des échéances A et B à compter du 1er Juin 1922.

La créance du pensionné contre l'Etat ne naît qu'au jour de l'échéance (1). Avant cette date, le Trésor ne doit rien (2). Il importe donc au plus haut point de vérifier l'échéance d'une pension avant d'effectuer tout paiement.

Echéances de la loi du 12 août 1876. — La loi du 9 juin 1853, dans son titre V applicable aux pensions de toutes natures pose le principe du paiement trimestriel. La loi du 12 août 1876 prescrit, dans son article 13, le paiement des « arrérages trimestriels... » des pensions inscrites sur le Grand-livre de la Dette publique, aux époques des 1er Mars, 1er Juin, 1er Septembre et 1er Décembre de chaque année ».

Echéances B créées par la loi du 31 Décembre 1915. — La concession d'une multitude de pensions militaires aux blessés et aux veuves de guerre et l'afflux qu'elle aurait entraîné aux guichets du Trésor aurait paralysé l'application de la législation de 1876. La loi du 31 Décembre 1915 a eu pour but de parer à cet inconvénient.

Cette dernière loi stipule que la date des échéances des pensions nouvelles « sera indiquée ultérieurement « sur les titres de pension et fixée de manière à répar- « tir également les paiements sur l'ensemble du tri- « mestre ». Elle appliquait la même règle « aux pen- « sions actuellement inscrites au fur et à mesure que « les certificats d'inscription de ces pensions devaient « être renouvelés par suite d'épuisement des cases ré- « servées à l'estampillage ».

Le résultat de ces dispositions fut la création de deux

---

(1). Elle expire 3 ans après (article 142 du D. du 31 Mai 1862, article 30 de la loi du 9 Juin 1853).

(2). A l'échéance, le Trésor doit payer, mais si le pensionné ne peut obtenir le paiement, aucune disposition légale ne prévoit le service d'intérêts de retard, même lorsque le retard est imputable à l'Administration (Arrêt du Conseil d'Etat du 1er Août 1902)

catégories de pension, les titres A payables aux anciennes échéances et les titres B payables aux échéances nouvelles. En conséquence, il était ouvert sur les crédits de la Dette publique, deux comptes intitulés A et B et correspondant aux paiements effectués sur l'une ou l'autre catégorie de titres.

Fusion des échéances A et B à compter du 1er juin 1922. — Cette double comptabilité et ces deux catégories de titres devaient subsister pendant une période de dix années pendant laquelle automatiquement les pnsions A devaient passer B. La période fut écourtée et les deux comptes furent fusionnés à compter du 1er juin 1922 (1).

Il restait à la date ci-dessus, les sept vingtièmes des pensions A sous déduction des pensions éteintes ou révisées. En fait les révisions ou extinctions s'étant produites en quantité considérable, le nombre des pensions continuant actuellement à être payées aux échéances fixées par la loi du 12 Août 1876 est assez réduit.

Toutes les pensions payables sur livrets sont aux nouvelles échéances (2).

---

(1). Circulaire de la Comptabilité publique du 11 Avril 1922.

(2) **Avances sur pensions.** L'interdiction de payer avant l'échéance est absolue. Il n'existe qu'une seule exception à cette règle, c'est celle qui résulte de la loi du 26 Juillet 1917. Les prêts sur pensions sont interdits par cette loi sous des peines sévères aux particuliers. Des avances ne peuvent être consenties que par des sociétés philantropiques spécialement autorisées, par la Caisse Nationale d'Epargne représentée par les bureaux de poste, les caises d'Epargne ordinaires et les monts de piété. Les avances sont mensuelles elles sont effectuées sur les arrérages du trimestre à échoir, mais payables à terme échu. Le pensionnaire qui désire obtenir des avances formule une demande qui est transmise par l'établisement prêteur au Receveur des Finances. Ce comptable établit une fiche spéciale comportant autorisation de paiement des mensualités. Au moment du paiement du solde trimestriel, le visa du Receveur des Finances est nécessaire, sauf au cas où les conseils de directeurs des caisses d'épargne ou les conseils d'administration des monts de piété se sont engagés à garantir le Trésor contre tous faux paiements résultant d'une interprétation erronée des certificats de vie ou des pièces produites. Après paiement du solde du trimestre les établissements sont couverts de leurs débours lorsqu'ils ont effectué la remise des pièces de dépenses. Ls établissements prêteurs perçoivent une commission de 1 °/° (minimum 0,50).

(Décret du 15 Nov. 1917. Arrêté des 20 et 21 Nov. 1917. Circ. de la Compt. pub. du 23 Nov. 1917. Application aux pensions payables sur livrets : circ. de la Compt. pub. du 23 Juin 1921 § IV.)

CHAPITRE III

ASSIGNATION DU PAIEMENT

Assignation du paiement de toutes les dépenses publiques.
— Application de cette règle au paiement des pensions. —
1er système : (antérieur au 1er Janvier 1923). — Autorisations d'inscrire et registres permanents. — Etats de la
Seine et états modificatifs. — Bulletin mobile. — Paiement
pour compte. — Modifications apportées par l'institution
des livrets.
2e système : L'Agent comptable contrôleur du paiement
des pensions. (Décret du 4 Janvier 1923). — Dualité de la
procédure d'assignation. -- Procédure nouvelle concernant
les pensions payables sur livrets. — Suppression des registres permanents. Fiches A et B. — Procédure ancienne
légèrement modifiée conservée pour les pensions payables
sur titres.
Changements d'assignation. — Système antérieur du 1er
Janvier 1923. — Système postérieur. (Circulaires de la
Dette des 8 Février 1908 et 1er Mai 1911, de la Comptabilité
publique des 9 Novembre 1920 et 22 Décembre 1922).

Aucune dépense publique ne peut être payée en principe que par le comptable sur la caisse duquel le paiement est assigné (1). L'ordonnateur, en émettant son
ordonnance, donne un ordre de paiement à un comptable déterminé. Ce comptable a seul qualité pour acquitter la dépense, pour apprécier la validité de la quittance, la régularité des justifications produites, pour
recevoir les oppositions, etc... Le paiement des pensions ne fait pas exception à cette règle générale, mais
si l'on se propose d'en analyser les détails d'application,
on s'aperçoit qu'elle a fait l'objet de deux systèmes successifs, en vigueur, le premier, antérieurement, le second, postérieurement, au 1er Janvier 1923.

---

(1). Il n'est fait exception qu'en ce qui concerne les coupons
des rentes au porteur et le montant du remboursement ds va-
lurs du Trésor, au porteur ou à ordre.

Premier système. — Dans le premier système, la Dette inscrite, agissant au nom du Ministre, émet les ordonnances et en assigne le paiement sur la Caisse Centrale du Trésor public ou sur les Trésoreries générales. Caissier-Payeur Central ou Trésoriers généraux correspondent seuls directement avec la Dette et seuls sont justiciables de la Cour des Comptes.

Leurs comptables subordonnés, receveurs particuliers, receveurs-percepteurs à Paris et percepteurs ne paient que pour leur compte. Les receveurs des finances ne paient, en principe, que les trimestres courants; pour les premiers arrérages ou pour arrérages après décès, ils demandent le visa du Trésorier général. Ils établissent, pour les pensionnaires domiciliés dans leur arrondissement,, un extrait du registre permanent tenu à la Trésorerie générale, l'émargent et estampillent les titres à chaque paiement. A Paris les receveurs-percepteurs ne paient dans les mêmes conditions que les pensions dont le bulletin ou fiche mobile leur a été transmis par la Caisse Centrale. Ils ne paient que les trimestres courants seulement. Tous les décomptes sont payés à la Caisse Centrale. Les percepteurs, en province, ne font aucun paiement sans visa du Trésorier général ou du Receveur des finances. Ce ne sont que des agents de transmission.

Autorisations d'inscrire et registres permanents. — Lorsqu'une pension est concédée et que le décret a paru au Journal Officiel, la Dette procède aux inscripitons règlementaires sur le Grand Livre, et adresse au Trésorier Payeur général *une autorisation d'inscrire*. Le Trésorier, à l'aide des autorisations qui lui sont adressées au fur et à mesure de la concession de pensions, confectionne des *registres permanents*. Le Caissier Payeur Général n'est pas obligé de tenir ces registres : des états nominatifs des pensions à payer dans le département de la Seine dits « *Etats de la Seine* » lui sont adressés avec les ordonnances de paiement. Tous les trois mois, la Dette envoie des *états nominatifs* faisant connaître les changements survenus. Etats et registres doivent être émargés au fur et à meure des paiements et constamment tenus à jour.

Bulletin mobile. — Pour les pensions inscrites dans le département de la Seine, la Dette établit en outre un *bulletin mobile* ou fiche de paiement sur laquelle se trouvent tous les renseignements destinés à contrôler les paiements : noms et prénoms du pensionnaire, de on représentant légal, s'il y a lieu, numéro de la pension, jouissance, ainsi que des cases correspondant à celles des titres et destinées à être estampillées en même temps qu'elles. Ces fiches permettent de faire instantanément le compte du pensionnaire. Aucun paiement ne doit être effectué sans avoir au préalable fait l'objet d'une mention sur la fiche.

Paiement pour compte. — Toute cette organisation assure l'exécution du principe : tout paiement pour être valable doit être effectué par le comptable assignataire. Il peut arriver cependant que le pensionné, au cours d'un séjour dans une localité où il n'a pas son domicile se présente pour toucher sa pension chez un Trésorier Général, un receveur des Finances, un percepteur qui n'est pas son payeur habituel. Si cette pension n'est pas inscrite sur ses registres, le payeur doit-il opposer un refus de paiement ? La prudence la plus élémentaire commande de le faire tant que le visa du Trésorier Général sur la caisse duquel la pension est assignée payable n'aura pas été obtenu.

Modifications apportées par l'institution des livrets.— L'institution des livrets avait à peine modifié ce système. Pour les livrets, les Trésoriers Généraux tiennent à jour leurs registres au moyen des fiches reçues de la Dette Inscrite ou de leurs collègues, les Receveurs de finances n'ont pas à ouvrir de registres. Pour toute pension de la loi du 31 mars 1919 ,les états modificatifs sont supprimés (V. circ. de la Compt. publique du 9 Nov. 1920 § XII p. 30.) En résumé, la comptabilité tend à simplifier ; la fiche mobile commence à prendre une importance de premier plan et à se substituer aux registres tenus dans les Trésoreries Générales et aux états et autorisations envoyés par la Dette.

Deuxième système. Agent comptable. — Le système exposé ci-dessus contenait un ensemble de dispositions logiques, bien coordonnées, concordant merveilleusement avec les principes généraux de la comptabilité publique. Le décret du 4 Janvier 1923 (J. O. du 9 Janv.)

vint apporter, en la matière, quelques idées révolutionnaires (1). Dans son art. 1ᵉʳ ,il attribuait au Chef du contrôle du paiement des pensions, à la Direction de la comptabilité publique, les fonctions *d'agent comptable* contrôleur du paiement des pensions. « En cette qualité, il centralisera », dit le décret, « dans ses écri
« tures, tous les paieemnts de pensions qui seront ré-
« putés effectuées pour son compte par les comptables
« payeurs ; il en contrôlera la régularité, en effectuera
« l'émargement sur un registre permanent et les com-
« prendra dans un compte qu'il soumettra au juge-
« ment de la Cour des Comptes. » Ce décret devait recevoir effet à compter du 1ᵉʳ Janvier 1923 (V. Circ. de la compt. publ. du 22 Décembre 1922. (2).

En conséquence les Trésoriers Payeurs généraux, le Caissier Payeur Central à Paris, cessent d'être justiciables de la Cour des Comptes, d'établir leur compte de gestion concernant la Dette viagère, de dresser en fin d'année des états de reste à payer. Ils ne recevront plus de la Dette les extraits d'ordonnances. L'agent comptable du paiement des pensions est substitué à eux. C'est également l'Agent comptable qui tient les registres permanents au vu des décrets ou arrêtés de concession communiqués par la Dette. La logique du nouveau système conduirait à assigner le paiement de toutes les pensions sur sa caisse, le autres comptables ne payant que pour son compte et d'en faire une sorte de Payeur-Central de la Dette viagère. Mais l'Agent comptable contrôleur du paiement des pensions n'est qu'un comptable d'ordre, il n'a pas de caisse. Sa responsabilité, assez imprécise d'ailleurs d'après les termes du décret, paraît limitée « à la régularité des paiements. » S'étend-elle à la validité de la quittance ? Sur ce point la jurisprudence administrative et celle de la Cour des Comptes auront sans doute à déterminer les règles à suivre. Dans tous les cas l'Agent comptable n'aura pas à recevoir les oppositions.

Pour des raisons de fait en effet et contrairement à la logique du droit, pour éviter les longs délais et les complications nécessités par les paiements pour

____

(1) Au sens philosophique et non politique du mot bien entendu.

(2). V. également pour les détails d'application : Circ. C. P. du 27 Fév. 1923.

compte, les Trésoreriers Généraux restent les conservateurs des oppositions et dans une certaine mesure les
comptables assignataires ; tout en restant sous leur
contrôle, leurs subordonnés. receveurs des finances,
percepteurs, receveurs des postes même (en ce qui concerne les pensions payables sur livrets) deviennent également comptables assignataires.

Dualité de la procédure d'assignation. — De cette répartition dans les attributions de l'Agent comptable,
des Trésoriers Généraux et autres comptables assignataires, découlent les règles suivantes. différentes selon
qu'il s'agit de pensions payables sur livrets ou de pensions payables sur titres de l'ancien modèle. Jusqu'à
ce que le livrets de pension aient totalement remplacé
les brevets en effet, deux procédures sont à envisager.
Une procédure nouvelle s'applique aux livrets.

**Procédure concernant les pensions payables sur li-
vrets. Suppression des registres permanents. Fiches.** —
Les Trésoriers Payeurs généraux et le receveurs de
finances continuent à être dispensés de la tenue de registres permanents. L'agent comptable adresse au Trésorier général une liste des pensions payables dans son
département. La Dette établit pour chaque pension
deux fiches mobiles. dites A et B. Ces fiches sont envoyées aux Maires ou à l'autorité chargés de la remise
des livrets aux parties. Après délivrance des livrets. les
fiches A et B sont transmises à la Trésorerie Générale.
Celle-ci envoie la fiche A au comptable assignataire et
conserve la fiche B qu'elle estampillera au fur et à mesure des paiements. Les fiches sont soigneusement clas-
sées, annotées et vérifiées. au moyen de listes adressées
par la Dette et renvoyées à ce service tous les trois
mois.

**Procédure concernant les pensions payables sur ti-
tres.** — A titre transitoire la procédure ancienne subsiste pour les pensions payables sur brevet de l'ancien
modèle. L'agent comptable. pour ces pensions comme
pour les pensions payables sur carnet. fait les inscriptions nécessaires sur ses registres permanents. Mais les
Trésoriers Généraux continuent à tenir les leurs, les
mettent à jour au vu des autorisations d'inscrire qui
leur sont envoyées comme par le passé. La seule nou-

veauté, toute de détail, consiste dans l'obligation pour le comptable assignataire, de faire revêtir l'autorisation d'inscrire de la signature du pensionnaire. D'autre part, celte autorisation est conservée à la Trésorerie générale au lieu d'être renvoyée à la comptabilité publique.

En résumé, c'est toujours le comptable assignataire qui seul a qualité pour acquitter les arrérages des pensions payables sur sa caisse. La règle générale qui domine toute la matière du paiement des dépenses publiques ne se justifie plus aujourd'hui, en ce qui concerne les pensions, par des raisons logiques et juridiques tirées des règles de la comptabilité publique, mais par des nécessités de fait, pour éviter les lenteurs et les incertitudes des paiements pour compte, pour permettre d'assurer le service des appositions (1) etc... etc... Elle n'en subsiste pas moins et doit être appliquée dans toute sa rgueur.

Changements d'assignation. — Lorsqu'un Trésorier Général la transgresse et qu'il acquitte une pension non inscrite dans son département, il court de gros risques (2). Pour se couvrir, il doit demander à son collègue du département dans lequel le paiement de la pension est assignée, l'autorisation de payer pour son compte. (3). Mais c'est là un mode exceptionnel de paiement des pensions (4), mode qui ne se justifie qu'au cas où le pensionnaire ne fait qu'un court séjour dans la localité où il remande à être payé. Lorsque le pensionnaire change sa résidence habituelle, il doit être invité à demander le changement d'assignation de sa pension.

----

(1) Il convient d'observer que lorsque les pensions sont grevées d'oppositions ou de retenues d'ordre administratif, le Caissier Payeur Central et les Trésoriers Généraux sont les seuls comptables assignataires dans leur département. Les fiches sont retirées des perceptions, bureaux de poste, recettes des finances. Ces caisses ne paint plus alors sans l'autorisation du T. P. G. (V. Circ. du 22 Déc. 1922 p. 11 et 12).

(2) Ies risques sont de deux sortes : danger de double paiement car la case du titre n'est pas estampillée régulièrement, et danger de payer malgré les oppositions

(3) Circ. de la Dette inscrite du 26 Janv. 1879 et du 26 Sept. 1887

(4) Ce mode est inutilisable d'ailleurs pour les pensions payables **sur livrets.** Aucun paiement ne peut alors être effectué sans la fiche.

La procédure usitée en pareil cas a évolué parallèlement à celle de l'assignation du paiement. Au premier système exposé ci-dessus correspondaient les règles suivantes concernant le changement d'assignation. Le pensionnaire fait une déclaration verbale ou écrite au Trésorier Général du département où sa pension est payable (Circ. de la Dette inscr. du 1er Mai 1911). Ce comptable envoie :

1° au Trésorier Général du département dans lequel la pension doit être payée à l'avenir, un extrait de registre. Cet extrait doit contenir toutes les annotations du registre permanent et faire connaître le nouveau domicile du pensionnaire. Il est accompagné s'il y a lieu, d'une note concernant les oppositions, retenues, etc... Dès réception de l'extrait de registre, le Trésorier Général inscrit le pensionnaire sur ses états permanents. L'extrait est ensuite transmis à la Direction de la Comptabilité publique.

2° à la Dette inscrite, le talon de l'extrait de registre. Au vu de cette pièce, la Dette annote ses volumes, et, au cas où la pension est assignée payable dans le département de la Seine, remplit une fiche qui est adressée à la Caisse Centrale.

L'institution des livrets de pensions a introduit, ainsi qu'il a été dit plus haut (1), quelques modifications dans les règles d'assignation du paiement. Elle en apporte également au mode de changement d'assignation.

C'est le titulaire de la pension, ainsi qu'il a été expliqué, qui désigne, au moment de la remise du livret, le comptable assignataire. Si le pensionné désire changer le lieu d'assignation, il s'adresse à ce comptable. Deux cas peuvent alors se présenter.

I. — Le pensionnaire demande à être payé dans une autre localité, située *dans le même département*. Le comptable saisi de la demande adresse la fiche de paiement, en l'accompagnant *d'un bulletin de changement d'assignation* (bulletin modèle N° 3) rédigé en un seul exemplaire au Trésorier Général du département. Celui-ci annote son registre et envoie la fiche au nouveau comptable assignataire.

II. — Le pensionnaire désire se faire payer **dans un autre département**. Le comptable saisi de la demande rédige *le bulletin de changement* d'assignation en deux

____

(1). V. page 20.

exemplaires et les transmet tous deux avec la fiche au Trésorier Payeur Général de son département. Celui-ci raye la pension de son registre et y mentionne le lieu de la nouvelle assignation. Il envoie la fiche à son collégue du nouveau département et adresse l'un des deux bulletins à la Dette inscrite et l'autre à la Comptabilité publique. Dès réception de la fiche de paiement le Trésorier Général du département où le pensionnaire désire percevoir les arrérages inscrit la pension sur ses registres et transmet la fiche au comptable assignataire. Les fiches destinées aux receveurs des postes sont transmises par l'intermédiaire du Directeur départemental (1).

Cette procédure n'était applicable qu'aux pensions payables sur livrets ; les pensions payables sur certificats de l'ancien modèle continuient à faire, en cas de changement d'assignation, l'objet d'extraits de registre envoyés conformément aux règles antérieurement suivies. A partir du 1er Janvier 1923 et comme conséquence du décret qui créait un agent comptable des pensions, la procédure est unifiée et réglementée ainsi qu'li suit, pour les deux catégories de titres.

Les deux façons d'opérer jusqu'alors employées contraignaient le pensionnaire à s'adresser au comptable de son ancienne résidence pour obtenir le changement d'assignation et ne permettaient pas de s'assurer si le nouveau comptable assignataire était réellement informé du changement survenu et avait bien reçu les documents qui lui étaient destinés. Le but cherché dans l'organisation nouvelle est de remédier à ces deux inconvénients.

Aussi est-il décidé que le pensionnaire peut, à son choix, s'adresser, pour obtenir le changement, soit au comptable qui jusqu'alors payait sa pension, soit à celui auprès duquel il désire à l'avenir percevoir ses arrérages.

Changement de département. 1er Cas. — Supposons d'abord que le pensionnaire ait l'intention de transporter sa résidence dans un département autre que celui où il réside actuellement et se présente chez le comptable qui a payé les derniers arrérages de sa pension. Il est muni d'un titre de *l'ancien modèle*. Le comptable

---

(1). V. Circ. du 9 Nov. 1920 p. 24, 25 et 26.

remplit un « bulletin de changement d'assignation », d'un modèle nouveau, comportant un volant A. un volant B et un talon et adresse cette pièce au Trésorier Général de son département. Le Trésorier détache le talon du bulletin qu'il conserve, adresse le volant A, accompagné, s'il y a lieu, des extraits d'opposition, des ordres de reversements, etc... à son collègue du département où la pension devient payable et le volant B à l'agent comptable contrôleur du paiement des pensions. Au reçu du volant A, le Trésorier Payeur Général de la nouvelle résidence du pensionnaire inscrit la pension sur ses registres permanents et transmet le volant A à l'agent comptable contrôleur du paiement des pensions. Ce dernier rapproche les volants A et B, annote ses registres, transmet le volant B à la Dette inscrite qui annote le Grand Livre et le volant A au Trésorier Général de l'ancien département qui est déchargé.

2° Cas. — Si le pensionnaire est *muni d'un livret*, le comptable remplit le bulletin et l'adresse avec la fiche mobile A, en sa possession, au Trésorier Général de son département. Celui-ci qui, par hypothèse, est en possession de la fiche B, transmet à son collègue le volant A, les fichesA et B, une note concernant les oppositions, etc... et adresse le volant B à l'agent comptable C.P.P. Le reste comme dans le premier cas.

3° Cas. — Si la fiche B n'a pas été délivrée et se trouve encore à la Comptabilité Publique, les radiations sont effectuées à la Trésorerie d'origine sur le registre permanent, les inscriptions sur le même registre à la Trésorerie du nouveau département assignataire. Pour le surplus, il est procédé comme il vient d'être expliqué.

4° Cas. — Qu'arrive-t-il si au lieu de se présenter avant son départ, chez le comptable qui payait sa pensino jusqu'alors, le pensionnaire fait sa déclaration à l'arrivée, chez le comptable de sa nouvelle résidence ? Ce dernier comptable remplit le bulletin de changement d'assignation, l'envoie directement au receveur des finances de l'ancienne résidence qui le transmet à son Trésorier Général après avoir radié la pension de ses registres, si c'est une pension de l'ancien modèle, ou avor joint la fiche mobile A s'il s'agit d'une pension payable sur ilvret. Puis la Trésorerie Générale procède comme dans le premier ou le deuxième cas, suivant la catégorie de la pension.

Changement à l'intérieur du département. — Supposons maintenant que le pensionnaire ne change pas de département. La même faculté existe, pour le pensionnaire, de s'adresser soit au comptable de l'ancienne résidence soit à celui de la nouvelle. L'un ou l'autre rédige le bulletin d'assignation.

Il est à noter, que pour ces changements, l'agent comptable C.P.P. n'a pas à intervenir. Le volant B du bulletin reste donc inutilisé.

Le bulletin, — accompagné, lorsqu'il s'agit d'un livret de la fiche mobile A, — est adressé au Trésorier Général qui annote son registre permanent, s'il s'agit d'un titre de l'ancien modèle, et transmet la fiche A au comptable assignataire, s'il s'agit d'un livret, après avoir annoté son registre ou la fiche B, si cette fiche est en sa possession (1).

Ainsi donc les changements qui s'effectuent à l'intérieur d'un même département se font sous la responsabilité du Trésorier Général. Les formalités ont été simplifiées.

L'ingénieux mécanisme des changements de départements à départements est plus délicat. Son fonctionnement doit être constamment surveillé. C'est pourquoi il est placé sous l'autorité suprême de l'agent comptable dont il justifie, en partie du moins, la qualification de contrôleur du paiement des pensions. Armé du volant A, l'agent comptable peut poursuivre la rentrée du volant B et adresser, en cas de retard, des admonestations sévères au Trésorier Général négligent.

---

(1). V. Circ de la Compt. publ. N° 2424 du 22 Déc. 1922 p. 12 à 17

CHAPITRE IV

PAIEMENT ENTRE LES MAINS
DU TITULAIRE LUI-MÊME

Des justifications à produire par le titulaire :
Certificat de vie. — Autorités compétentes pour le délivrer :
Notaires. — Responsabilité des notaires. — Formalités de
la délivrance. — Autorités diplomatiques et consulaires. —
Autorités locales étrangères. — Autorités coloniales et mi-
litaires. — Maires. — Responsabilité des communes. —
Formalités de la délivrance. — Limite des pouvoirs du
Maire. — Forme du certificat de vie. — Légalisation. —
Sceau. — Timbre et exemptions. — Enonciations. — Qua-
lités. — Mineurs. — Aliénés. — Interdit légal. — Infirmes
et malades. — Femmes mariées. — Signature et date. —
Déclarations. — Déclaration de non-cumul.
Paiements sur livrets. — Loi du 5 Septembre 1919. — Preuve
de l'existence : photographie et signature du pensionnaire.
— Représentant légal. — Règles du cumul. — Leur appli-
cation par l'ordonnance ou par le Ministre des Finances.
Cartes d'identité. — Arrêtés des 24 Décembre 1920 et 26 Février 1921. — Description. — Autorités compétentes pour
délivrer les cartes d'identité. — Durée de validité. —
Taxes. — Particularités de la quittance. — Attestation du
payeur. — Déclarations.

Le pensionnaire qui demande le paiement d'un trimestre courant des arrérages de sa pension est tenu,
en même temps qu'il présente son titre, de fournir
certaines justifications. Il doit tout d'abord justifier
de son existence. Il n'y a là qu'une application des
principes généraux du droit. « Le propriétaire d'une
« rente viagère, dit l'art. 1983 du Code civil, n'en peut
« demander les arrérages qu'en justifiant de son exis-
« tence. » En effet, explique M. Planiol (1), « la rente
« ne peut être dûe qu'autant que le crédirentier est
« encore vivant. Il est donc nécessaire que la preuve
« de son existence soit fournie au débirentier, si celui-
« ci n'en a pas une connaissance personnelle. » De plus

(1). M. Planiol. Droit civil.. t. II p. 688 N° 2126. L'ouvrage cité
ajoute en note : Les certificats de vie sont délivrés par les pré-
sidents des tribunaux civils ou par les maires (Loi du 16 Mars
1791) ou encore par les notaires (Ord du 6 Juin 1839.).

le pensionnaire est obligé, comme tout créancier de l'Etat, de justifier de ses droits. Sans doute il n'a plus à faire la preuve de la concession de sa pension, mais il doit établir que celle-ci reste toujours due et qu'elle n'a pas été suspendue pour cumul non autorisé ou par suite de la perte de sa qualité de Français.

Le certificat de vie répond à ce double objet.

Certificats de vie. Autorités compétentes pour les délivrer. Notaires. — Les notaires délivrent depuis fort longtemps les certificats de vie qui sont nécessaires pour obtenir le paiement des pensions servies par l'Etat. La compétence de ces officiers ministériels est instituée par le Décret du 21 Août 1806 qui pose le principe de la responsabilité des certificateurs et édicte les formalités de délivrance et les formes des certificats.

Responsabilité du notaire. — Tout notaire requis est tenu de délivrer un certificat de vie. Mais il doit ne le faire qu'en se conformant aux lois, décrets et règlements qui régissent les pensions. Au cas où la réquisition est contraire à ces lois ou règlements, il doit refuser d'instrumenter. S'il passait outre, il serait responsable envers le Trésor. L'art. 9 du Décret du 21 Août 1806 précité dispose en effet : « Les notaires certifica- « teurs seront garants et responsables envers le Trésor « public de la vérité des certificats de vie par eux déli- « vrés, soit qu'ils aient ou non exigé des parties requé- « rantes, l'intervention de témoins pour attester l'indi- « vidualité ; sauf dans tous les cas leurs recours contre « qui de droit. »

Toutefois cette responsabilité n'est pas illimitée. Elle n'est absolue qu'en ce qui concerne le fait de l'existence du pensionnaire. En ce qui concerne certaines énonciations du certificat de vie (déclarations auxquelles est tenu le pensionnaire, par exemple, et que le notaire doit simplement consigner) la responsabilité de l'officier ministériel n'est engagée que s'il a commis une faute. Les conséquences de la faute doivent être appréciées selon les principes du droit commun et les obligations imposées aux notaires par la loi du 25 Ventôse an XI sur le notariat et les autres textes réglementant l'exercice de la profession. Pour exercer des poursuites, le Trésor doit en conséquence être en mesure de faire la preuve de la faute et de démontrer que le notaire s'est rendu, au moins par négligence, complice de la fraude du déclarant. (Circ. de la Compt, pub. du 20 Fév. 1885 § 2).

Formalités de délivrance. — Le pensionnaire peut s'adresser, pour obtenir un certificat de vie, au notaire de son choix. En requérant la délivrance du certificat, le pensionné présente à l'officier ministériel son titre (1) et son acte de naissance (2). Le notaire passe sur un registre spécial, les écritures nécessaires. Le Décret du 21 Août 1806, art. 5, dispose en effet : « Les notaires « certificateurs devront tenir registre des têtes viagères « et des pensionnaires auxquels ils auront délivrés des « certificats de vie. Ce registre énoncera, outre les « noms, prénoms et date de naissance des rentiers et « pensionnaires, le montant de la rente ou de de la pen- « sion et le domicile. »

Lorsque le pensionnaire veut changer de notaire il demande à celui-ci un *exeat*. Il doit présenter cette pièce à son nouveau notaire. (Ord. du 9 Juin 1839 art. 13).

Autorités diplomatiques on consulaires. — Le Décret du 21 Août 1806 avait prévu le cas où le pensionnaire résiderait à l'étranger. Il attribuait alors aux agents diplomatiques et consulaires la compétence de délivrer des certificats de vie (art. 2 du Décret). Ces fonctionnaires, en effet, sont chargés à l'étranger, pour leurs nationaux, des fonctions de notaire.

Autorités locales étrangères. — A leur défaut, c'est-à-dire lorsque la résidence du pensionnaire se trouve à plus de 6 lieues du consulat français le plus proche, les autorités locales étrangères peuvent instrumenter. Mais leurs certificats doivent être légalisés par le Consul français le plus rapproché et le visa donné doit indiquer la distance qui sépare la ville où l'acte a été passé par l'autorité étrangère et celle du siège du Consulat ou,

---

(1). ou la lettre de la Dette inscrite qui l'autorise à toucher sans titre.

(2). ou, à défaut, un acte de notoriété.

au moins, contenir l'indication que ces deux villes sont distantes de plus de 24 km. (Art. 12 du Décret) (1).

Si le pensionné réside dans un pays où la France n'a pas de représentant diplomatique ou consulaire, le certificat délivré par l'autorité locale est visée par l'ambassade dont elle dépend.

Les signatures des agente diplomatiques français n'ont plus à être légalisées par le Ministère des Affaires Etrangères. (Ord. 20 Mai 1818. Art. 1er et 16 Juillet 1821 abrogé par le Décret du 14 Juin 1923. Circ, du 29 Sept. 1923 § 4). Cette règle nouvelle ne paraît pas applicable aux autorités étrangères.

Ls certificats de vie délivrés par les agents diplomatiques et consulaires sont de tous points identiques à ceux qui émanent des notaires. En plus, ils doivent contenir la *déclaration*, certifiée par le fonctionnaire instrumentaire que le pensionnaire n'a fait aucun acte susceptible de lui faire perdre sa qualité de Français (2).

Autortés coloniales et militaires. — En Algérie, dans les territoires du Sud, et aux colonies, dans les possessions françaises où il n'existe ni notaires ni autorités auxquelles sont dévolues leurs fonctions, les certficats de vie sont délivrés par les fonctionnaires administratifs désignés par les Gouverneurs (3) Aux armées, ce sont les conseils d'administration de corps de troupe qui instrumentent, ou, s'il s'agit de militaires isolés, les Sous-Intendants. Les signatures des officiers agissant au nom des corps doivent être légalisées par l'Intendance.

Maires. — La loi de finances du 13 Juillet 1911 (art.

---

(1). Par exception, en vertu du Décret du 14 Juin 1923 art. 2 les certificats de vie délivrés par les « autorités locales belges pourront, dès l'instant où leur authenticité ne fait aucun doute, être utilisés sans légalisation consulaire des signatures de ces autorités. » V. Circ. du 29 Sept. 1923 § 4.

(2) Circ. de la C. P. du 25 Sept 1901 § 2.

(3) Pour l'Algérie voir Décret du 23 Janv. 1905, art. I.

74) (1) **reprenant** une idée très ancienne (2) accorde aux
maires, expressément autorisés par leurs conseils municipaux, la faculté de délivrer les certificats de vie
exigés pour le paiement des pensions. « Dans les com-
« munes, dit la loi, où les conseils municipaux autori-
« seront l'organisation de ce service, les maires pour-
« ront, sous la responsabilité des communes, délivrer
« gratuitement aux personnes domiciliées dans la com-
« mune les certificats de vie exigés par le Trésor pu-
« blic pour le paiement des pensions civiles ou mili-
« taires... s'élevant au maximum à 2.400 frs par an » (3)

Responsablité des communes. — La loi prévoit que
la responsabilité des communes pourra être engagée
si des inexactitudes se glissent dans la rédaction des
certificats. Elle dispose que « le recouvrement des
« sommes indûment payées par suite de certifications
« erronées sera poursuivi contre les maires dans les
« forme prévues par l'art. 54 de la loi de finances du
« 13 Avril 1898 ».

Cependant la loi se borne à poser le principe de la
responsabilité sans en définir l'étendue. Il ne paraît
pas douteux que la responsabilité de la commune ne
doive être appréciée comme celle du notaire. Elle est
absolue en ce qui concerne le fait de l'existence et de
l'individualité du pensionnaire. Le commentaire de la
loi du 13 Juillet 1911 donné par l'instruction du 26 Avril
1921 (annexée à la circ. de la C. P. du 1er Mai 1912) dans
son paragraphe 2, explique que « les communes sont ga-
« rantes envers le Trésor de l'exactitude des certificats
« de vie délivrés par les maires. Cette exactitude doit
« s'entendre non seulement de l'attestation relative à

---

(1). Complétée par le règlement d'administration publique du
22 Mars 1912, commentée par l'instruction du Ministère des Finances du 26 Avril annexée à la circ. de la C. P. du 1er Mai 1912,
et modifiée par la loi de finances du 29 Avril 1921, art. 19.

(2). L'idée remonte à la loi du 6 Mars 1791. D'autre part, le
Décret du 18 Août 1853, portent règlement sur la caisse des retraites pour la vieillesse (Art. 24) prévoit que les certificats de
vie à délivrer pour le paiement des arrérages de ces rentes pourront être délivrées soit par les notaires soit par les maires de
la résidence des rentiers.

(3) Taux modifié et porté à 4.000 Frs. par la loi de finances
du 29 Avril 1921. (Ce dernier chiffre comprend tous les accessoires de la pension). V. Circ. de la C. P. du 23 Juin 1921 § 2.

« l'individualité du pensionnaire, mais des *indications*
« *de tout genre* qui sont données sur la position et de
« domicile de celui-ci ». Ce commentaire demande toutefois à être lui-même interprété. Les indications de
tout genre qui sont données sur la position du pensionnaire ne sont pas celles qui découlent de ses propres
déclarations et que le maire n'a pu contrôler. La responsabilité de la commune ne serait, à notre sens, engagée, qu'au cas où il y aurait une faute du maire bien
établie et au cas où cet officier public se serait rendu,
en quelque sorte, complice du déclarant.

L'autorisation qui confère aux maires l'aptitude requise pour instrumenter est donnée par les conseils
municipaux sous forme d'une délibération (Art. 1 et 2
du Décret du 22 Mars 1912). Cette délibération est sans
délai transmise au Préfet du département et notifiée
par celui-ci au Trésorier-Payeur général (ibidem). Elle
doit être visée expressément au certificat de vie.

Formalités de délivrance. — Le maire est, comme les
notaires, dans l'obligation de tenir un registre des pensionnaires. Tout pensionnaire qui désire avoir recours
à ses services doit produire, lorsqu'il se présente pour
la première fois, les mêmes pièces d'identité : acte de
naissance, certificat d'inscription, un exeat du notaire
ou une attestation du maire qui a délivré les précédents
certificats, si la pension a donné lieu à des paiements
antérieurs. (Instruction du 26 Avril 1912 § 7).

Limites des pouvoirs du Maire. — Il semble émaner
des textes qui régissent la matière une certaine défiance
à l'égard des maires : on paraît redouter qu'ils ne se
laissent aller à des complaisances en faveur de leurs
administrés. Aussi leurs pouvoirs ont-ils été limités et
minutieusement réglementés.

Il y a tout d'abord lieu de remarquer que seuls les
maires ou leurs adjoints, en vertu de l'art. 84 de la loi
du 5 Avril 1884, peuvent instrumenter et non, par
exemple, le secrétaire de la Mairie (Instruction du 26
Avril 1912 § 3).

Le Maire ne peut, en principe, et sauf dans les cas
énumérés aux art. 8, 9, 10 et 11 du décret du 22 Mars
1912, délivrer de certificat sans exiger la comparution
de l'intéressé.

Il ne peut instrumenter : 1° que si le montant annuel des arrérages de la pension ne dépasse pas 4.000 frs majorations et accessoires compris (1). 2° que pour les pensionnaires domiciliés dans la commune, ainsi qu'il résulte du texte de la loi (instruction du 26 Avril 1912 § IV) et son certificat n'est valable que dans les limites du département (2).

Enfin avant d'être remis àl'intéressé les certificats de vie sont soumis par le Préfet ou le Sous-Préfet au visa du Trésorier général (Art. 14 du Décret du 22 Mars 1912). On a voulu instituer ici une sorte de contrôle du comptable (3).

Règles qui s'appliquent à tous les certificats de vie. Forme. — Quelle que soit l'autorité qui les délivre les certificats de vie sont établis dans une forme à peu près identique. Le décret du 21 Août 1806 déterminait déjà dans une annexe, celle des certificats de vie délivrés par les notaires. Sa dernière expression se trouve dans le modèle annexé à la circulaire de la Compt. pub. du 12 Juin 1914 (4). Ce modèle doit être utilisé non seulement par les notaires mais encore par les autorités diplomatiques, consulaires, coloniales et militaires, ainsi que par les autorités locales étrangères. La même circulaire, dans une seconde annexe, donne le modèle de la formule qui doit être employé par les Maires : elle ne diffère de la première qu'en ce qu'elle vise la délibération du conseil municipal qui habilite le Maire.

Légalisation. — Les certificats des notaires ne sont pas soumis à l'enregistrement comme la plupart des actes notariés mais ils doivent être légalisés conformément aux règles posées par l'art. 28 de la loi du 25

---

(1) Instruction du 26 Avril 1912 § 4 modifiée conformément à la loi du 29 Avril 1921. Circ. de la Compt. pub. du 23 Juin 1921 § 2

(2) Décret du 22 Mars 1912 art. 3. V. en outre sur le sens exact de cette règle Circ. du 29 Sept. 1923 p 10 et 11

(3) En plus des autorités ci-dessus énumérées, peuvent dans certaines circonstances spéciales délivrer des certificats de vie, les directeurs de prison pour les pensionnaires incarcérées (circ du 12 Nov. 1923) et les inspecteurs départementaux de l'Assistance publique pour les pupilles de l'Asistance publique. (Circ du 17 Juillet 1922 § VII).

(4) V. modifications des circ des 23 Mars 1920 et 28 Mai 1920.

Ventôse an XI. (1). Cette formalité n'est exigible que lorsqu'il est fait usage du certificat hors du départemen où le notaire certificateur aura sa résidence. Toutefois les certificats établis par les notaires résidant au chef-lieu de la cour d'appel n'ont pas à être légalisés s'ils sont produits à un comptable du ressort de cette cour. Les certificats établis par les agents diplomatiques et consulaires doivent être légalisés par le Ministère des Affaires Etrangères, ceux des autorités locales étrangères portent la double légalisation du Consulat et du Minisère des Affaires Etrangères. Les certificats délivrés par les maires ne doivent jamais être légalisés, car ils ne sont utilisables que dans les limites du département. (Circ. de la C.P. du 29 Sept. 1923 p. 10).

Sceau. — Les certificats de vie doivent être revêtus du sceau du notaire (2) ou de l'officier public qui instrumente. La signature de l'officier certificateur sans son sceau n'a aucune valeur.

Timbre-Exemptions. — Ils sont établis sur timbre (Décret du 24 Août 1806 Ar. 10) qu'ils soient dressés par un notaire, par un maire, ou par une autorité administrative. Cependant, s'ils sont passés à l'étranger, il y a exemption, en vertu de la règle « locus regit actum » (Décision du Ministre des Finances en date du 17 Avril 1895). Il y a encore dispense de timbre en faveur des « gens de guerre » (Art. 16 § 1 de la loi du 13 Brumaire an VII); ce qui comprend les pensionnés militaires (Ord. du 20 Juin 1817, Art. 12), — les anciens agents des douanes et des forêts. Les professeurs d'hydrographie bénéficient de l'exemption, ainsi que les pensionnaires indigents (sur certificats d'indigence délivrés par le maire. Circ. de la Dette inscrite du 1ᵉʳ Déc. 1863 § 2). — L'exemption de timbre fait l'objet d'une annotation du comptable qui en indique le motif. Cette annotation a pour objet d'éviter les injonctions de la Cour des Comptes.

Enonciations. — Après avoir examiné les certificats de vie quant à leur forme, voyons maintenant leur contenu. La certification doit être claire et ne laisser au-

----

(1). V également la loi du 2 Mai 1861.
(2). V. art. 27 de la loi du 25 Ventôse an XI.

cune place à des ambiguités. Tout d'abord, l'identité du pensionnaire doit être établie de façon précise. Son nom, ses prénoms, ses qualités, la date et le lieu de sa naissance doivent être rigoureusement conformes aux indications du titre. Son domicile doit être scrupuleusement vérifié. Toute inexactitude à ce sujet entraîne la responsabilité du certificateur, notaire ou maire agissant au nom de la commune (Instruction des Finances du 27 Juin 1839 ; Art. 16. Instruction du 26 Avril 1912 § 2).

Qualités. — Lorsque le titulaire de la pension est un mineur ou un incapable, le notaire ou l'officier public certificateur doit s'entourer de précautions particulières pour s'assurer de l'existence du pensionné et indiquer très exactement sa qualité qu'il fait suivre des nom, prénoms et domicile du représentant légal. C'est d'ailleurs ce dernier qui requiert la délivrance du certificat.

Mineur. — Le certificat constatant l'existence d'un mineur mentionne que ce dernier est assisté de son tuteur et indique la date de la délibération du conseil de famille ayant procédé à la nomination du tuteur. La signature du tuteur ainsi que celle du pupille sont certifiés au pied de l'acte, à moins que l'un ou l'autre ne sache pas signer. En ce cas, mention est faite de cette circonstance.

Aliéné. — Le certificat de vie concernant un aliéné est délivré, s'il n'est pas intervenu de jugement d'interdiction, sur réquisition de l'administrateur provisoire de ses biens. Ce certificat indique les noms, prénoms et domicile de l'administrateur provisoire et mentionne le jugement de nomination. Si l'aliéné est interdit, le certificat donne les noms, prénoms et domicile du tuteur à l'interdiction et la date du jugement ou de la délibération du conseil de famille ayant procédé à la nomination.

Interdit légal. Détenu. — Il en est de même pour l'interdit légal (Art. 29 du code pénal). La situation de détenu dans laquelle se trouve les pensionnés de cette catégorie, entraîne, pour l'officier qui instrumente, l'obligation de prendre les précautions ci-après. Le notaire ne peut délivrer de certificat de vie qu'après avoir reçu du greffier ou du directeur de la prison un certificat faisant connaître les motifs de l'emprisonnement ; la date du jugement et la juridiction qui a prononcé la peine, la nature et la durée de celle-ci. Ces renseignements sont consignés sur le registre des pensionnaires tenu par l'officier public et mentionnés sur le certificat de vie. S'il n'y a pas de condamnation, mais simplement détention pour vagabondage ou si le détenu se trouve sous le régime des prévenus, le notaire l'énonce. Si le détenu est condamné à une peine afflictive ou infamante entraînant la suspension de la jouissance de là pension, le certificat ne doit pas être délivré et, l'officier public requis doit informer immédiatement le comptable chargé du paiement (1).

Infirmes et malades. — Le notaire ne peut délivrer de certificat de vie à une personne malade qui ne comparaît pas devant lui que sur production d'une attestation du maire (mentionnée au certificat) constatant l'existence du pensionnaire et la maladie. Le Maire ne peut se délivrer à lui-même cette attestation. L'art. 8 du Décret du 22 Mars 1912 l'autorise à délivrer le certificat de vie à la double condition : 1° qu'il connaisse personnellement le pensionnaire ; 2° que celui-ci ne puisse se déplacer.

Femmes mariées. — Les notaires, les maires et autres autorités doivent s'abstenir de délivrer des certificats de vie à des femmes pensionnées qui ont perdu la nationalité française (2). Or par son mariage et par application de l'art. 19 du code civil, la femme peut acquérir une nationalité étrangère. Les certificats de vie, en conséquence, doivent constater si la pensionnaire est mariée, qu'elle a pour mari un citoyen français et faire connaître, si elle est veuve ou divorcée, qu'elle

---

(1). Modifié. Ce n'est plus le notaire qui délivre le certificat, c'est le directeur de l'établissement pénitentiaire. D'autre part. c'est le greffier qui seul a qualité pour toucher. Circ. du 12 Nov. § 3.

(2). Lois des 11 Avril art. 26, du 18 Avril 1831, art. 28, du 9 Juin 1853 art. 29

n'est pas remariée, si elle n'a jamais été mariée, qu'elle est célibataire (1).

Signatures et date. — Les certificats de vie doivent être revêtus de plusieurs signatures. Sont essentielles celles du pensionnaire ou celle de son représentant légal tuteur (2), administrateur, curateur ainsi que celle du notaire ou de l'officier public, cette dernière certifiant les précédentes et authentifiée elle-même par le sceau. A ces signatures peuvent s'adjoindre celles des témoins, au cas où le notaire ou le maire auront cru devoir prendre cette garantie. Si le pensionnaire ne sait ou ne peut signer, le notaire ou le maire doivent l'indiquer.

Enfin, le certificat de vie doit être daté en toutes lettres. La date est extrêmement importante ; sans elle l'acte n'a pas d'existence. Elle doit être celle du jour de l'échéance ou, au plus tôt, celle de la veille, le trimestre entier étant acquis au pensionnaire lorsqu'échoit le dernier jour. Elle peut être postérieure.

Il n'est pas nécessaire pour que l'acte ait date certaine qu'il soit enregistré.

Déclarations. — Telles sont les énonciations primordiales et essentielles que doit contenir tout certificat de vie et sans lesquelles il ne serait qu'un acte sans signification ou sans valeur probante. A côté de ces mentions, il en existe d'autres qui pourraient être omises sans enlever à l'acte tout caractère de preuve mais qui doivent néanmoins le compléter aux termes des lois et règlements en vigueur. Ce sont les déclarations.

La sincérité de ces déclarations engage tout d'abord le pensionnaie. Mais nous avons vu qu'elle engage la responsabilité de l'officier instrumentaire. Celui-ci doit prendre certaines précautions pour mettre sa responsabilité envers le Trésor ou envers le pensionnaire à couvert. Il ne doit pas omettre de faire à ce dernier certaines demandes et de lui donner lecture des disposi-

----

(1) La loi du 28 Déc. 1922, art. 26, a supprimé la nécessité pour les femmes mariées titulaires d'une pension directe et pour les veuves remariées titulaires d'une pension de réversion, de produire l'autorisation maritale qu'elles .étaient antérieurement astreintes à fournir par application de l'art. 217 du code civil.

(2). Si le pensionné est mineur et a plus de 18 ans, il doit signer de même que son tuteur.

tions du code pénal applicables aux déclarations fausses ou incomplètes. La loi du 15 Mai 1818, art. 15, (1), stipule, en effet, que ceux qui par de fausses déclarations ou de quelque manière que ce soit, auraient usurpé plusieurs pensions ou un « traitement avec une pen- « sion sont rayés de la liste des pensionnaires. Ils sont « en outre poursuivis en restitution des sommes indû- « ment perçues. » Ces pénalités ont été renforcées par la loi du 5 Sept. 1919, art. 5. D'ailleurs, si le notaire ou le maire avaient la certitude que le pensionnaire fait une fausse déclaration, ils devraient aussitôt avertir le comptable payeur et s'abstenir de délivrer le certificat.

Déclaration de non-cumul. — Ces déclarations ont pour but de permettre au payeur de faire application des dispositions législatives prohibant le cumul. Le Décret du 31 Mai 1862 (2), en effet, oblige tout pensionnaire à déclarer, et cette déclaration doit être scrupuleusement consignée dans le certificat de vie, s'il jouit ou non d'un traitement ou d'indemnités accessoires payés par l'Etat, les départements, les colonies, les pays de protectorat, les communes ou les établissements publics, — s'il est titulaire ou non d'un débit de tabac, — ou d'une ou de plusieurs autres pensions à la charge de l Etat ou de la caisse des Invalides de la Marine. (3) Il doit de plus déclarer le montant de son dernier traitement d'activité. (Circ. de la C. P. du 12 Juin 1914).

Les titulaires d'une pension militaire proportionnelle et les pensionnés de la loi du 31 Mars 1919 peuvent cumuler sans limite leur pension avec une autre ou avec un traitement quelconque ou un débit de tabac. Ils sont néanmoins assujettis à la déclaration ci-dessus. Les pensionnés de la loi du 31 Mars 1919 ne peuvent cumuler leur pension avec une rente-accident ou une retraite servie par une compagnie de chemins de fer.

---

(1). Reproduite par le Décret du 31 Mai 1862, art. 277.

(2). Art. 276 du Décret du 31 Mai 1862 ainsi rédigé : « Tout pen- « sionnaire est tenu de déclarer, dans son certificat de vie, s'il « jouit ou non d'un traitement ou d'une pension de retraite « soit à la charge de l'Etat, soit sur les fonds des Invalides de « la Marine Dans le cas de l'affirmative, il doit déclarer la na- « ture et la quotité de l'allocation dont il jouit concurremment « avec la pension. »

(3) Loi des 15 Mai 1818, art. 14, — 18 Août 1881., art. 1er, — 14 Juillet 1908, ar.t 24, — et 22 Déc. 1910.

Ils sont donc astreints à déclarer s'ils jouissent d'émoluments de cette nature. De plus, s'ils sont titulaires de majorations pour enfants, ils doivent déclarer l'existence de leurs enfants mineurs de 18 ans. (Circ. du 28 Mai 1920 § 2). Sur ce dernier point l'administration des Finances exigeait originairement une certification du notaire. Elle y a renoncé.

Lorsque les conditions de validité et de fond qui viennent d'être exposées sont remplies, les certificats de vie constituent un moyen de preuve d'une certitude rigoureuse. Délivrés par les notaires ce sont des actes authentiques qui rentrent dans la catégorie des actes passés en brevet. (Loi du 25 Ventôse an XI, art. 20). Délivrés par les maires, les consuls ou les autres officiers publics compétents et agissant dans la limite de leurs attributions, ils ont la même valeur. Ils permettent au comptable d'effectuer le paiement des arrérages de la pension avec le maximum de sécurité en ce qui concerne la preuve de l'existence du pensionnaire ; en outre ils le mettent à même d'appliquer les dispositions législatives prohibitives du cumul des pensions, avec certains émoluments ou de certaines pensions entre elles.

Paiements sur livrets. — Malgré ces avantages le certificat de vie offre cependant quelques inconvénients, sinon pour le Trésor, du moins pour le pensionnaire Il oblige ce dernier à se présenter tout d'abord chez l'officier certificateur avant d'avoir accès aux caisses publiques. De plus, la rédaction de l'acte est compliquée : une omission, une irrégularité entraînent des rejets et de nouvelles démarches. Ce sont ces inconvénients qui ont décidé le législateur à organiser un nouveau mode de paiement des pensions dont le but principal a été, au moins pour la généralité des cas, d'arriver à la suppression des certificats de vie.

La loi du 5 Sept. 1919 (1), dans ce but, dispose, dans son article 2, que « le paiement a lieu sans production du « certificat de vie, à la caisse du comptable désigné, « sur présentation par le pensionnaire ou par son re- « pré-sentant légal du livret de pension et contre remise

---

(1). V. pour l'application, la circ. du 9 Nov. 1920 et notamment les §§ I et II.

« du coupon échu que l'intéressé quittance en présence
« de l'agent chargé du paiement. »

Le problème à résoudre alors, par le législateur, était
de permettre au comptable de s'assurer par la seule
présentation du livret, de l'existence du pensionnaire
et d'appliquer les dispositions prohibitives du cumul.

Preuve de l'existence. Formalités de la remise du livret. Photographie. Signature. — La solution donnée à
la première partie de cette question fut la suivante :
« Le livret de pension, dit la loi précitée, art. 1ᵉʳ, est re-
« vêtu de la photographie du pensionnaire ou de son
« représentant légal, s'il s'agit d'un mineur ou d'un
« interdit. Cette photographie doit être transmise par
« l'intéressé à l'administration préalablement à la déli-
« vrance du livret. Au moment de cette délivrance, le
« pensionné ou son représentant légal, après justifica-
« tion de son identité, appose sa signature-type sur des
« fiches mobiles (1) qui sont conservées par l'adminis-
« tration pour le contrôle des paiements. » Ainsi donc,
au moment de la remise du livret au pensionnaire, l'autorité administrative compétente pour effectuer cette
remise, le maire dansd la grande majorité des cas (2),
qui doit connaître tous ses administrés, appose sur le
livret la photographie du titulaire de la pension, après
s'être fait justifier de son identité et après s'être assuré
si la photographie produite est bien celle du titulaire.
Il authentifie ensuite la photographie en y apposant le
timbre sec ou le cachet de la Mairie dont l'empreinte
doit empiéter sur la couverture intérieure du livret de
pension qui est destinée à la recevoir. Il fait signer ensuite le pensionnaire sur les fiches mobiles A et B destinées au Trésorier-Payeur Général du département
dans lequel la pension est payable et dont l'une sera
transmise au comptable assignataire.

Ce dernier au moment du paiement s'assurera de

---

(1). Ce sont les fiches A et B dont il a été question au chapitre
précédent (Assignation du paiement).V. p. 32.

(2). A titre exceptionnel la remise des livrets aux retraités des
services pénitentiaires est effectuée à Paris par la Préfecture
de police. En ce qui concerne la remise des livrets aux pensionnaires incarcérés voir circ. de la Compt. pub. du 29 Sept.
1923 § III qui exposent une procédure générale.

l'existence du pensionnaire (1) en comparant sa physionomie avec la photographie apposée sur le livret et sa signature avec celle qui figure sur la fiche..

Représentant légal. — Si le pensionnaire est légalement représenté, sur le livret figure la photographie du représentant légal et, sur la fiche, sa signature. Le comptable s'essure de la même façon que pour le pensionnaire qui touche personnellement de l'identité du représentant légal. Mais lorsqu'il voudra s'assurer de l'existence du pensionnaire représenté, le comptable sera dans l'obligation de tenir pour véridique la déclaration du représentant légal. La sincérité de cette déclaration est garantie par des pénalités très sévères édictées par l'art. 5 de la loi.

Règles du cumul. — Reste à exposer la solution donnée à la deuxième partie du problème : l'application des règles du cumul. A dire vrai, ici, la loi a tourné la difficulté : elle a dispensé le comptable de toute inquiétude à ce sujet et a purement et simplement transféré ses attributions soit à l'ordonnateur, soit au Ministre des Finances (Dette).

Leur application par l'ordonnateur ou par le Ministre des Finances. — La loi du 5 Sept. 1919 édicte en effet, dans son art. 4 : « Les retenues à exercer en cas d'interdiction totale « ou partielle du cumul d'une pen- « sion avec un traitement ou une allocation quelconque « sont opérées sur le traitement ou sur l'allocation *en* « *vertu d'une liquidation faite par l'ordonnateur* et le « montant en est versé au Trésor, toutes les fois que le « traitement ou l'allocation sont mandatés sur un bud- « get autre que celui de l'Etat. »

« En cas d'interdiction de cumul de plusieurs pen- « sions ou d'une pension avec le produit d'un débit de « tabac, le Ministre des Finances ne remet en paiement « les pensions que pour la somme nette, déduction faite « de la portion non susceptible d'être cumulée et men- « tion en sera faite sur les titres. »

Ainsi, deux hypothèses doivent être envisagées : 1ʳᵉ hypohtèse : lorsqu'il s'agit du cumul prohibé d'une

---

(1). S'il se présente lui-même. Nous verrons plus tard comment il est opéré si le pensionnaire touche par mandataire.

pension avec un traitement, une solde, « une allocation quelconque », la pension doit être intégralement payée. C'est le traitement ou l'allocation qui supportent les retenues à opérer pour ne pas dépasser les limites des émoluments cumulables. Ces retenues sont prescrites par l'ordonnateur et leur montant est reversé au Trésor (au compte : Recettes accidentelles).

2° hypothèse : lorsqu'il s'agit de prohibitions de cumul entre deux ou plusieurs pensions, ou entre une pension et le produit d'un débit de tabac, les pensions ne sont payées qu'à concurrence de la portion cumulable et c'est au Ministère des Finances représenté par le Directeur de la Dette inscrite qu'il appartient d'assurer l'exécution des règles du cumul (1).

Cartes d'identité. — La loi du 5 Sept. 1919 n'avait réglementé que le paiement des pensions payables sur livrets. Elle avait prévu, dans son art. 6, son extension, par Arrêtés du Ministre des Finances « aux pensions « temporaires de la Guerre et de la Marine, ainsi qu'aux « caisses de pensions non visées par son art. 1ᵉʳ. » Deux arrêtés, pris en exécution de cette loi, étendirent le bénéfice de la loi aux pensions de toutes natures payables sur titres de l'ancien modèle.

Arrêtés des 24 Déc. 1920 et 26 Février 1921. — Le premier arrêté en date du 24 Déc. 1920 (2) s'applique aux titulaires de pensions temporaires de la loi du 31 Mars 1919 et dans son art. 7 à tous les pensionnés de guerre. Le second arrêté en date du 26 Fév. 1921 (3) étend à toutes les autres pensions civiles ou militaires payées par les agents du Trésor public ou par les receveurs des postes les dispositions du précédent arrêté.

Il résulte de ces textes que tout pensionnaire muni d'un titre de l'ancien modèle peut bénéficier des dispo-

---

(1). Il y a lieu d'observer toutefois que le comptable n'est pas entièrement dégagé de toute obligation de contrôle. Il ne doit pas payer s'il se trouve en face d'un pensionnaire qui cumule indûment, mais avertir l'ordonnateur ou la Dette. Son contrôle d'ailleurs est encore possible, car, en donnant son acquit sur le coupon, le titulaire d'une pension d'ancienneté civile ou militaire est tenu de faire une déclaration de non-cumul, de même que les veuves de ces titulaires.

(2) V. Circ. de la C. P. du 14 Janv. 1921 § II.

(3) V. Circ. de la C. P. du 13 Juin 1921 § IV.

sitions de la loi du 5 Sept. 1919 dont le but principal
était la suppression du certificat de vie, en présentant
au payeur une carte d'identité photographique conforme au modèle annexé à l'arrêté du 24 Déc. 1920 et délivré par l'autorité compétente et en souscrivant, sur la
quittance, certaines déclarations.

Description. — La carte d'identité est délivrée conformément à un modèle qui reproduit dans ses grandes
lignes la couverture intérieure des livrets de pension.
Elle contient les noms, prénoms et domicile du pensionnaire, la nature, le numéro de son titre de pension.
Elle est délivrée en principe par le maire du domicile.
Ce fonctionnaire tient un carnet spécial d'enregstre-
ment des cartes délivrées. Toute carte doit porter le
numéro d'inscription sur ce registre. Elle est revêtue
enfin d'un procès-verbal de remise signé par l'officier
public certificateur et portant son sceau.

**Autorités compétentes pour délivrer les cartes d'iden-
tité.** — Concurremment avec les *Maires* peuvent encore
délivrer des cartes d'identité, *l'administration des
Postes*, en application de la loi du 30 Juin 1922, art. 4.
(1), — *les Préfectures* « dans les conditions fixées par
« l'instruction ministérielle du 15 Février 1920 pour
« permettre aux grand mutilés de bénéficier des réduc-
« tions de tarif sur les prix de transport par chemins
« de fer, prévues par la loi du 24 Février 1920. » (Arrêté du 24 Décembre 1920 art. 1ᵉʳ). — *la Préfecture de
Police, — les Administrations de la Guerre et de la Marine*, pour les Officiers de l'armée active (2). (Arrêtés
ministériels des 24 Oct. 1921 et 3 Janv. 1922. J. O. des
16 Nov. 1922. Circ. de la Compt. pub. du 10 Avril 1922).

Peuvent encore tenir lieu de cartes d'identité les livrets de pension ou les livrets de traitement de la Lé-
gon d'Honneur et de la Médaille Militaire (3).

---

(1) Carte substituée par l'arrêté du Ministre des Finances du
12 Octobre 1922 (J. O. du 18 Oct. 1922) à celle délivrée par application de la loi du 29 Mars 1920 et autorisée par le paiement des
pensicns par l'arrêté du 24 Déc. 1920 art 1ᵉʳ.(Circ. de la Comp.
pub du 28 Oct. 1922.)

(2). Cette carte permet aux officiers d'utiliser les tarifs militaires sur les chemins de fer.

(3). V. Circ. de la Comp. pub. des 14 Janv. 1921 § III et 19 Janv.
1922 § V.

Cette énumération est limitative : toutes autres cartes d'identité ne sont pas admises.

Durée de validité. — Les cartes délivrées par les Maires sont établies pour la période trans'toire pendant laquelle doit s'effectuer l'échange des !itres contre les livrets. De même celles qui sont délivrées par là Préfecture de Police. Leur durée est par conséquent indéfinie. Il n'en est pas de même des autres cartes qui doivent être renouvelées. Celles qui sont délivrées par les Préfectures ne sont valables que deux an ʔées de même que celles qui sont établies par la Poste.

Taxes. — Les cartes d'identité postales sont taxées à 1 fr. (1). Celles de la Préfecture de Police supportent un droit de 4 frs. (Loi du 29 Avril 1921 art. 15). Les autres cartes en sont frappées d'aucune taxe.

Particularités de la quittance. — Lorsque le pensionnaire présente, au moment du paiement, son titre de pension et sa carte d'identité au payeur, ce dernier a le moyen de se rendre compte qu'il se trouve en présence du véritable titulaire de la pension. Il doit d'ailleurs contrôler son impression par la comparaison de la signature apposée en sa présence sur la quittance et celle, légalisée par le Maire, qui figure sur la carte d'identité, (ou celle qui figure sur la fiche en sa possession, si la pièce d'identité présentée est un livret). La preuve de l'existence du pensionnaire est faite : reste à garder trace de preuve, à créer « l'instrumentum » juridique qui pourra être opposé ultérieurement avec succès à toutes les dénégations et à toutes les contestations.

Attestation du payeur. — Dans ce but, la quittance est revêtue d'une attestation du comptable payeur (2). Ce dernier certifie que la pensionnaire lui a présenté en même temps que son titre une carte d'identité et désigne cette carte par son numéro et l'autorité dont elle émane, — ou un livret de pension dont il précise la nature et le numéro. Le comptable certifie en outre que

_____

(1) Loi du 30 Juin 1922.

(2) Le modèle de cette quittance est annexé à l'arrêté du 24 Déc. 1920 et a été remanié par la Circulaire de la C. P. du 13 Juin 1921.

de la comparaison de la photographie de la carte d'identité avec la physionomie de la personne qui se présente
pour être payée, il résulte que celle-ci est bien le titulaire de la pension qui fait l'objet du paiement.

Cette procédure est visée à l'art. 3 de l'arrêté du 24
Déc. 1920 qui prescrit : « Le titulaire d'une pension...
« obtient, sans production de certificat de vie, le paie-
« ment de ses arrérages à la Caisse du Trésorier Géné-
« ral du du Receveur des Finances détenteur de l'état
« permanent sur lequel figure sa pension, sous la
« double réserve :

« 1° Qu'il se présente en personne muni de son titre
« et de l'une ou l'autre des cartes d'identité photogra-
« phiques ci-dessus visées ;

« 2° qu'il donne quittance sur un imprimé spécial
« conforme au modèle annexé au présent arrêté. »

Déclarations. — Indépendamment de l'attestation du
payeur la quittance dont le modèle est donné à l'arrêté
contient encore une autre particularité qui doit faire
l'objet d'une remarque : c'est l'obligation, pour le pensionnaire, sanctionnée par les peines prévues à l'art. 5
de la loi du 5 Sept. 1919 de faire certaines déclarations
Ces déclarations ont pour objet de garantir le Trésor
contre les risques de faux paiements résultant :

1° De la perte par le titulaire de la qualité de français, et s'il s'agit d'une veuve, de son remariage qui
pourrait lui faire perdre cette qualité ;

2° De l'application des règles du cumul ;

3° Pour les pensions de la loi du 31 Mars 1919 accompagnées de majorations, du décès des mineurs ou
de leur majorité (de 18 ans).

Ces déclarations sont identiques à celles qui sont
souscrites par les pensionnés munis de livrets, sur le
verso des coupons, au-dessus de leur acquit (1).

Ainsi dans le nouveau mode de paiement des pensions de même que dans le mode transitoire de paiement sur cartes d'identité, la preuve de l'existence du
pensionnaire n'est plus administrée dans la forme rigoureuse d'un acte authentique qui reste au dossier.
C'est une sorte de preuve par témoin. Ce témoin il est

____

(1) Sous cette réserve que la déclaration de non-cumul n'est
exigée, sur les coupons, que des pensionnaires titulaires d'une
pension militaire ou civile d'ancienneté (et de leurs veuves), à
l'exclusion des pensionnés de guerre de la loi du 31 Mars 1919).

vrai, est un fonctiannaire dont l'attestation (1) offre des garanties de véracité. Mais il est assez curieux d'observer qu'il agit à la fois comme juge et partie, en quelque sorte, dans l'affaire, puisqu'au fond, c'est la validité de ses opérations qui se trouve en jeu. De même il y a moins de rigueur en ce qui concerne la justification des droits du pensionnaire et notamment en ce qui concerne l'application des règles du cumul. Le contrôle du comptable a perdu de son efficacité. Sans doute il y est suppléé par celui de l'ordonnateur et par des pénalités sévères ? Mais il faut bien constater que les préoccupations des rédacteurs du Décret du 21 Août 1806 qui édictait la responsabilité des notaires et celles du législateur de 1911 qui prévoyait celle des communes ont disparu de la législation nouvelle.

La disparition du premier contrôle exercé avant paiement, par l'officier public certificateur n'est pas sans inconvénients. Aussi, si dans la pratique la suppression du certificat de vie n'entraîne pas trop d'erreurs, et s'il en résulte des facilités incontestables dans la plupart des cas pour les pensionnaires, elle ne permet pas autant de sûreté dans les paiements et expose

D'ailleurs la suppression totale du certificat de vie n'a pas été envisagée par la loi. Il reste toujours, pour les parties, la faculté de recourir à l'ancien mode de paiement, même lorsqu'elles sont en possession de livrets. Ce mode ancien offre parfois de grands avantages pour les pensionnaires eux-mêmes (2). Dans certains cas même, c'est le seul mode de paiement possible : c'est la suprême ressource des cas désespérés et de ceux que la législation nouvelle n'a pas prévus, qu'elle ne pouvait du reste pas pas prévoir.

______

(1) Qu'elle soit écrite, comme dans le paiement sur carte d'identite, ou tacite, comme dans le paiement sur livret où elle résulte du fait du détachement des coupons et des opérations annexes.

(2) V. notamment au chapitre suivant.

CHAPITRE V

PAIEMENT ENTRE LES MAINS D'UN TIERS

Représentant légal. — Paiements sur titres de l'ancien modèlé. — Particularités du certificat de vie. .— Paiements sur carte d'identté.

Mandataire. — Mandat tacite du porteur du titre et du certificat de vie. — Autorisations et procurations. — Certificat de vie-procuration. — Cas pour lesquels il est prévu.— Forme. — Autorités compétentes pour le délivrer. — Mentions indispensables. — Durée de validité. — Extension aux paiements sur titres de l'ancien modèle. — Paiements aux illettrés. — Autres cas de mandat forcé (Pensionnaires incarcérés).

Créanciers. — Principe de l'insaisissabilité. — Histoire. —. Etendue du principe. — Extension de la jurisprudence. — l'Etat créancier. — Débets de comptables et débets de fournisseurs et entrepreneurs. — Impôts, amendes et frais de justice. — Créances contractuelles. — Prix de pension dans les écoles militaires. — Frais de séjour dans les hôpitaux militaires. — Procédure de saisie applicable aux autres débets. Recouvrement des avances sur pension ou des sommes indûment payées sur traitements. — Créanciers autres que l'Etat. — Créanciers alimentaires. — Créanciers nantis de privilèges généraux sur les meubles. —Fournitures d'aliments. — Forme de l'oppostion. — Du rôle des tribunaux. — Du rang de préférence entre les différents créanciers. — Paiement des retenues. — Mainlevée. — Prescription. — Décès du créancier alimentaire. — Créanciers cessionnaires ou subrogés. — Changement d'assignation. — Transmission des oppositions.

Héritiers. — Décompte. — Déduction des avances. — Précompte. — Lieu et époque du paiement. — Pièces justificatives des droits des héritiers. — Certificat d'inscripton. — Acte de décès du pensionnaire. — Déclaration de noncumul. — Certificat de propriété. — Autorités compétentes pour le délivrer. — Paiement inférieurs à 300 Frs. — Paiement entre les mains de l'époux survivant.

Le pensionnaire n'est pas tenu de se présenter en personne pour toucher les arrérages de sa pension. Il est possible tout d'abord qu'un obstacle juridique l'empêche de le faire : tel est le cas du mineur ou de l'aliéné, qu'il soit interdit ou non. Il se peut qu'il y ait un simple obstacle matériel (maladie, éloignement), ou même qu'il n'y ait aucun empêchement du tout. Le pensionnaire a un droit incontestable à recourir, si tel est son bon plaisir, aux services d'un tiers pour encaisser le montant de sa créance sur l'Etat. Il se peut encore qu'il n'ait pas à recevoir l'intégralité des arrérages et que certains de ses créanciers soient habiles à en percevoir une partie en ses lieu et place. Enfin, après sa mort, ce sont ses héritiers qui peuvent prétendre au paiement du prorata des arrérages courus jusqu'au jour du décès. Dans ces quatre hypothèses, qui résument tous les cas où le paiement d'une pension est effectué entre les mains d'un tiers, des règles différentes sont applicables selon la qualité des parties prenantes, suivant que le payeur vide ses mains entre celles d'un représentant légal d'un mandataire, d'un créancier ou d'un héritier.

Représentant légal. — L'orphelin mineur, l'interdit (1), ou l'aliéné non interdit n'ont pas l'aptitude requise par la loi pour exercer leurs droits par eux-mêmes. Ils sont frappés d'une incapacité générale de gérer leur patrimoine et ne peuvent valablement ni recevoir le montant de leurs créances ni toucher leurs revenus : leur acquit est sans valeur. Ils sont obligatoirement tenus, pour administrer leur fortune, de se faire représenter par un tiers, tuteur ou administrateur provisoire, qui est leur représentant légal, c'est-à-dire nommé conformément à la loi. Le paiement des arrérages des pensions dont ces incapables peuvent être titulaires n'est libératoire pour le Trésor que s'il a été effectué entre les mains de ce représentant légal.

Le représentant légal figure toujours avec sa qualité dans l'immatricule du titre de pension quelle qu'en soit la forme. Le tuteur ou l'administrateur provisoire n'auront donc, pour justifier de leurs droits, au moment du paiement, qu'à produire le titre.

____

(1) Il s'agit ici de **l'aliéné** interdit. L'interdit légal (art. 29 du C P) perd la jouissance de son droit à pension,

Paiement sur titre ancien modèle. Particularités du certificat de vie. — Toutefois une justification complémentaire résulte, lorsque le paiement est fait au vu d'un titre de l'ancien modèle, de la production du certificat de vie qui présente certaines particularités. Le certificat de vie est délivré au nom du mineur et constate son existence, sur réquisition du tuteur ou de l'administrateur (1). Les nom, prénom et domicile de ce dernier figurent après ceux du mineur ou de l'aliéné suivis de la mention : sous la tuelle de........, sous l'administration provisoire de........ .

Paiements sur livrets. — Lorsque le paiement est effectué sur livret, les noms, prénoms et domicile du représentant légal figurent également avec sa qualité, dans l'immatricule de la deuxième page du livret. C'est sa photographie et non celle du mineur ou de l'aliéné qui se trouve sur la couverture intérieure du carnet, et le procès-verbal du Maire constate la remise du livret entre les mains du représentant de l'incapable. Au moment du paiement, la certification du notaire ou du maire donnée au certificat de vie est remplacée par une déclaration du représentant légal. Celui-ci atteste sur le coupon en donnant acquit, que le pensionnaire est vivant, qu'il n'a pas perdu la nationalité française, et, s'il s'agit d'un mineur, qu'il n'était pas au jour de l'échéance, âgé de plus de 21 ans.

Paiements sur cartes d'identité. — Le paiement peut être effectué pour les titres de l'ancien modèle, sur production d'une carte d'identité délivrée au représentant légal. Celui-ci souscrit au moment du paiement, sur la quittance, une déclaration identique à celle que comporte l'acquit donné sur le coupon des pensions payables sur livrets.

Mandataire. Mandat tacite du porteur du titre et du certificat de vie. — En règle générale, toute personne chargée d'un mandat doit justifier de ses pouvoirs en produisant une procuration écrite notariée ou sous

---

(1). Cependant pour les pensionnés de la loi du 31 Mars 1919, est autorisé la délivrance de certificats de vie au nom du tuteur qui déclare l'existence de l'orphelin et atteste qu'il est âgé de moins de 21 ans

seing-privé. Or depuis fort longtemps, la législation des pensions (1) soustrait le mandataire d'un pensionnaire à cette obligation : elle admet une sorte de mandat tacite au profit du porteur du titre et du certificat de vie du titulaire. La loi du 22 Floréal an VII, dans le but, ainsi que l'explique son sous-titre, d'édicter des mesures pour assurer et faciliter le paiement des rentes et pensions, dispose dans son art. 6 que « les arrérages « de la Dette viagère et des pensions seront payés (de « même) au porteur de l'extrait d'inscription ou du « brevet de pension. Il en donnera (également) son ac- « quit au payeur. Il sera rapporté à l'appui un certifi- « cat de vie du rentier viager ou du pensionnaire ». Ces dispositions sont reproduites presque littéralement par l'art. 265 du Décret du 31 Mai 1862.

Ainsi donc le porteur du titre, quelle que soit sa forme (2), est légalement présumé le mandataire désigné par le pensionnaire pour percevoir ses arrérages. Cette présomption ne tombe que devant la manifestation contraire de la volonté du pensionnaire, volonté explicitement exprimée et notifiée au payeur, soit par lettre, soit par signification d'un acte extra-judiciaire (opposition).

Autorisations et procurations. — Toutefois dans les deux cas ci-après, il est indispensable que le mandataire justifie de ses pouvoirs par la production d'un acte écrit :

1° Le titulaire de la pension figure sur l'état des pensions payables sans titre ;

2° ou bien il ne peut recevoir ses arrérages lui-même et ne veut pas se dessaisir de son brevet de pension.

Dans le premier cas, le mandataire justifie de ses pouvoirs en présentant une *autorisation* qui n'est pas nécessairement notariée et qui n'est valable qu'une fois. La quittance doit être revêtue de l'acquit du pensionnaire.

Dans le second cas, il est produit une procuration notariée conforme aux prescriptions contenues dans les ordonnances du 1er Mai 1816 et des 9 et 17 Janv. 1918.

---

(1) La législation nouvelle n'a pas abrogé ce principe.

(2) Qu'il s'agisse d'un titre de l'ancien modèle ou d'un livret car la loi du 5 Sept. 1919 n'a pas abrogé le texte qui vient d'être cité

Cette procuration peut n'être pas renouvelée lors de chaque échéance.

Dans les deux cas le certificat de vie du pensionné doit accompagner la justification des pouvoirs. Quel que soit le mode de paiement de la pension, qu'elle soit payable sur titre ancien modèle ou sur livret, en raison des fraudes possibles, le mandataire est tenu d'administrer rigoureusement par certificat la preuve de l'existence du pensionnaire. La présomption qui découle de la date et de la signature de la procuration, pas plus que la déclaration du mandataire, ne saurait être admise pour établir l'existence du pensionnaire.

Certificat de vie-procuration. — Les règles qui précèdent n'ont pas été modifiées par la législation nouvelle qui s'est bornée à créer parallèlement une institution très peu différente et en tous cas, inspirée des mêmes principes : le certificat de vie-procuration.

Le mode de paiement institué par la loi du 5 Sept. 1919 repose sur cette considération de fait admise avec la valeur d'une règle générale que, dans la grande majorité des cas, c'est entre les mains du titulaire de la pension lui-même que le payeur doit vider les siennes. Cependant il fallait bien admettre au moins par exception, que le paiement put s'effectuer entre les mains de tiers.

Cas pour lesquels il est prévu. — La loi n'envisagea l'exception que dans deux cas : ceux où il y avait impossibilité réelle et constatée, pour le titulaire de la pension, de signer ou de se déplacer. Pour ces deux cas, mais pour ces deux cas seulement, la loi instituait le certificat de vie-procuration. Dans tous les autres cas, c'est-à-dire dans tous ceux où le pensionnaire sachant signer et pouvant se déplacer, désire faire toucher sa pension par un mandataire, ce sont les règles anciennes qui s'appliquent. L'art. 3 de la loi du 5 Sept. 1919 édictait en effet que « le pensionnaire ou son re-
« présentant légal qui ne peut ou ne sait signer ou qui
« ne peut se déplacer, a la faculté de faire encaisser ses
« coupons par un tiers. Celui-ci porteur du livret de
« pension, remet au comptable chargé du paiement,
« indépendamment du coupon revêtu de sa signature,
« un certificat exempt de timbre, délivré sans frais par

« le Maire de la commune où réside le mandant et
« constatant que ce dernier est vivant, et qu'il donne
« procuration à l'effet d'encaisser les arrérages. »

. . . .

« Le pensionnaire ou son représentant légal capable
« de signer eu de se déplacer, peut également faire
« encaisser les arrérages de sa pension par un tiers ;
« dans ce cas, le paiement est effectué entre les mains
« du porteur du coupon, sur présentation du certificat
« de vie délivré par un notaire dans les conditions pré-
« vues par les lois et règlements actuellement en vi-
« gueur. »

Formes. — Les formes du certificat de vie-procuration ont été réglementée par l'arrêté N° 2 du Ministère
des Finances du 7 Oct. 1920 pris en exécution de la loi
(1): et dont l'annexe contient un modèle.

Autorités compétentes pour le délivrer. — Le cerificat
est exempt de timbre : il est délivré sans frais par le
Maire de la commune où réside le pensionnaire ou par
un notaire. L'art. 3 de la loi de 1919 spécifie dans son
troisième paragraphe en effet que « le certificat du
maire peut, si le « pensionnaire ou son représentant
« légal le préfère, être remplacé par un certificat ex-
« empt de timbre, délivré par un notaire et contenant
« les mêmes énonciations. »

Mentions indispensables. — Le certificat constate
l'existence du pensionnaire. Comme le certificat de vie,
il indique très exactement les noms, prénoms et domicile du pensionnaire, et, s'il s'agit d'une veuve, il porte
la mention qu'elle n'est pas remariée ou qu'elle l'est
avec un citoyen français. Mais il ne contient pas de déclarations relatives au cumul. Ces déclarations sont
faites par le mandataire, sur le coupon ; de la manière
exposée plus haut, ou sur la quittance. L'officier
instrumentaire certifie de plus l'existence des enfants
mineurs de moins de 18 ans, pour les pensions donnant

---

(1) V. Circ de la Compt. pub. du 9 Nov. 1920 V. en outre dans
cette circulaire le § 5 intitulé : « Paiement des arrérages à un
mandataire du pensionnaire ou de son représentant légal » et
circulaire du 17 Mars 1922 § 11 en ce qui concerne les modifications à apporter à la quittance (pour les titres de l'ancien modèle)

droit à la majoration, et leur nationalité française. Il doit indiquer le nombre d'enfants mineurs de 18 ans, ainsi que leurs noms et date de naissance. Lorsque les titulaires de la pension sont des orphelins mineurs, leur existence et leur nationalité sont certifiées de même que l'âge de ceux d'entre eux qui sont bénéficiaires de majorations. En ce qui concerne ces derniers la certification doit porter sur la date de naissance et leur nationalité doit être indiquée, non seulement au jour de l'échéance, mais à la date à laquelle la pièce a été établie. En règle générale et pour toutes les pensions les Maires ou les Notaires ne doivent pas omettre de certifier que le pensionnaire n'a pas perdu la qualité de français.

Enfin le certificat contient procuration au profit d'un mandataire expressément désigné et dont la signature figure en marge de l'acte à moins que ce dernier ne sache ou ne puisse signer.

Durée de validité. — Lorsque le titulaire ne sait pas signer, ou lorsqu'une infirmité ou une maladie incurable l'empêche de se déplacer, le certificat de vie-procuration est valable pendant un an. L'art. 3 de la loi précitée stipule en effet dans son paragraphe 2 : « Lorsque « l'impossibilité de signer ou de se déplacer est per- « manente, le certificat délivré par le Maire est valable « pour une année, à la condition d'être visé et timbré « par la mairie avant chaque versement d'arrérages. »

Le certificat est retiré au moment du paiement du dernier trimestre pour lequel il est établi. « De plus, « par mesure générale de contrôle (1) il y a lieu de re- « tirer pour le premier trimestre d'arrérages de la pen- « sion payé après le 31 mai de chaque année et ayant « une échéance postérieure à cette date, puis de joindre « au coupon afférent à ce trimestre, le certificat de vie « en question, même s'il n'a été utilisé précédemment « que pour un ou deux trimestres ou s'il est utilisé « pour la première fois. »

Le comptable doit veiller aux abus qui pourraient être faits du certificat de vie-procuration (2) et s'assurer que le pensionné est bien dans l'impossibilité absolue

---

(1) Circ de la Compt. publique du 9 Nov. 1920 page 23.
(2). Circ. de la Compt. publique du 9 Nov. 1920 page 23.

de signer ou de se déplacer. Ainsi qu'il a été dit. il reste toujours le moyen pour le pensionnaire de constituer un mandataire de son choix en lui remettant son titre de pension et un certificat de vie notarié établi dans la forme ordinaire.

Extension aux paiements sur titres anciens modèle. — La faculté de recourir au certificat de vie-procuration a été étendue aux pensions payables sur titres de l'ancien modèle (1). Pour user de cette faculté. il n'est pas nécessaire que le pensionnaire soit porteur d'une carte d'identité ni même qu'il l'ait fait établir.

Paiement aux illettrés. — Pour une certaine catégorie de pensionnaires, les illettrés, il y a non seulement faculté mais obligation de se servir d'un mandataire (2). Les illettrés ont la liberté de conférer leur mandat. soit en se conformant aux règles anciennes. au moyen d'un certificat de vie ordinaire, soit, en adoptant la procédure nouvelle. au moyen d'un certificat de vie-procuration. Mais ils ne peuvent plus toucher sans intermédiaire. Doit être considérée comme abrogée l'ancienne réglementation (3) qui permettait au payeur d'effectuer entre les mains des illettrés. sur l'attestation de deux témoins, les paiements inférieurs à 150 frs. (4). Pour les paiemens supérieurs à cette somme. il ne semble pas toutefois que le payeur puisse opposer un refus de paie-

---

(1). Circ. de la Compt. pub. du 7 Fév. 1922 et du 17 Mars 1923.

(2). V. Circ. des 7 Fév. 1922 et 17 Mars 1923 précitées.

(3). V. Règlement du 26 Déc, 1866 § II — 4°.

(4) Modifié par la loi de finances du 30 juin 1923 art. 175. La preuve testimoniale peut être admise en faveur des illettrés pour les sommes inférieures ou égales à 150 francs. Le paiement pourra être effectué sur l'attestation de deux témoins et au vu du livret à coupons ou d'une carte d'identité règlementaire. Les déclarations que doit faire le pensionnaire sont consignées par le comptable et certifiées par les témoins sur le coupon ou sur la quittance. (V. Circ. de la Compt. pub. du 9 Août 1923 § I et du 15 Fév. 1924 § III).

ment si lui était produite la quittance notariée autre-
fois prévue dans l'hypothèse (1).

Créanciers. Principe de l'insaisissabilité. — Les sommes payées par l'Etat, au titre des pensions, sont destinées à assurer la nourriture, l'entretien et l'exitence
des pensionnaires. C'est pourquoi elles sont, en principe, insaisissables et incessibles.

Histoire. — Ce principe, d'une origine fort ancienne
(2), apparaît déjà dans la déclaration du roi du 7 Janvier 1779 qui édictait l'insaisissabilité et l'incessibilité
des pensions et grâces viagères pendant la vie du titulaire.

La loi du 22 Août 1791 établit une exception en faveur
des créanciers qui avaient fourni des aliments.

La loi du 22 Floréal an VII revint au principe de l'insaisissabilité absolue. L'arrêté du 7 Thermidor an X
interdit les cessions. Dans ce système, l'insaisissabilité
cessait à la mort du titulaire de la pension et ses créanciers pouvaient saisir en totalité la succession. Le code
de procédure civile ne touchait pas à cette législation.
Il laissait en termes exprès, à des lois et règlements
spéciaux le soin de déteminer la portion saisissable des
pensions (3).

---

(1) Un autre cas de mandat obligatoire a été provoqué par
le paiement des pensions dont les titulaires sont incarcérés. Si
le pensionnaire est condamné à une peine afflictive ou infamante, sa pension est suspendue et la question du paiement ne
se pose pas. Mais s'il est simplement prévenu ou condamné à
une peine dont la gravité n'est pas suffisante pour entraîner la
suspersion de la pension, c'est le greffier de la prison qui tou-
chera les arrérages sur production d'un certificat de vie délivré par le Directeur de l'établissement pénitentiaire. A remarquer cette particularité concernant la compétence de l'autorité
qui joue le rôle du notaire dans ces circonstances exceptionnelles. (V. Circ. de la Compt. B ; du 29 Sept. 1923 § 5). Par note de
la Compt. pub. du 24 Nov. 1923, cette procédure a été entendue
aux pensionnaires hospitalisés dans un asile d'aliénés. Les arrérages de la pension sont payés à l'administrateur provisoire
des biens de l'aliéné sur production d'un certificat délivré par
le Directeur de l'asile.

(2) L'évolution du droit en la matière est exposé en tous ses
détails par MM. Dumesnil et Pallain « Traité de la législation
spéciale du Trésor public (Hetzel 1881) p. 110 nos 107 et sq.

(3). Art. 580 du C. Pr. Civ. « Les traitements et les pensions dus
par l'Etat ne pourront être saisis que pour la portion déterminée par les lois ou par les ordonnances royales ».

Cependant un avis du Conseil d'Etat du 11 Janvier 1808, après un certain flottement dans la jurisprudence, consacrait une exception au principe de l'insaisissabilité en faveur des femmes et des enfants de pensionnés militaires. La pension pouvait, en vertu d'une décision du Ministre de la Guerre, être saisie à concurrence d'un tiers, lorsque le pensionnaire ne remplissait pas les obligations qui lui sont imposées par les chapitres V et VII du titre V du Livre 1ᵉʳ du Code civil.

Un autre avis du Conseil d'Etat du 11 Juin 1808 autorise sur les soldes ou pensions militaires des retenues du cinquième pour débet envers l'Etat.

Tel était l'état de la question lorsqu'intervinrent les lois des 11 et 18 Avril 1831.

Quant aux pensions civiles (qualifiées alors de pensions sur fonds de retenues), elles étaient considérées, en vertu de diverses décisions interprétatives, (Arrêt de cassation du 28 Août 1815. Ordonnance du 27 Août 1917), à la différence des pensions militaires, comme insaisissables, même pour dette alimentaires et pour débet envers l'Etat. De cette jurisprudence il résultait entre les pensionnés militaires et civils une inégalité de situation que rien ne justifiait et que la loi du 9 Juin 1853 a eu pour but de faire disparaître à quelques détails près.

Etendue du principe. — Ce sont donc les lois des 11 et 18 Avril 1831, pour les pensions militaires, et du 9 Juin 1853, pour les pensions civiles, qui servent de base au principe de l'insaisissabilité et lui donne un sens définitif qui n'a été que très légèrement modifié par voie législative (1). L'art. 28 de la loi du 11 Avril 1831 est ainsi rédigé : « Les pensions militaires et leurs arré- « rages sont incessibles et insaisissables, excepté dans « le cas de débet envers l'Etat ou dans les circonstan- « ces prévues par les articles 203 et 205 du code civil. « Dans ces deux cas, les pensions militaires sont pas- « sibles de retenues qui ne peuvent excéder le cin- « quième de leur montant pour cause de débet et le « tiers pour aliments. » Cet article est reproduit, dans

---

(1). La loi du 14 Avril 1924, en effet, reproduit, dans son article 54, les dispositions anciennes. Elle se borne à les vérifier et à appliquer des règles identiques aux pensions civiles et aux pensions militaires.

des termes scrupuleusement identiques, par l'art. 30 de
la loi du 18 Avril 1831. Le texte de la loi du 9 Juin 1853
est légèrement différent : « Les pensions sont incessi-
« bles. Aucune saisie ou retenue ne peut être opérée,
« du vivant du pensionnaire, que jusqu'à concur-
« rence d'un cinquième pour débet envers l'Etat ou
« pour créances privilégiées, aux termes de l'art. 2101
« du Code Napoléon, et d'un tiers dans les circonstan-
« ces prévues par les art.. 203, 205, 206 et 214 du même
« code. »

Il résulte de l'application littérale de ces deux textes (1) que les pensions militaires et civiles sont saisissables pour débet envers l'Etat dans la proportion
d'un cinquième des arrérages à payer, — que les pensions civiles le sont dans les mêmes proportions, pour
les créances privilégiées aux termes de l'article 2101
du Code civil, — que les pensions militaires et civiles le
sont encore pour un tiers, dans les circonstances prévues par les articles 203 et 205 du Code civil, suivant la
loi de 1831, —par les articles 203, 205, 206, 207 et 214 du
même code, suivant la loi de 1853.

Le rapprochement des textes des deux lois de 1831
et de la loi du 9 Juin 1853 faisait ressortir une différence
entre les pensions civiles et les pensions militaires : les
premières seules étaient saisissables par les créanciers
privilégiées de l'article 2101 du Code civil. La loi du 14

---

(1) Cette interprétation paraît avoir été admise par le Décret
du 31 Mai 1862. Toutefois le Décret semble s'être borné à juxta-
poser les analyses des deux lois fondamentales sans faire effort de coordination ou d'explication. Ses deux articles 267 et
268 contiennent des redites. Au surplus, voici comment ils s'expriment :
— Art. 267. « Les pensions sont incessibles. Aucune saisie ou
« retenue ne peut être opérée du vivant du pensionnaire, que
« jusqu'à concurrence d'un cinquième pour débet envers l'Etat,
« ou d'un tiers dans les circonstances prévues par les articles
« 203, 205 et 214 du code civil. Les pensions sont en outre, sai-
« sissables jusqu'à concurrence d'un cinquième pour créances
« privilégiées aux termes de l'art 2101 du code civil, et d'un
« tiers dans les circonstances prévues par les art. 205 et 206
« du même code — Art. 268. Les pensions militaires et leurs ar-
« rérages ne sont saisissables que dans le cas de débet envers
« l'Etat ou dans les circonstances prévues par les art. 203, 205 et
« 214 du code civil. Dans ces deux cas, les pensions militaires
« sont passibles de retenues qui ne peuvent excéder le cinquiè-
« me de leur montant pour cause de déebt et le tiers pour ali-
« ments ».

Avril 1924 fait disparaître cette anomalie. Elle unifie la législation et formule, sous le titre III intitulé : « Dispositions d'ordre *communes* aux pensions civiles et militaires », dans l'article 54, le principe de l'insaisissabilité des pensions dans les termes ci-après : Les pen- « sions instituées par la présente loi sont incessibles et « insaisissables, sauf en cas de débet envers l'Etat, les « services locaux des colonies ou pays de protectorat, « ou pour les créances privilégiées aux termes de l'ar- « ticle 2101 du Code civil et dans les circonstances pré- « vues par les articles 203, 205, 206, 207 et 214 du même « code. — Les débets envers l'Etat, ainsi que ceux con- « tractés envers les services locaux des colonies ou « pays de protectorat, rendent les pensions passibles « de retenues jusqu'à concurrence d'un cinquième de « leur montant. Il en est de même pour les créances « privilégiées. Dans les autres cas prévus au précédent « alinéa, la retenue peut s'élever jusqu'au tiers du « montant de la pension. » Ainsi, sauf en ce qui concerne les créances privilégiées de l'art. 2101, la loi du 14 avril 1924 conserve la législation antérieure. Elle ne modifie pas davantage l'interprétation qui en avait été donnée par la jurisprudence.

Extensions de la jurisprudence. — Les tribunaux sont en effet, fréquemment intervenus en la matière, pour autoriser ou pour valider les saisies pratiquées, en usant d'un assez large pouvoir d'appréciation et d'interprétation. Les dispositions des lois de 1831, de 1853 et de 1924 n'ont pas en effet le caractère de mesures d'ordre public (1), du moins en ce qu'elles touchent aux intérêts des pensionnaires et à ceux de leurs créanciers privés. Il est donc permis aux juges, lorsqu'ils sont saisis par les parties, d'y déroger. Les tribunaux ont ainsi étendu, à un double point de vue, la saisissabilité des pensions : 1° en l'appliquant à des cas non expressément visés par le législateur,— et 2° en autorisant la saisie, dans certains autres cas, au-delà de la limite légale de la quotité saisissable. C'est ainsi qu'a été admise la saisissabilité en faveur des créan-

---

(1). Voir la note du service du Contentieux du Ministère des Finances du 30 Novembre 1887 (Affaire Dasque) reproduite par M. Blanchon. Paiement des pensions de l'Etat. p. 148, n° 379.

ciers qui ont fourni des objets d'aliments aux pensionnaires eux-mêmes ou à des personnes à leur charge (1).

De même d'autres extensions, à la suite d'interpréta-
tions administratives et judiciaires, sont admises au
profit de l'Etat.

L'Etat créancier.   Toutes les créances de l'Etat, si
on les considère au point de vue de leur origine et de
leur nature et en faisant abstraction de la personne du
débiteur, peuvent, en définitive, se classer sous trois ru-
briques : les créances d'origine contractuelle, les impôts ou les amendes et les débets de comptables (2).
Il semble a priori, que l'Etat ne puisse indifféremment
poursuivre l'exécution de ses droits de créancier,
qu'elle qu'en soit la nature et l'origine, contre tous ceux
de ses débiteurs qui sont en même temps ses pensionnaires, et qu'il y ait, parmi ces pensionnaires-débiteurs,
des distinctions à faire. A s'en tenir à la lettre du mot,
employé par les lois de 1831, de 1853 et de 1924, cette
exécution n'est possible que « dans le cas de débet. »
Mais il faut entendre cette expression dans un sens
large.

**Débets de comptables et débets de fournisseurs et en-
trepreneurs.** — Au sens technique, au sens des lois du
28 Pluviôse an III (débets de comptables) du 12 Vendémiaire an VIII art. 4, (débets de fournisseurs et d'entrepreneurs, commissionnaires et agents comptables
quelconques) et du 13 Frimaire an VIII art. 4. (débets
des comptables, fournisseurs et entrepreneurs), le débet est la créance de l'Etat née contre un comptable, ou
contre un fournisseur ou un entrepreneur à l'occasion
du maniement des deniers publics ou en raison d'ac-

------

(1). Voir l'instruction du Contentieux du Ministère des Finances du 31 Août 1905, article 143

(2). L'Etat devient principalement créancier de trois maniè-
« res : l'Etat est créancier de ceux, avec qui il traite : acqué-
« reurs de biens domaniaux, locataires, entrepreneurs ou con-
« cessionnaires de travaux, etc... — L'Etat est créancier de ceux
« de ses fonctionnaires qui sont chargés de manier ses fonds ;
« — enfin l'Etat est créancier des impôts que les lois établissent
« ainsi que des amendes auxquelles les tribunaux condam-
« nent ». Berthélémy. Droit administratif p. 280. V. en outre
Max Boucard et Gaston Jèze. Eléments de la science des finances et de la législation financière française, p. 559 et sq.

comptes reçus pour le recouvrement du solde débiteur d'un arrêté de compte. Cette créance est constatée par un arrêté administratif ou un arrêt émanant d'une juridiction administrative. Le législateur de 1831, de 1853 et de 1924 n'a certainement pas entendu restreindre au recouvrement de ces créances spéciales les droits de l'Etat contre ses débiteurs.

Impôts, amendes et frais de justice. — Doivent en conséquence en outre de ces créances spéciales être considérées comme des débets autorisant la saisie des pensions les sommes dont l'Etat est créancier du fait du non-paiement des impôts, qu'il s'agisse de contributions directes ou indirectes (1), de taxes d'enregistrement (2), d'amendes ou de frais de justice (3).

Créances contractuelles. Prix de pension dans les écoles militaires. — Les débets des entrepreneurs et des fourniseurs prévus par les lois des 12 Vendémiaire et 13 Frimaire an VIII ne sont pas les seules créances de l'Etat d'origine contractuelle qui permettent la saisie des pensions : doivent y être assimilés à ce point de vue les prix de pension dans les écoles préparatoires et les frais de séjour dans les hôpitaux militaires et maritimes. Les prélèvements pour prix de pension sont autorisés en vertu d'une loi (4), et limités au dixième des arrérages (5).

Frais de séjour dans les hôpitaux militaires.   Les frais de séjour dans les hôpitaux font l'objet d'une rè-

---

(1) V. arrêt du Conseil d'Etat du 23 Juillet 1909. Affaire Ricard ; cité par M. Blanchon. Paiement des pensions del'Etat p. 144 et 141.

(2). V. décision du Ministre des Finances du 12 Juillet 1901. Eod loc. p. 146

(3). Circ de la Dette inscrite des 28 Août 1844 et 28 Fév. 1914 § 5. V cependant contrà Griolet Verger et Robinet, n°ᵇ 1867 et 1868. Pour les recouvrements des frais de justice sur les pensionnaires incarcérées V. Circ. de la C. P. des 12 Nov. 1923 § VI et 12 Fév. 1924 § III.

(4) Loi du 19 Juillet 1844 Art. 5.

(5). V. instruction du contentieux du 31 Août 1905 art-141 § 2.

glementation minutieuse (1). Ces frais à prélever ne doivent pas dépasser le montant de la pension mais ils peuvent absorber la totalité des arrérages dus au pensionnaire pendant toute la durée de son séjour à l'hôpital (2). Il est admis en effet, d'une part que les soins hospitaliers ne sont pas pour le pensionné un droit mais une faveur accordée seulement moyennant abandon de la pension. D'autre part il y a lieu de considérer que l'intention du législateur a été d'assurer l'existence du pensionnaire en édictant l'insaisissabilité partielle de sa pension. C'est donc donner à la portion insaisissable de la pension son affectation légale que de l'appliquer au paiement des frais d'hôpitaux (3). Les frais sont liquidés dans la forme prescrite et aux époques fixées par le Règlement de la Guerre. Cette liquidation fait l'objet d'une « feuille nominale décomptée » établie par l'officier d'administration gestionnaire de l'hôpital et transmise à la Dette qui, après vérification, adresse au comptable chargé du paiement un certificat. Il y a lieu d'observer qu'auparavant, la Dette Inscrite, dès qu'elle a été avisée de l'entrée du pensionnaire à l'hôpital, a fait parvenir provisoirement au payeur un certificat de suspension de la pension afin d'éviter tout faux paiement (4). Le certificat de retenue n'est transmis, en général, au comptable qu'après la sortie du pensionnaire. Il constitue implicitement une levée de la suspension ; il indique le nombre de jours passés par le pensionnaire à l'hôpital ainsi que la somme dont il est redevable ; il permet ainsi de payer le reliquat des arrérages. Si lors de l'échéance de la pension ou lors de la première échéance qui suit l'entrée à l'hôpital, le

---

(1) V. règlement du service de santé de la Guerre du 25 Nov. 1889 et règlement du service de santé maritime du 13 Sept. 1910.

(2). Toutefois pour les fonctionnaires coloniaux admis dans dans les hôpitaux maritimes, la saisie ne porte que sur les 9/10 de la pension. (Décret du 2 Mars 1910. Art. 117.)

(3). Ce raisonnement pourrait s'appliquer aux pensionnaires hospitalisés dans les hôpitaux civils. Le prélèvement serait justifié par les mêmes motifs et pourrait absorber la totalité de la pension. Mais comme dans ce cas, le créancier n'est pas l'Etat, mais seulement un établissement municipal ou départemental doué d'une certaine autonomie, ou même un établissement privé, la saisie devrait être autorisée par le juge et pratiquée par voie d'opposition signifiée.

(4) Circ de la Dette inscrite du 25 Janv. 1898 § 4.

pensionné est toujours hospitalisé, la Dette adresse au payeur un certificat qui prescrit à la fois retenue et suspension, cette pièce indique la somme due pour le trimestre écoulé et suspend de nouveau la pension à compter de la dernière échéance (1).

Procédure de saisie applicable aux autres débets. — Cette procédure de saisie par voie administrative s'appliquait d'ailleurs à toutes les créances de l'Etat (2). En raison de la limitation des prélèvements au cinquième des arrérages, la suspension de la pension n'était pas prononcée, mais les payeurs n'étaient saisis que par un ordre administratif émanant soit de la Dette, soit de l'Agence judiciaire du Trésor et prenant la forme d'un certificat de retenue (3).

Cette formalité a été supprimée (4). La créance du Trésor constatée par un titre de perception, un extrait de rôle, un extrait de jugement, ou par une simple note, est notifiée à la Trésorerie Générale. Celle-ci intervient alors pour autoriser les retenues et en fixer le montant.

Recouvrement des avances sur pensions ou des sommes indûment payées sur traitements. — La même procédure est employée lorsqu'un pensionnaire a reçu des avances sur sa pension en cours de liquidation ou lorsqu'il se trouve dans l'obligation de restituer les sommes indûment perçues à titre de traitement ou d'émoluments. La créance de l'Etat fait l'objet d'un or-

----

(1) **L'hospitalisation aux Invalides,** en raison de son caractère de permanence, donnait lieu à une procédure légèrement différente. Elle était considérée comme entraînant la suspension totale de la pension (Décret du 29 Juin 1863 Art. 8. Bulletin des lois N° 11798. V. Griolet, Vergé et Robinet N° 4943). La suspension était prononcée par la Dette qui la notifiait au payeur en lui adressant un certificat. A compter du 1er Janv. 1921 ,il n'est plus fait au Trésor de retenues sur les pensions des Invalides. (V. D. du 12 Janv. 1921 modifié par le D. du 10 Avril 1921).

(2). Art. 146 de l'instruction du service du Contentieux du 31 Août 1905)

(3). Circ. D. I. des 28 Août 1844 et 28 Fév 1914 § 5.

(4). Circ. du 17 Juillet 1922 § IV.

dre de reversement ou d'une feuille de décompte (1).
Ces titres sont notifiés à la Trésoreric Générale qui autorise la saisie pour une portion déterminée.

Créanciers autres que l'Etat. — Des règles différentes
s'appliquent aux saisies par les créanciers autres que
l'Etat (2).

Créanciers alimentaires. — Le principe de l'insaisissabilité des pensions s'explique, ainsi qu'il l'a été exposé plus haut (p. 76) par le caractère alimentaire des
sommes payées au pensionnaire. Or celui-ci a lui-même
des obligations alimentaires qui lui sont imposées par
le droit civil (3). En conséquence, il fallait bien admettre
les personnes en faveur desquelles étaient créées ces
obligations, à exercer leurs droits par voie de saisie sur
la pension. Ces créanciers du pensionnaire qui ont
droit aux aliments, et qui, par voie de conséquence, ont
le droit de saisir, ce sont, d'après l'article 54 de la loi
du 24 avril 1924, le conjoint, les enfants. les père et
mère ou ascendants. auxquels s'ajoutent les gendres
et les belles-filles ainsi que les beaux-parents.

**Créanciers nantis de privilèges généraux sur les
meubles.** — Ce dernier texte élargit encore l'exception
au principe d'insaisissabilité et accorde le droit de saisir aux créanciers nantis de privilèges généraux sur les
meubles. Aux termes de l'art. 201 du code civil, les
créances qui donnent naissance à ce privilège sont les
frais de justice, les frais funéraires et de dernière maladie, — les salaires des gens de service, les fournitures
de subsistances, — et la créance de la victime d'un accident de travai. Il y a lieu d'observer qu'en ce qui con-

---

(1) Ces feuilles de décompte sont établies pour les pensions
militaires de la loi du 31 Mars 1919. Lorsqu'elles se traduisent
par un décompte donnant lieu à reversement, les sommes dues
à l'Etat sont prélevées sur la pension du titulaire dans des conditions spéciales qui seront étudiées plus loin. V. Chap. III de
la II⁰ partie.

(2) Aux débets envers l'Etat sont assimilés les débets envers
les services locaux des colonies ou pays de protectorat (article
54 de la loi du 14 avril 1924) et envers l'Algérie (Loi du 21 décembre 1908, article 17).

(3). Livre I, titre V, Chap. V et VI du Code.

cerne les frais de justice, il y a une redite dans la loi de 1924 car elle avait déjà statué implicitement à leur égard en visant, ainsi d'ailleurs que les lois de 1831 et de 1853, le cas de débet envers l'Etat. En ce qui concerne les frais funéraires et de dernière maladie, il n'y avait pas lieu d'en faire une dérogation au principe de l'insaisissabilité, puisqu'ils ne peuvent être prélevés qu'après la mort du pensionnaire et que l'insaisissabilité de la pension cesse à ce moment. Restent les salaires des gens de service, les fournitures de subsistances et la créance de la victime d'un accident de travail dont le prélèvement se justifie par la raison qui autorise toutes les dérogations au principe de l'insaisissabilité, c'est-à-dire par le caractère alimentaire (1) de la créance.

Fournitures d'aliments. — Les dérogations prévues en faveur des gens de service et de la victime d'un accident de travail (2) sont d'une application rare. Mais la jurisprudence des tribunaux a consacré à plusieurs reprises l'exception au principe de l'insaisissabilité instituée en faveur des créanciers pour fournitures d'objets d'aliments faites aux pensionnaires eux-mêmes ou à des individus à leur charge. Elle permet la saisie des pensions militaires aussi bien que celle des pensions civiles (3) ; mais cette saisie doit être expressément autorisée par le juge qui détermine la portion saisissable de la pension.

Formes de l'opposition. — A l'origine, la procédure de saisie était administrative. Conformément à l'avis du Conseil d'Etat du 11 Janvier 1808, le Ministre de la Guerre intervenait pour ordonner les retenues sur les pensions militaires. A l'heure actuelle, la procédure de droit commun est seule usitée : c'est celle de la saisie-arrêt telle qu'elle est décrite au code de procédure (art. 557 et sq du Code Pr.). Les créanciers autres que l'Etat

---

(1). Au sens large du mot.

(2) N. B. La créance de la victime d'un accident de travail n'est garantie par le privilège de l'art. 2101 que depuis la loi du 9 Avril 1898.

(3) V. art. 143 de l'instruction du service du Contentieux du 31 Août 1905.

qualifiés pour saisir une pension civile ou militaire doivent pour faire valoir leurs droits pratiquer une opposition qui est signifiée au comptable assignataire ou, à Paris, au Conservateur des oppositions. Les oppositions sur pensions sont soumises à toutes les conditions de forme des saisies-arrêts ordinaires (1).

Du rôle des tribunaux. — Elles doivent être faites en conséquence, en vertu d'un titre constatant la nature de la créance, ou en vertu d'un jugement ou d'une ordonnance du juge dont copie est donnée en tête de l'exploit (2). Mais le comptable tiers-saisi n'est pas juge de la validité des titres signifiés : il n'a pas en effet à apprécier les faits qui donnent ouverture aux droits du créancier. C'est là le rôle ded tribunaux de l'ordre judiciaire. De même si, dans la réquisition, la quotité saisissable est dépassée, le comptable ne peut limiter d'office les effets de la saisie : il y aurait là empiètement de sa part sur le domaine de la Justice. C'est devant elle que doivent être renvoyés le créancier et le pensionnaire, si celui-ci ne consent pas à un abandon supérieur au tiers de sa pension. D'ailleurs les tribunaux sont souverains pour apprécier toutes les difficultés que peut soulever l'exécution des saisies. Ils sont, en définitive, qualifiés pour intervenir :

1° soit, dans certains cas, pour statuer au fond sur les droits des créanciers et leur accorder ou leur refuser la qualité nécessaire pour agir ;

2° soit pour augmenter ou pour diminuer la quotité à saisir, car, si en principe, les deux tiers de la pension doivent être laissés à la disposition du pensionnaire, la détermination légale de la portion saisissable n'est pas une mesure d'ordre public et c'est aux parties, pensionné, créancier, Trésor, qu'il appartient d'assurer le respect des dispositions légales par les juges en faisant valoir leurs droits devant eux ;

Du rang de préférence des divers créanciers. — 3° soit pour établir en cas de désaccord un rang de préférence entre les différents créanciers.

Il suit de là qu'au cas où l'État vient en concours avec

---

(1) V. N° 150 de l'instruction du service du Contentieux.
(2) V. art. 559 du code de Pr.

d'autres créanciers et où le comptable chargé du paiement n'a pu obtenir, par un règlement amiable, le premier rang pour la créance ru Trésor, c'est aux Tribunaux qu'il appartient de trancher la contestation. Dans le règlement judiciaire qu'ils élaboreront, ceux-ci s'inspireront des règles posées par l'art. 2101 du code civil et par les divers textes qui instituent des privilèges au profit du Trésor. Le comptable chargé du paiement s'inspirera des mêmes règles et des mêmes textes pour effectuer la répartition des sommes saisies entre les différents débets prélevés sur la pension (1).

Paiement des retenues. — Il reste à examiner comment s'éteignent les débets et les oppositions. Le mode d'extinction le plus fréquent, c'est le paiement des retenues. Lorsque les retenues sont effectuées en vertu de certificats de la Dette, de notes de l'Agence judiciaire du Trésor, d'ordres de reversements, etc... le paiement est constaté par une simple opération d'écritures : les retenues sont versées au compte du Trésor qu'elles intéressent : compte Dette publique, Recouvrement poursuivis par l'Agence judiciaire du Trésor, ou encore : Reversement de fonds sur les dépenses des Ministères, ou enfin lorsqu'il n'y a pas lieu à un rétablissement de crédits : au compte Recettes accidentelles (2).

Il n'en est pas de même pour les retenues effectuées en vertu d'oppositions. Le paiement se traduit par un versement en espèces, entre les mains du créancier. Toutefois il est subordonné à une condition : le consentement des parties intéressées. Si l'une d'elles (créancier ou saisi), refuse son acquiescement, le paiement ne

---

(1). Il est important de noter toutefois qu'au cas où l'Etat vient en concours avec d'autres créanciers, les payeurs doivent observer deux règles édictées par l'article 54, in fine, de la loi du 24 avril 1924 : 1° La retenue du cinquième et celle du tiers peuvent s'exercer simultanément ; 2° En cas de débits simultanés envers l'Etat et les colonies ou pays de protectorat, les retenues devront être effectuées en premier lieu au profit de l'Etat. Cette dernière règle avait d'ailleurs été formulée antérieurement par l'article 36 de la loi du 30 décembre 1913 dont le texte est reproduit littéralement par l'article 54 de la loi du 24 avril 1924 précitée.

(2). Art. 146 de l'instruction du Contentieux du 31 Août 1905.

peut avoir lieu, que s'il est produit, ou la main-levée des oppositions, ou un jugement attributif (1).

Que les retenues soient effectuées pour débet envers l'Etat ou en vertu d'oppositions, leur paiement est encore subordonné à une condition commune, la justification de l'existence du pensionnaire. Il n'y a là que l'application d'un principe qui domine tous les paiements sur pensions (2).

Main-levée. — Les retenues sur pensions cessent lorsqu'il est donné main-levée des oppositions. Ces main-levées qui peuvent être amiables ou judiciaires sont soumises aux mêmes formalités que les mains-levées des oppositions pratiquées sur les traitements et généraement sur toutes les sommes dues par l'Etat (3). S'il s'agit d'un débet, la main-levée doit émaner de l'autorité qualifiée pour requérir la retenue.

Prescription. — Enfin les débets et oppositions s'éteignent par prescription. Pour les débets, la durée de la prescription est différente suivant la nature de la créance de l'Etat. Pour les oppositions, elle est de cinq années. Le point de départ est le jour de la réception de la notification ou celui du visa de l'original de l'exploit contenant opposition.

Il y a lieu de remarquer que les sommes retenues sur les pensions échappent à la prescription triennale édictée par la loi du 9 Juin 1853 (Art. 30) et se prescrivent

---

(1). Art. 147, eod. loc Il y a lieu de remarquer que les retenues ne sont jamais versées à la Caisse des dépôts et consignations, à l'inverse des retenues sur traitements, à moins qu'il en soit autrement ordonné par Justice. (V. art. 148 eod. loc. ordonnance du 16 Sept. 1837 art. 1er. Arrêté ministériel du 24 Oct. 1837 Arrêt de la Cour de Cassation du 10 Juillet 1883).

(2). V. Règlement du 26 Déc. 1866 art 128. — Dans la plupart des cas la règle s'applique automatiquement : le prélèvement des retenues est effectué au moment où le pensionnaire se présente pour toucher sa pension ou la fait toucher par un mandataire. Les difficultés peuvent surgir si le pensionnaire s'abstient volontairement ou non de percevoir les arrérages qui lui sont dus La procédure qui peut être utilisée en pareil cas est longuement décrite dans l'ouvrage de M. Blanchon : Paiement des pensions de l'Etat N° 395 p. 152.

(3) V. Instruction du service du Contentieux du 31 Août 1905 Nos 31, 32 et 33.

uniformément par 5 ans. L'opposition ou la notification du débet opère une sorte de novation, par changement de créancier, de la créance du pensionnaire contre l'Etat. Ce qui reste dû par lui, ce ne sont plus les arrérages d'une pension, c'est le paiement d'une créance ordinaire qui s'éteint par la prescription du droit commun à toutes les créances de l'Etat (1).

Décès du créancier alimentaire. — Il existe une dernière cause d'extinction des oppositions, spéciale d'ailleurs aux oppositions pour pension alimentaire : c'est le décès du créancier opposant. Ses héritiers, en effet, n'ont pas droit aux aliments. Lorsque le décès de l'opposant survient au cours d'un trimestre, le pensionnaire saisi doit recevoir l'intégralité de sa pension à partir du lendemain du décès. Les retenues perçues pour la période antérieure sont payées aux héritiers du créancier sur production de pièces d'hérédité (2).

De cette règle découle pour l'opposant l'obligation d'apporter la preuve de son existence au moment du paiement des retenues. Il le fait en produisant soit un certificat de vie soit une carte d'identité.

Créanciers cessionnaires et subrogés. — Les lois des 11 et 18 Avril 1831, du 9 Juin 1853 et du 24 Avril 1924 (art. 54) déclarent les pensions non seulement insaisissables mais incessibles. Dans l'esprit de cette législation, les deux principes de l'insaisissabilité et de l'incessibilité sont connexes, s'appliquent dans les mêmes cas et en vertu des mêmes règles. Le transport, la cession ou la délégation de la pension ou d'une partie de la pension ne saurait être admise que dans les cas « où l'opposition est autorisée et pour la portion saisissable (3). »

Ainsi limitées les cessions sont peu fréquentes dans la pratique. Elles ne se conçoivent guère qu'au profit de créanciers alimentaires. Les subrogations au con-

---

(1). Loi du 29 Janv. 1831. — V. décision du 24 Fév. 1873, et : Marcillac Caisse Centrale du Trésor public p. 73 (N° 192).

(2) Décision du Ministre des Finances du 3 Août 1836.

V. Règlement du 26 Déc. 1866 § 129.

(3) Art. 151 de l'instruction du service du Contentieux du 31 Août 1905

traire ne peuvent avoir lieu qu'au profit d'un comptable ou d'un tiers ayant soldé de ses deniers le débet constaté à la charge d'un pensionnaire et recouvrable sur sa pension. Telle est la situation où se trouve l'association française de cautionnement mutuel lorsqu'elle a soldé le débet d'un ancien comptable titulaire d'une pension. Elle est alors subrogée aux droits et actions du Trésor et peut se prévaloir des dispositions des lois de 1831, 1853 et 1924. Comme elle n'a contre ses débiteurs aucun titre exécutoire, il est admis (1) qu'un prélèvement du cinquième pourra être opéré sur sa demande et versé entre ses mains toutes les fois que les sommes à payer au pensionnaire déficitaire ne sont pas déjà grevées d'oppositions pratiquées à la requête d'autres créanciers. Le paiement des retenues est subordonné en outre à l'engagement pris par l'association de reverser les sommes ainsi touchées par elle au cas où un créancier privilégié viendrait à faire valoir ses droits.

Changement d'assignation. Transmission des oppositions. — Telles sont les règles qui président à la saisie des pensions. Pour en assurer l'exécution, les Trésoriers-Payeurs généraux sont tenus de transmettre à leur collègues des départements dans lesquels les paiements doivent être effectués toutes les oppositions quelle qu'en soit la nature, lorsque les pensionnaires demandent le changement d'assignation de leurs pensions. La transmission est obligatoire : toute omission, toute inexactitude engagerait la responsabilité du Trésorier Général dans le département duquel le paiement des arrérages était originairement assigné (2).

Les principes qui viennent d'être exposés sont le résultat d'une longue évolution du droit. Ils n'ont été modifiés ni par l'institution du mode nouveau de paiement des pensions imaginé par la loi du 5 Sept. 1919, ni par celle d'un Agent comptable du paiement des pensions. L'organisation nouvelle a non seulement respecté les vieux principes, mais elle en a à peine touché les moda-

----

(1). V. note de la compt. pub. N° 18602 (Perception) du 29 Août 1921. Affaire Meilhac.

· (2) V. Circ. de la Compt. pub. des 27 Juin 1868 § 2 et du 20 Sept, 1872 § 3.

lités d'application. C'est toujours le Trésorier-Général (1) qui a la responsabilité du service des oppositions, qui reçoit les significations et notifications et qui est chargé du contrôle de la perception et du paiement des retenues (2).

Des règles exposées plus haut il résulte qu'en ce qui concerne les paiements sur titres de l'ancien modèle aucun prélèvment ni aucun paiement de sommes retenues n'est effectué sans le visa du Trésorier-Général. Il en est à peu près de même en ce qui concerne les paiements sur livrets. Le Trésorier-Général auquel le livret doit être communiqué, porte la mention de la retenu à faire sur les coupons, les souches et les fiches de paiement. Il établit ensuite les quittances spéciales des sommes revenant aux opposants avec une mention de référence aux coupons ayant donné lieu à retenue. Le comptable assignataire ainsi averti, doit se conformer à ces indications pour procéder au paiement matériel des arrérages échus (3). Enfin le Trésorier adresse à l'agent comptable du paiement des pensions, pour lui permettre d'exercer son contrôle, un extrait des significations ou notifications. Les retenues d'ordre administratif, sauf le cas où elles sont précomptées, font l'objet d'une déclaration de versement qui est jointe au coupon d'arrérages.

Héritiers. — Lorsque survient le décès d'un pensionnaire, sa pension cesse d'être payée à compter du jour du décès. Les arrérages en effet ne sont acquis au titulaire que « *dans la proportion du nombre de jours qu'il a vécu* » (4). Ces arrérages donnent lieu à un décompte dont le montant est payé aux héritiers.

Décompte. — Pour le calcul du nombre de jours cou-

---

(1) A Paris le Caissier Payeur Central et le Conservateur des oppositions.

(2). « Les Trésoriers Payeurs généraux continueront à recevoir les oppositions sur les pensions payables dans leur département et à en assurer l'application ». Circ. de la Compt. pub. du 22 Déc 11922 § VIII.

(3). V. Circ. de la Compt. pub. du 9 Nov. p, 20,

(4). Art. 180 du code civil : « La rente viagère n'est acquise au propriétaire que dans la proportion du nombre de jours qu'il a vécu ».

rus entre la dernière échéance payée et le jour du décès, les règles suivantes doivent être appliquées. Il est convenu que tous les mois sont de 30 jours. Le point de départ de l'échéance est le jour même de l'échéance (qui n'est pas inclus dans le trimestre précédent). Le dernier jour compris dans le décompte est celui du décès. Une difficulté se présente lorsque le décès du pensionnaire survient à la fin de février. Si le trimestre échoit le 1er Mars, le trimestre entier est dû. Si l'échéance du trimestre est postérieure on ne compte que le nombre de jours effectivement écoulé jusqu'à celui du décès inclusivement. Soit, par exemple, une pension à échéance du 6 Mars. Le décompte de jours s'effectue ainsi :

> Du 6 au 30 Décembre ...... 25 jours
> Janvier . ... 30 jours
> Février . ... 28 jours
>
> Total .... 83 jours

Le montant de la somme à payer s'obtient par une règle de trois en divisant le montant du trimestre par 90 et en multipliant le quotient obtenu par le nombre de jours trouvé par le procédé ci-dessus.

Déduction des avances. — Toutefois le pensionnaire a pu décéder avant d'être en possession de son titre et des avances ont pu lui être consenties conformément à la loi du 26 Déc. 1920 (Art. 28). En ce cas le montant des avances fait l'objet d'un ordre de reversement et doit être prélevé sur les arrérages dus au décès (1). Si aucune avance n'a été consentie un certificat délivré par l'ordonnateur doit le constater.

Précomptes. — Les avances qui sont facultatives pour les pensions civiles ou militaires d'ancienneté, sont la règle pour les pensions de guerre de la loi du

____

(1). Antérieurement à la loi du 26 Déc. 1920. certaines administrations consentaient des avances à leurs agents pendant la liquidation de leurs pensions. Ces avances donnaient lieu à l'ouverture d'un compte de paiements à régulariser. La régularisation des provisions consenties aux retraités se poursuivait par l'intervention plus ou moins directe de l'administration à laquelle ils appartenaient.

31 Mars 1919. Avant d'être mis en possession de son titre définitif, le pensionnaire touche une allocation provisoire d'attente et parfois divers émoluments (demi-traitements du mari pour les veuves de fonctionnaires ou de militaires de carrière, acomptes spéciaux, etc...). Le règlement s'effectue au moyen d'une feuille de décompte qui se solde soit par un rappel soit par un précompte. Les héritiers sont tenus de présenter cette feuille de décompte pour obtenir le paiement des arrérags dus au décès (1).

Lieu et époque du paiement. — Dès que tous les éléments qui permettent d'établir la somme due au jour du décès sont réunis, lorsque les avances précomptes ou, s'il y a lieu, les prélèvements pour oppositions ou pour débets ont été déduits, le solde à payer est mis à la disposition des héritiers qui n'ont pas à attendre, pour recevoir ce solde, l'échéance du trimestre en cours (2). Ces arrérages après décès restent payables à la Trésorerie dans le ressort de laquelle ils étaient assignés du vivant du titulaire (3). Aucun changement d'assignation en effet, ne peut plus être effectué après le décès du pensionnaire (4). Cette interdiction a pour objet de permettre aux créanciers du pensionnaire d'exercer leurs droits, car la totalité des arrérages devient alors saisissable (5). Rien ne s'oppose toutefois à ce que le Trésorier général autorise un de ses collègues à payer pour son compte, dans le cas où, par exemple, les héritiers auraient leur résidence dans un autre département.

Pièces justificatives des droits des héritiers. — Il reste alors aux héritiers à apporter la justification de leurs qualités héréditaires. Cette obligation est rappelée par le Décret du 31 Mai 1862 qui déclare, dans son art. 265 §2, in fine, qu'il « est rapporté... en cas de dé-

----

(1). Circ de la Compt. pub. du 30 Oct. 1922 § 1er et du 21 Déc. 1922 § XI.

(2). Règlement du 26 Déc. 1866 § 109.

(3). Circ. de la Dette inscrite du 1er Déc. 1863 § 3 — de la Compt. pub. du 30 juin 1862, Art. 6.

(4) Circ. du 27 Mai 1923 § VIII.

(5). Déclaration du roi du è Janv. 1879. Art. 26 de la loi du 9 Juin 1853

cès, les pièces justificatives des droits des héritiers ».
Ces pièces sont : le certificat d'inscription du pensionnaire, son acte de décès, une déclaration de non-cumul
et un certificat de propriété.

Certificat d'inscription. — Le certificat d'inscription
est le titre du pensionnaire quelle qu'en soit la forme,
titre de l'ancien modèle ou livret. Il se peut que les héritiers ne le retrouvent pas dans les papiers laissés par
le défunt. Ils doivent alors en déclarer la perte devant
le Maire (1). L'un d'entre eux peut seul faire la déclaration en se portant fort pour les autres.

Acte de décès du pensionnaire. — L'acte de décès du
pensionnaire doit en outre être produit. Il n'est pas nécessaire que cet acte soit légalisé (2) mais il doit être
rédigé sur timbre sauf pour les pensions des gens de
guerre ou des fonctionnaires qui leur sont assimilés (3)
et doit être la copie textuelle et authentique de l'ecte
dressé par le Maire. Un « bulletin de décès » ne saurait
le remplacer. Toutefois la production de l'acte n'est pas
nécessaire s'il en est donné copie dans le certificat de
propriété délivré par le notaire (4) ou si la justification
des droits des héritiers résulte d'un certificat d'hérédité
délivré par le maire de la commune où a eu lieu le décès et si la date du décès est mentionnée en toutes
lettres dans le corps du certificat (5).

Déclaration de non-cumul. — En troisième lieu les
héritiers sont astreints à déclarer au lieu et place du
pensionnaire si ce dernier jouissait d'un traitement
d'activité, d'une autre pension de retraite ou s'il était
titulaire d'un débit de tabac, en d'autres termes, à faire
la déclaration de non-cumul règlementaire. Cette déclaration doit être écrite sur papier timbré, sauf les
exceptions prévues par la loi du 13 Brumaire an VII,

---

(1) Circ. de la Dette inscrite du 29 Juin 1867.
(2) Circ. de la Compt. pub. du 8 Déc. 1919 § IV.
(3). En ce qui concerne l'exemption de timbre édicté en fa
veur des gens de guerre v. la loi du 13 Brumaire an VII Art.
16 § 1er Cf. plus haut certificat de vie p. 49 et 50.
(4) Par application de la loi du 25 Ventôse an XI, art. 21.
(5). Décision du Ministre des Finances du 6 Mai 1901. — Circ.
de la Compt. pub. du 30 Mai 1901 § 4 et 7 Août 1909 § 5.

et être légalisée par le Maire, à moins que la signature du déclarant ne figure déjà légalisée sur une des pièces produites. Elle doit être signée de tous les héritiers sauf au cas où l'un d'eux se porte fort pour les autres. Elle ne peut être faite par un mandataire que s'il a un pouvoinr spécial à cet effet, mais elle peut être insérée dans le texte du certificat de propriété.

Tous les héritiers des titulaires de pensions militaires ou civiles d'ancienneté sont astreints à la produire ; mais elle ne doit pas être exigée des héritiers des pensionnés de guerre munis d'un livret à coupons pas plus que des héritiers de veuves de guerre ou d'ascendants qui étaient en possession d'un titre de l'ancien modèle. Les restrictions de cumul pour les pensions de la loi du 31 Mars 1919 sont en effet exceptionnelles. En raison de ce caractère d'exception, l'exigence de la formalité de la déclaration a semblé excessive (1).

Certificat de propriété. — Enfin les héritiers justifient de leurs qualités héréditaires par la production d'un certificat de propriété délivré conformément à la loi du 28 Floréal an VII, art. 6, en application des règles générales qui concernent, en cas de décès du titulaire d'une rente ou d'un bénéficiaire d'une ordonnance ou d'un mandat, tous les paiements des dépenses budgétaires et les mutations des rentes nominatives. Ce certificat dispense de la production de toutes autres pièces établissant les droits des parties : intitulé d'inventaire, acte de notoriété, testament, ordonnance d'envoi en possession, donation, jugement ou arrêt définitif, etc. mais les ayant-droits ont toujours la faculté d'apporter ces preuves au lieu et place du certificat de propriété.

Le certificat doit être rédigé sur papier timbré (en exécution de l'art. 12 de la loi du 13 Brumaire an VII), même lorsqu'il concerne le paiement d'arrérages échus sur pension militaire (l'exemption de timbre édictée en faveur des gens de guerre ne trouve pas ici son application), mais il est dispensé d'enregistrement (2).

---

(1). Circ. de la Compt. pub. du 20 Sept. 1922 § IV

(2). Règlement du 26 Déc. 1866 p. 151 § 113. — Décision ministérielles des 29 Oct. 1842 et 18 Déc. 1852 — Circ. de la Compt. pub. du 17 Juillet 1897.

Autorités compétentes pour le délivrer. — Aux termes de la loi du 28 Floréal an VII, le certificat « sera « délivré par le *notaire* détenteur de la minute, lorsqu'il y aura eu inventaire ou partage, par acte public « ou transmission gratuite, à titre entre vifs ou par « testament, c'est-à-dire par le notaire détenteur des « actes translatifs de propriété, — « par le *juge de paix* « du domicile du décédé, sur l'attestation de deux ci- « toyens, lorsqu'il n'existera aucun desdits actes en la « forme authentique, ou lorsqu'il n'existera qu'un « contrat de mariage dans lequel les époux ont adopté « le régime de la communauté (1) ». — par le *greffier du tribunal ou de cour d'appel*, lorsque les droits des parties seront établis par une décision judiciaire et, pour les successions ouvertes à l'étranger, par les consuls et les agents diplomatiques français ou « les magistrats autorisés par les lois du pays ».

Paiements inférieurs à 300 frs. — Le certificat de propriété peut être remplacé, pour les paiements inférieurs à 300 frs., par un certificat d'hérédité délivré par le maire de la résidence du pensionnaire décédé ou de celle de ses héritiers (2). Ce certificat est établi sur timbre. En pareil cas le paiement des arrérages peut être effectué, lorsqu'il y a plusieurs héritiers, sur l'acquit de l'un d'eux se portant fort pour les autres (3).

Paiement entre les mains de l'époux survivant. — Enfin la production du certificat de propriété est superflue lorsque le paiement des arrérages, après décès est effectué entre les mains de l'époux survivant.

La loi du 17 Avril 1916, en effet, autorisait le paiement entre les mains des veuves des prorata de traitements ou d'arrérages de pensions dus au décès des fonctionnaires ou des pensionnés de l'Etat. Cette disposition ne s'appliquait pas au mari dont la femme était fonctionnaire ou pensionnaire. L'époux survivant, mal-

---

(1). Circ. de la Compt. générale nᵒˢ 79-87 du 17 Déc. 1834.

(2) Décision ministérielle du 30 Déc. 1896 (Circ. de la Compt. publique du 31 Déc. 1896) modifiée par la décision ministérielle du 12 Mai 1922 (Circ. de la Compt. publique du 27 Juillet 1922 § IX

(3). Circ. de la Compt. pub. du 15 Nov. 1922 § III

gré sa qualité de chef de la communauté ayant existé entre lui et sa femme défunte, se voyait contraint d'apporter les justifications (certificat de propriété) imposées à tout héritier. La loi du 12 Avril 1922, art. 18, a, sur ce point rétabli l'égalité entre les époux et dispensé le survivant de fournir caution et d'emploi et de produire le certificat de propriété aux conditions ci-après.

A la condition d'abord qu'il n'existe aucune opposition de la part des autres héritiers ou légataires ou créanciers. A la condition ensuite de justifier que les liens du mariage n'ont pas été rompus avant le décès du pensionnaire par la production de l'acte de mariage (sur timbre) et d'un certificat de non-séparation de corps et de non-divorce (également sur timbre) établi par le maire du domicile du décédé. Il va de soi qu'en plus de ces pièces l'époux survivant aura encore à produire, comme les héritiers ordinaires, le certificat d'inscription et l'acte de décès du pensionnaire et s'il y a lieu, une déclaration de non-cumul (1).

---

(1). Circ de la Compt. pub. du 19 Mai 1922 § II.

DEUXIÈME PARTIE

DES RÈGLES PARTICULIÈRES
QUI S'APPLIQUENT A CERTAINS PAIEMENTS

CHAPITRE PREMIER

PAIEMENT DES PREMIERS ARRÉRAGES

Point de départ. — Date de jouissance.
Certificat de cessaiton de paiement. — Pensions civiles. —
Pensions militaires de la Guerre, de la Marine et des Colonies. — Veuves et orphelins civils et militares. — Pensions de la loi du 31 Mars 1919.
Décompte. .. Remboursement des avances. — Pensions militaires d'ancienneté. — Veuves et orphelins de militaires.
— Pensions de Guerre. — Pensions civiles. — Veuves et
orphelins de fonctionnaires.
Pensions revisées. — Pensions civiles. Point de départ de la
jouissance des arrérages. — Décompte des jours. — Prélèvement des arrérages perçus sur l'ancienne pension. —
Reprise de service. — Pensions militaires. Point de départ des arrérages de la pension révisée. — Recouvrement
des avances. — Déduction des sommes perçues sur l'ancien titre.

Les règles qui viennent d'être exposées dans la première partie de cette étude ont un caractère de généralité absolue : non seulement elles s'appliquent aux paiements courants des pensions de toutes natures, mais
encore elles dominent la matière et régissent tous les
paiements effectués sur les pensions servies par l'État.
Cependant, si leur observation est la condition de validité nécessaire des opérations effectuées dans les cas
particuliers dont l'exposé va faire l'objet de cette seconde partie, elle n'en est pas la condition suffisante.
Aux règles déjà définies s'en superposent d'autres dont

le commentaire sera donné dans les chapitres qui vont suivre.

Des difficultés surgissent dès le paiement des premiers arrérages. Un intervalle assez long s'écoule entre les faits qui donnent ouverture au droit à pension et la décision, l'acte de la puissance publique qui constate ce droit, les diverses mesures que nécessite la liquidation de la pension, et l'époque où le pensionnaire, en possession de son titre, peut se présenter devant le comptable pour percevoir ses arrérages. Pendant cette période de liquidation, le pensionaire a continué à percevoir son traitement, puis à recevoir des avances sur sa pension. Il y a un compte à établr.

Point de départ. — Le point de départ de ce compte doit être cherché en se conformant aux règles ci-après :

Date de jouissance. — Tout d'abord il y a lieu d'observer que ce point de départ n'est pas, sauf dans des cas très exceptionnels, la *date de jouissance* mentionnée sur le titre et sur les fiches de paiement A et B adressées au comptable assignataire. Cette date de jouissance qui est fixée par le Décret (1) de concession et qui ne peut être modifiée que par un nouveau décret est celle du jour où sont arrêtés les services compris dans la liquidation. Pour les pensions civiles d'ancienneté cette règle s'applique dans toute sa rigueur. Pour les pensions concédées pour infirmités, lorsque le pensionnaire a été mis en congé ou en disponibilité, avant d'être mis à la retraite, la date de jouissance est celle du jour où il atteint l'âge légal (2). Pour les pensions militaires d'ancienneté, cette date est, en principe, soit le jour où la limite d'âge est atteinte, soit le jour de la radiation des cadres ou des contrôles par la décision d'admission à la retraite, soit le jour de la démission ou celui de la décision de la commission de réforme. Pour les pensions d'invalidité de la loi du 31 Mars 1919,

---

(1). Pour les pensions de la loi du 31 Mars 1919 c'est un arrêté.

(2) 45 ou 50 ans selon que les services rendus par le pensionnaire sont considérés comme des services actifs ou des services sédentaires .

c'est le jour de la décision de la commission de réforme (1).

Quoiqu'il en soit, cette date de jouissance ainsi fixée, est une limite absolue, infranchissable : aucun rappel antérieur d'arrérages ne peut être payé au pensionnaire (2). Antérieurement à cette date, en effet, le droit à pension n'est pas encore né. Mais postérieurement ce droit, bien qu'acquis, peut être suspendu, et il l'est effectivement, tant que le pensionnaire perçoit une solde ou un traitement (3). D'où la nécessité pour le pensionnaire de justifier qu'il ne perçoit plus ni traitement ni solde. Cette justification est apportée par un certificat délivré par l'ordonnateur, dit « certificat de cessation de paiement ».

Certificat de cessation de paiement. Pensions civiles. — Telle est la règle générale. En voici maintenant les modalités. Les pensions civiles de la loi du 9 Juin 1853 sont accordées soit pour ancienneté, soit pour infirmités. Dans le premier cas (cas visé par l'art. 6 de la loi du 9 Juin 1853), il est d'usage que les fonctionnaires admis à la retraite continuent leurs services (4) jusqu'à ce qu'ils soient en possession de leur titre de pension. Un certificat de cessation de paiement leur est alors obligatoirement délivré par l'ordonnateur de leur traitement, certificat qui fait connaître la date jusqu'à laquelle ce traitement a été payé, et indique par là même le point de départ des arrérages de la pension. Dans le cas au contraire où la mise à la retraite est accordée pour infirmités (par application de l'art. 11 de la loi du 9 Juin 1853) avant que le fonctionnaire ait atteint l'âge de 45 ou de 50 ans, ce certificat n'a pas à être délivré. En effet la date de jouissance de la pension, qui est

---

(1). V. Circ. de la Compt. pub. du 25 Mars 1920 § VI.

(2). Loi du 16 Avril 1895, art. 40 — Circ. de la Compt. pub, du 6 Mai 1896 § III, de la Dette inscrite du 20 Déc. 1871. — Circ. de la Compt. pub. du 15 Janv. 1852 § 3 et du 30 Oct. 1879 § 3.

(3). Les mêmes services en effet ne peuvent être rénumérés à la fois par un traitement et une pension. C'est une idée que traduit la loi du 9 Juin 1853, dans son art. 25 sous cette forme : « La jouissance de la pension commence le jour de la cessation du tréaitement ».

(4). Sauf lorsqu'ils sont autorisés à abandonner leurs fonctions par une décision rendue sur leur demande ou motivée par la suppression de leur emploi ou par l'intérêt du service.

celle où le pensionné atteint l'âge où il a droit à pension et qui est indiqué sur le titre avec mention de cette particularité, est postérieure à celle de la cessation des services et du paiement du traitement. C'est cette date de jouissance qui sert de point de départ au paiement des premiers arrérages. Il en est de même lorsque le fonctionnaire a été mis en disponibilité ou en congé sans traitement avant l'âge légal de la retraite. Le certificat par contre est indispensable, lorsque, dans la même hypothèse, le fonctionnaire est mis à la retraite après 45 ou 50 ans. Les mêmes règles sont applicables aux fonctionnaires retraités en vertu de la loi du 22 Août 1790.

Pensions militaires de la Guerre, de la Marine et des Colonies. — Pour les pensions militaires la règle est générale et absolue. « Aucun premier paiement d'arré« rages ne doit être fait à un pensionnaire militaire « nouvellement inscrit que sur la production d'un cer« tificat du Sous-Intendant militaire constatant que le « pensionaire n'est pas débiteur envers le Trésor ou le « corps dont il faisait partie, et indiquant le jour où, « ayant cessé d'être payé sur les fonds de la Guerre, il « a le droit d'entrer en jouissance de sa pension ». (1) Mais alors que pour les fonctionnaires civils la date à laquelle cessent les services n'est pas fixée par des règles bien strictes, pour les militaires cette date doit être déterminée conformément aux prescriptions conenues dans l'insruction générale du Ministère de la Guerre sur le service des pensions (2). Des règles analogues sont prescrites pour les pensions militaires de la Marine et des Colonies. Pour les pensions de la Marine le certificat de cessation de paiement est délivré par le Commissaire de la Marine, chef du service de la solde, pour les Colonies par le chef du service colonial (3).

Veuves et orphelins civils et militaires. — Aucun certificat de cessation de paiement ne peut être demandé aux veuves et aux orphelins. Les pensions de veuves

(1). Règlement du Ministère des Finances § 124 de la Nomenclature.

(2). Du 12 Mai 1898. Bulletin officiel, année 1898 n° 14.

(3). Décret du 17 Nov. 1885, art. 24 — Décret sur la solde de la Marine du 7 Janv. 1908. — Décret sur la solde du personnel colonial du 23 Déc. 1897.

en effet, qu'elles soient civiles ou militaires, ne courent
que du jour où les maris sont décédés (1), c'est-à-dire
à partir du moment où de toute évidence, le mari ne
pouvait plus percevoir ni traitement ni solde. La même
raison dispense les orphelins de produire le certificat,
leur pension ayant pour point de départ le jour du décès du père ou celui de la veuve.

Pensions de la loi du 31 Mars 1919. — Au contraire
les pensions de guerre ont été concédées dans des circonstances qui ont entraîné l'emploi généralisé du certificat de cessation de paiement. Pour les *invalides* d'a-
près l'art. 3 de la loi du 31 Mars 1919 « le point de départ de la pension est fixé au jour de la décision prise
par le conseil de réforme. » Mais la liquidation de ces
pensions est très longue. En attendant l'époque où ils
seront en possession de leur titre définitif, les pensionnaires reçoivent une allocation provisoire d'attente.
Lorsque le titre de pension est établi par la Dette, il est
transmis à la Sous-Intendance qui le remet en échange
du titre d'allocation provisoire et délivre en même
temps un certificat de cessation de paiement constatant
le dernier paiement effectué sur titre provisoire. Le
point de départ du paiement des premiers arrérages est
le jour de l'arrêt du paiement effectué sur titre provisoire. Pour les *veuves et les orphelins*, le point de départ est le lendemain du décès du mari ou du père. La
justification de ce décès est apportée à la Sous-Intendance qui délivre un titre d'allocation provisoire. Il peut
arriver que la veuve soit déjà retraitée antérieurement
au 31 Mars 1919 et qu'elle ait touché les arrérages d'une
pension à l'ancien taux ; elle a pu percevoir encore le
demi-traitement civil ou la demi-solde militaire de son
mari, ou encore l'allocation militaire (Loi du 4 Août
1914), ou un acompte spécial (Décret du 8 Déc. 1919).
A partir du 16 Nov. 1919, elle a reçu un titre d'allocation provisoire d'attente. Dans tous les cas, pour obtenir le paiement des premiers arrérages sur son titre
définitif au taux de la loi du 31 Mars 1919, elle doit produire un certificat de cessation de paiement de la Sous-
Intendance qui indique le point de départ de ces pre-

---

(1). Loi du 9 Juin 1853, art. 25.

miers arrérages (1). Les *ascendants* de militaires décédés ou disparus ont touché l'allocation militaire (Loi du 14 Août 1914), puis un titre provisoire à compter du 15 Nov. 1919 (2). Pour toucher les premiers arrérages de leur titre définitif, le certificat de cessation de paiement leur est également indispensable. Toutefois, lorsqu'une pension d'ascendant est concédée par suite du décès du titulaire, les premiers arrérages sont payés sur production d'un avis d'émission délivré par la Dette Inscrite et annoté par la Sous-Intendance qui fait connaître les sommes perçues postérieurement au décès du conjoint sur titre provisoire et à précompter sur le nouveau titre concédé au survivant. Cet avis n'est pas un certificat de cessaiton de paiement mais plutôt un certificat d'avances. Le point de départ des arrérages de la nouvelle pension est le lendemain du décès du cotitulaire de l'ancienne pension.

Telles sont les règles qui déterminent le point de départ des arrérages des pensions. Il est nécessaire d'ajouter « qu'il ne pourra en aucun cas y avoir lieu « au rappel de plus de trois années antérieures à la date « de la publication à l'Officiel du décret de concession ». (3), sauf dans le cas où la prescription a été interrompue. En ce cas le titre porte une indication mise par la Dette.

Décompte. — Le point de départ ainsi fixé, le décompte des jours écoulés depuis ce point de départ jusqu'à la première échéance de la pension s'établit d'après les principes suivants conformes d'ailleurs à ceux qui sont de règle pour le calcul des arrérages après décès (4). La même convention est admise en ce qui concerne la durée du mois qui est de trente jours.

---

(1). L'obligation de produire ce certificat existe même pour les veuves titulaires de pensions de réversion dont les maris sont décédés pensionnaires en possession de leur titre de pension. A noter ici que la règle est l'inverse de celle qui régit les pensions d'ancienneté.

(2). Sauf ceux qui n'avaient pas l'âge légal au 2 Avril 1919. Pour ceux-là le droit à pension n'est ouvert qu'à compter du jour de la demande. A partir de ce jour, ils peuvent toucher sur titre provisoire.

(3) Loi du 16 Avril 1895 art. 40.

(4). Conformes également à ceux qui régissent les traitements V. Règlement du 26 Déc. 1866, art. 63.

En conséquence, il n'est perçu qu'une seule journée pour les journées du 30 et du 31, dans les mois de trente-et-un jours. Pour le calcul des jours échus en Février, ce mois est réputé de trente jours comme les autres. Si donc un pensionnaire cesse ses fonctions le 27 février, il perçoit les arrérages de sa pension à compter du 28 et reçoit le montant de 3 journées d'arrérages. S'il cesse ses fonctions le 28 et si le mois n'a que vingt-huit jours, il perçoit ses arrérages à compter du 1er Mars et ne reçoit rien sur Février. Son traitement de février lui a été en effet payé intégralement. Si le mois a vingt-neuf jours, il perçoit deux journées d'arrérages sur février.

Le décompte des jours ainsi établi et le montant brut des arrérages dûs par le Trésor déterminé, il reste à opérer certains retranchements.

Remboursement des avances. Pensions militaires d'ancienneté. — De tout temps les militaires admis à faire valoir leurs droits à la retraite pour ancienneté ont obtenu, à titre remboursable, des avances sur leur pension pendant la période de liquidation. Ces avances étaient originairement mensuelles comme la solde (1). Elles sont payées actuellement *trimestriellement* comme les pensions (2). Leur montant ordonnancé jadis par les Sous-Intendants sur l'un des chapitres des secours du budget de la Guerre l'est actuellement sur un chapitre spécial du budget ordinaire du Ministère de la Guerre et des Pensions ; il atteint les quatre cinquièmes du montant de la pension évaluée d'après les données du projet de liquidation (en tenant compte de la majoration et du complément de la loi du 25 Mars 1920). Les avances sont payables à *termes échus* au titulaire lui-même ou à son mandataire « muni d'une « procuration régulière et d'un certificat de vie cons-« tatant l'existence de l'ayant droit. » (3). Elles sont recouvrées en vertu d'un ordre de reversement émis par le Sous-Intendant au compte reversement de fonds sur

------

(1). Décrets du 11 Janv. 1917 — du 17 Juin 1917 — du 11 Juin 1918 et du 23 Mars 1920.

(2). Par application des Décrets du 18 Juin 1919 et du 20 Oct. 1919.

(3) Circ de la Compt. pub. du 25 Sept. 1921.

les dépenses des Ministères, par voie de prélèvement intégral (1) sur les premiers arrérages de la pension. Par mesure de précaution le montant de l'avance doit être mentionné sur le certificat de cessation de paiement. Si aucune avance n'a été consentie, un certificat doit le constater. Aucun paiement des premiers arrérages ne peut donc être effectué sans l'une ou l'autre de ces deux pièces : certificat de non-avances ou ordre de reversement (2).

Les veuves et les orphelins de militaires dont les maris ou les pères sont décédés en activité de service mais en situation d'invoquer les articles 19 et 20 de la loi du 11 Avril 1831 et de prétendre à des pensions de réversion directement liquidées ou à des secours annuels, perçoivent des avances dans les mêmes conditions que les militaires pensionnés eux-mêmes (3). Par contre certaines veuves et certains orphelins tirent leurs droits de pensionnaires décédés en possession de leurs titres ou tout au moins après le décret de concession de leur pension. Les veuves et les orphelins de cette catégorie ne perçoivent pas d'avances. La liquidation est en effet, de courte durée dans les cas de l'espèce et s'opère par la Dette inscrite sans intervention du Ministère de la Guerre et des Pensions.

Pensions de Guerre. — Les pensionnés de la loi du 31 Mars 1919 perçoivent des avances sous la forme d'allocations provisoires d'attente d'un taux légal à celui de la pension. Le recouvrement n'en est pas opéré lors du paiement des premiers arrérages, mais ultérieurement suivant un mode spécial qui sera étudié plus loin. En attendant la régularisation qui interviendra, les premiers arrérages sont payés sur production d'un certificat (papillon) délivré par la Sous-Intendance qui fait connaître la date à laquelle ont cessé les paiements effectués sur le titre d'allocation provisoire.

---

(1). Même circulaire page 3.

(2). Même circulaire. V. également la circ. du 15 Mars 1921. Les dispositions ci-dessus résumées ont été étendues au personnel de la Marine miliatire et de la Marine marchande ainsi qu'à leurs veuves et orphelins par un décret en date du 27 Déc. 1921, accompagné d'une instruction interministérielle portant la même date. (J. O. du 7 Janv. 1922 . V. Circ, de la Compt. pub. du 11 Avril 1922 § IV).

(3) Décret du 20 Oct. 1919.

Pensions civiles. — Pendant longtemps les pensionnaires et leurs veuves ou orphelins ne touchaient pas d'avances. Puis une série de décisions ministérielles (1) avait autorisé certains petits fonctionnaires (2) à percevoir des avances sur leurs pensions. Le bénéfice de cette faveur avait été successivement étendu aux Agents des Douanes, des Contributions indirectes, de l'Enregistrement, aux instituteurs, aux agents des Postes, des Colonies. Les avances étaient payées par provision, mensuellement, à terme échu, et s'élevaient aux trois quarts ou aux quatre-cinquièmes de la pension présumée. Les fonctionnaires assujettis à produire un certificat de non-débet pour obtenir la concession de leur pension ne pouvaient toucher des avances avant d'avoir apporté cette justification. La régularisation des avances s'opérait à la Trésorerie générale au moment où le pensionné entrait en possession de son titre de pension dont la remise s'effectuait par l'intermédiaire de son administration.

La loi du 31 Déc. 1920, art. 28, a généralisé et unifié les règles admises pour la concession des pensions. Elle a établi l'égalité entre toutes les pensions militaires et civiles (3). Elle accorde à tous les fonctionnaires mis à la retraite par l'application de l'art. 5 de la loi du 9 Juin 1853 la faculté d'obtenir des avances pouvant s'élever aux quatre-cinquièmes du montant de leur pension suivant une évaluation effectuée, après une liquidation sommaire, par leur administration d'origine. Les avances sont ordonnancées par elle, imputées sur des crédits spéciaux et payables *trimestriellement* au pensionnaire lui-même ou à son mandataire. Dans ce dernier cas, il devra être justifié de l'existence du bénéficiaire au moyen d'un certificat de vie. Les fonctionnaires astreints à produire un certificat de non-débet pour entrer en jouissance de leur pension, peuvent, dès qu'ils sont en mesure de fournir leur certificat, obtenir des avances dans les mêmes conditions. Le rembour-

---

(1). Décisions du 12 Sept. 1866 (Douanes), 1ᵉʳ Déc. 1866 (Contributions indirectes), du 18 Janvier 1867 (Enrebistrement), 18 Janvier 1867 (Postes), etc...

(2). Ceux dont le traitement était inférieur à 2.500 francs par an

(3). Circ. de la Compt. pub. du 27 Avril 1921 § VII.

sement des avances est effectué lors du paiement des premiers arrérages en vertu d'un ordre de remboursement (1) délivré par l'ordonnateur. Dans le but d'assurer le recouvrement des sommes avancées, deux séries de mesures sont prises. D'abord l'ordonnateur est tenu d'indiquer sur le certificat de cessation de paiement le intégralement précomptée (2).
montant total des avances faites ou de délivrer un certificat de non-avances, si aucune avance n'a été accordée. En outre interdiction est faite de changer l'assignation du paiement de la pension qui reste payable à la caisse du comptable qui a payé les avances tant que les premiers arrérages n'ont pas été soldés et les avances

Veuves civiles. — Les veuves·de fonctionnaires dont les maris, après avoir acquis le droit à une pension de retraite, sont décédés avant qu'un décret de concession soit intervenu en leur faveur, peuvent invoquer le bénéfice de l'art. 28 de la loi du 31 Déc. 1920. Il en est de même pour les orphelins. Le remboursement des avan-

---

(1) Au compte : Remboursement par les pensionnés des avances qui leur ont été consenties par application de l'art 28 de la loi du 31 Déc. 1920.

(2). L'adaptation de ces mesures à la situation créée aux agents et fonctionnaires des postes par l'institution du budget annexe contenue dans la loi du 30 Juin 1923 présentait certaines difficultés qui furent résolues de la manière suivante. Le budget annexe faisait recette des « remboursements d'avances aux fonctionnaires en instance de pension ». Pour permettre de constater, au titre de ce budget, le montant des avances récupérées, le Trésorier général doit, lors du paiement des premiers arrérages, annexer l'ordre de reversement à la fiche mobile sans en déduire le montant et assigner le paiement à la Recette des postes qui a effectué le paiement des avances. Lors du paiement des premiers arrérages de la pension, le coupon de rappel est quittancé pour la somme brute sans déduction des avances, les avances sont reversées contre récipissé remis aux pensionnaires. Lorsque les avances ont été ordonnancées pour partie seulement sur le budget anexe, il est délivré deux ordres de reversement. L'opération de reversement est scindée. Le Trésorier indique sur la fiche A le montant du rappel à payer sous déduction des avances récupérées au titre du budget général, transmet la fiche au Receveur des postes qui a payé les avances en y joignant l'ordre de reversement pour les avances qui doivent faire retour au budget d'annexe. (Circ. de la Compt. pub. du 13 Déc. 1923 § II).

ces ainsi consenties s'effectue de la même façon que celui des avances accordées aux fonctionnaires eux-mêmes, sur production d'un ordre de reversement. Au cas où il n'a été consenti aucune avance, l'ordonnateur du traitement du mari doit délivrer un certificat (1).

Ainsi le mécanisme des premiers paiements se décompose en trois parties : d'abord fixation du point de départ de la jouissance de la pension en prenant pour base soit la date indiquée par le certificat de paiement, soit exceptionnellement, dans les cas exposés plus haut (2), la date où le droit à pension est acquis au titulaire (3), — ensuite décompte des arrérages échus jusqu'à la première échéance, — enfin déduction des avances. Le montant net des premiers arrérages à payer au pensionniare est le résultat de cette triple opération.

Pensions révisées. — Certains premiers paiements s'effectuent toutefois dans des conditions différentes : tels sont les premiers paiements des arrérages des pensions révisées.

Indépendamment de tout recours contentieux devant le Conseil d'Etat, recours en réformation ou en annulation pour excès de pouvoir, vice de forme, violation de la loi, ou devant le tribunal des Pensions (4), un recours gracieux est ouvert, qui aboutit à une révision opérée par voie administrative, aux pensionnaires contre les décrets ou arrêts de concession qui lèsent leurs droits. Ce recours sera admis si la liquidation de la pension est entachée d'erreur, si le pensionnaire peut faire valoir de nouveaux services rendus postérieurement au décret de concession et non compris dans la liquidation primitive, ou si l'invalidité qui avait servi de base au décret de concession s'est aggravée. La pension originairement concédée sera donc révisée, soit pour erreur de liquidation, soit pour reprise de service,

---

(1). Circ de la Compt. pub. du 11 Avril 1922 § V.

(2), Pour les fonctionnaires civils mis à la retraite pour infirmités ou en disponibilité ou en congé avant l'âge légal, pour les veuves et orphelins dont les maris ou les pères étaient titulaires de pensions d'ancienneté, pour les ascendants de militaires tués ou disparus (dans certains cas).

(3) Telle qu'elle est indiquée sur le titre.

(4) Art. 35 et 67 de la loi du 31 Mars 1919. — Art. 25 de la loi du 11 Avril 1831. — Art. 27 de la loi du 18 Avril 1831.

soit pour aggravation d'une blessure ou d'une infirmité reçue ou contractée à l'occasion du service. En
dehors de ces hypothèses où la révision intervient dans
des cas individuels. il arrive qu'elle s'opère par voie
générale pour toute une catégorie de pensionnaires,
qu'elle soit explicitement prescrite par la loi ou qu'elle
découle de mesures législatives prises dans le but d'a
méliorer la situation de certains retraités. Des révisions
générales, en vertu de la loi, sont intervenues fréquemment pour modifier le taux des pensions militaires (1).
Pour les pensions civiles et pour les pensions militaires
d'ancienneté, une révision générale est commencée en
application de la loi du 14 Avril 1924.

Si la demande en révision est admise, le décret ou
l'arrêté de concession primitif est annulé par un nouveau décret ou un nouvel arrêté rendu dans les mêmes
formes. Un nouveau titre est délivré au pensionnaire.
Reste à établir le compte des sommes qui lui sont dues.

**Pensions civiles. Point de départ de la jouissance des
arrérages.** — Il est procédé différemment suivant qu'il
s'agit d'une pension civile ou d'une pension militaire.

Pour les pensions civiles, la révision n'intervient en
fait que pour erreur de liquidation et exceptionnellement pour reprise de service. Dans le premier cas, le
point de départ de la pension révisée est en principe
le même que celui de la jouissance de l'ancienne. Toutefois il est nécessaire d'observer que le point de départ
de la jouissance a pu être modifié sur l'ancien titre :
c'est alors cette jouissance modifiée qui sert de base
au décompte. Il y a là une vérification qu'il importe

---

(1). Les pensions militaires étant liquides d'après le grade et
non d'après la solde, le vote d'une loi était nécessaire, à chaque
augmentation de solde, pour établir une certaine harmonie entre les pensions et les nouvelles soldes C'est ainsi que sont intervenues les lois du 26 Avril 1855 et du 21 Juin 1856, du 25 et du
26 Juin 1861, du 22 Juin 1878, du 5 Août 1879, du 18 Août 1879. Les
pensions proportionnelles instituées par la loi du 10 Juillet
1874 ont été l'objet des lois du 13 Mars 1875, 18 Août 1879, 23
Juillet 1881 et 18 Mars 1889 ont toutes été revisées après le vote
de la loi du 11 Juillet 1899. Par suite de la guerre, presque toutes les pensions militaires ont fait l'objet d'une double révision, d'abord pour reprise des services, ensuite en vertu de la
loi du 16 Avril 1920.

au payeur de ne pas omettre. Le pensionnaire, en ce cas, n'a pas à produire un nouveau certificat de cessation de paiement puisque, par hypothèse, il n'y a pas reprise de service et que la date à laquelle ont cessé les fonctions a déjà été constatée lors du paiement des premiers arrérages de l'ancienne pension.

Décompte des jours. — Le calcul des jours s'opère sur la nouvelle pension comme pour tout paiement des premiers arrérages, d'après les mêmes règles.

Prélèvement des arrérags perçus sur l'ancienne pension. — Du montant brut des sommes à toucher sur la nouvelle pension sont à retrancher le montant des arrérages perçus sur l'ancienne. Les certificats d'inscriptions délivrés par suite de la révision d'une pension, ainsi que les fiches de paiement, portent la mention frappée au timbre : « Sauf déduction des sommes per-« çues depuis le...... sur la pension de...... francs « accordée par décret du...... et que la présente an-« nule. » (1). Pendant la période de révision, en effet. les pensionnaires restent en possession du titre de la pension qui fait l'objet du recours. Les sommes qu'ils perçoivent sur cette pension sont des avances remboursables. Ils ne reçoivent d'ailleurs pas d'autres avances.

Reprise de service. — Lorsqu'il y a reprise de service l'ancienne pension est suspendue par la Dette inscrite à compter du jour de la reprise de service. Quand la nouvelle pension est liquidée, elle a pour point de départ la nouvelle cessation des services qui est constatée par un certificat de cessation de paiement si l'ancienne pension n'a pas été remise en paiement depuis l'époqué où le fonctionnaire a cessés ses fonctions pour la deuxième fois. Mais généralement c'est l'inverse qui se produit : l'ancienne pension suspendue est remise en

---

(1). « Cette formule doit s'entendre, dit la circulaire de la Compt pub. du 27 Août 1920 § II, non seulement des arrérages payés sur la pension principale mais aussi des sommes payées à titre d'accessoires, telles que la majoration, le complèment l'allocation trimestrielle, sans qu'il y ait lieu d'ailleurs de se préoccuper si la nouvelle pension comporte ou non les mêmes accessoires ».

paiement (par un certificat de levée de suspension de la Dette) tant que dure la période de révision et de liquidation de la nouvelle pension. Il paraît inutile dès lors d'exiger, pour le paiement des premiers arrérages de cette pension nouvelle, un certificat de cessation de paiement puisque le point de départ de cette pension révisée coïncide nécessairement avec la date de la levée de suspension de l'ancienne et que le certificat a été fourni à la Dette pour lui permettre de lever la suspension (1).

Le montant net des sommes à payer sur la nouvelle pension se calcule comme dans le premier cas sous déduction des sommes perçues sur l'ancienne, au cas bien entendu où cette dernière a été remise en paiement.

Pensions militaires. Point de départ des arrérages de la pension révisée. — La méthode qui permet de déterminer le point de départ des premiers arrérages des pensions militaires révisées est analogue à celle qui aboutit à fixer le point de départ des pensions civiles révisées. Si la révision a été effectuée par erreur de liquidation, le titre nouveau est délivré avec la même jouissance que l'ancien : le point de départ des arrérages est identique pour les deux pensions. Il est déterminé, ainsi qu'il a été dit plus haut (2), par le certificat de cessation de paiement délivré par la Sous-Intendance et produit obligatoirement lors du paiement des premiers arrérages de l'ancienne pension. Le comptable peut donc en se reportant simplement à la mention des premiers arrérages apposée sur l'ancien titre connaître le point de départ des arrérages du nouveau. Si aucun paiement n'a été effectué sur l'ancien titre, le certificat de cessation de paiement est nécessairement fourni au moment du premier paiement des arrérages de la pension révisée. — Si la révision a été provoquée par la reprise des services, le point de départ des arrérages de la pension révisée est la date de la cessation des services telle qu'elle est justifiée par le certificat du Sous-Intendant. Deux hypothèses peuvent alors se réaliser :

---

(1). V. cependant contra Marciñac.
(2) Cfr. p. 106 et 116.

Ou bien l'ancienne pension n'a pas été remise en paiement depuis le jour où le pensionnaire a quitté définitivement le service, un certificat de cessation de paiement doit être alors produit pour faire connaître la date de cessation des services ; ou bien, au contraire, la pension ancienne a été remise en paiement depuis la libération du pensionnaire, ce certificat de cessation a été nécessairement produit à la Dette pour lui permettre de lever la suspension qui frappait la pension primitive, la date du certificat de suspension est mentionnée sur l'ancien titre et le paiement des arrérages du titre révisé ne peut être effectué en l'absence de l'ancien, le certificat de cessation de paiement n'a donc pas à être produit une seconde fois (1). — La révision peut encore être opérée pour aggravation des blessures ou des infirmités qui ont ouvert le droit à pension. Sous l'empire de la législation antérieure à la loi du 31 Mars 1919 (2), la date de jouissance indiquée sur le titre servait de point de départ aux arrérages de la pension révisée pour aggravation d'infirmités. Actuellement ces pensions sont concédées en vertu de la loi du 31 Mars 1919 et du 18 Juillet 1922. Leurs premiers paiements s'effectuent. suivant la règle générale, sur production d'un certificat de cessation de paiement de l'allocation provisoire d'attente délivré par la Sous-Intendance sous réserve du règlement ultérieur des avances qui ont pu être touchées par le pensionnaire pendant la période de liquidation (3). A l'exception donc de ces pensions d'invalidité la recherche du point de départ des premiers arrérages s'effectue comme il a été dit plus haut. le décompte des jours est déterminé conformément aux règle générales et le montant brut des arrérages dus sur la pension révisée est payé sous déduction des avances et des sommes perçues sur l'ancien titre.

----

(1). Pour les pensionnés ayant repris du service pendant la guerre, la procédure de la levée de suspension, en raison de sa longueur, a été abandonnée. La remise en paiement de l'ancienne pension a été effectuée au vu d'un certificat de paiement délivré par la Sous-Intendance. La suspension et la levée de suspension sont intervenues postérieurement pour régularisation

(2). V. Décret du 20 Août 1886.

(3) Le paiement des rappels de la loi du 31 Mars 1919 sera étudié plus loin (p. 125). Il s'est effectué sur feuille de décompte établie par la Sous-Intendance.

Recouvrement des avances. — En effet, à la différence des pensionnés civils en instance de révision, les pensionnés militaires, quelle que soit la cause de la révision. peuvent percevoir des avances au cours de la liquidation de la nouvelle pension. Au moment du dépôt de leur demande en révision, ils reçoivent, s'ils en expriment le désir, en échange du titre ancien qu'ils possèdent, un titre provisoire établi par la Sous-Intendance après un examen sommaire du dossier et comportant le paiement d'avances trimestrielles sur la pension qui sera ultérieurement concédée. Lorsque la révision est terminée et que le nouveau décret de concession est intervenu, le titre au nouveau taux est délivré au pensionnaire contre remise du titre provisoire. La délivrance du nouveau titre est accompagnée de l'émission d'un *ordre de reversement* du montant des sommes perçues sur le titre provisoire et qui sont à prélever sur les premiers arrérages du titre nouveau. Si aucun titre n'a été délivré et par conséquent si aucune avance n'a été consentie, un certificat de la Sous-Intendnce doit l'établir.

Déduction des sommes perçues sur l'ancien titre. — En même temps que sont remis au pensionnaire l'une et l'autre de ces deux pièces, le titre ancien lui est restitué en vue du prélèvement des arrérages perçus sur ce titre pendant la période de liquidation. Les premiers arrérages des pensions militaires révisées, en effet, sont comme ceux des pensions civiles, payés sous déduction des sommes perçues sur l'ancienne pension (1).

______

(1). Les titres nouveaux portent également la mention : « Sauf déduction, etc...»

CHAPITRE II

DIFFICULTÉS NÉES DE L'APPLICATION
DE LA LOI DU 31 MARS 1919

mixtes. — Paiement des premiers arrérages. — Rappels.
— Précompte des arrérages payés sur l'ancienne pension.
— Précompte de l'allocation temporaire aux petits retraités. — Remboursement des avances. — Certificat de cessation de paiement. — Renouvellement des temporaires.
— Imputation.
Allocations temporaires spéciales aux grands invalides. —
Paiement. — Contrôle. — Imputation.

La loi du 31 Mars 1919, qui s'était donné pour objet
dans son art. 1er d'assurer « une réparation aux militaires affectés d'infirmités résultant de la guerre, aux
orphelins et aux ascendants de ceux qui sont morts
pour la France » a élargi son but primitif en statuant
non seulement « sur les droits ouverts à partir du 2
Août 1914 » mais encore sur ceux « qui s'ouvriront à
l'avenir par suite d'infirmités ou de décès résultant
d'évènements de guerre, d'accidents de service ou de
maladies » (1). Elle a modifié ainsi, le façon radicale,
le régime des pensions militaires d'invalidité et les
bases de leur liquidation. Par voie de conséquence, les
règles du paiement ont été, elles aussi, profondément
retouchées. Les principes ordinaires qui régissent les
premiers paiements ont dû être abandonnés. Toutes
les innovations de la loi (2), majorations accordées par
l'art. 13 en raison du nombre des enfants, droits nouveaux concédés aux veuves, aux orphelins, aux ascendants, pensions temporaires des art. 3 et 7, les pensions
mixtes des art. 59 et 60 ont entraîné, imposé des justifications et des vérifications supplémentaires. Ces règles nouvelles vont être étudiées dans les paragraphes
ci-après.

Premiers arrérages et rappels. — Il résulte des explications données au chapitre précédent que le décompte
des premiers arrérages des pensions civiles et des pensions militaires d'ancienneté est entièrement l'œuvre
du comptable-payeur. Le Ministère liquidateur n'intervient que pour fournir quelques renseignements indispensables, certificat de cessation de paiement, certificat de non-avances ou ordre de reversement. Il n'en est

---

(1). Art. 2 de la loi.
(2). Ces innovations sont résumées dans le § 1er de la Circ. de
la Compt. pub. du 25 Mars 1920.

pas de même pour les pensions de la loi du 31 Mars
1919. En raison du nombre considérable de pensionnaires et dans le but d'assurer le contrôle et la célérité
des paiements, les attributions des Sous-Intendances
charger de liquider les pensions n'ont pas été limitées
aux opérations nécessaires pour constater les droits acquis des créanciers de l'Etat, pour déterminer le montant annuel de la pension et fixer le point de départ du
paiement des premiers arrérages : on leur a confié le
soin d'établir le compte de ces premiers arrérages. Il
y a là une liquidation supplémentaire entraînant le
contrôle de l'ordonnateur par le comptable suivant les
principes généraux de la Comptabilité publique (1).
De plus, le paiement se fait en deux fois : 1° premiers
arrérages proprement dit ; 2° paiement du rappel.

Premiers arrérages. — Pendant la période de liquidation de sa pension, le pensionnaire peut percevoir diverses allocations les unes cumulables, les autres non
cumulables avec sa pension. Les militaires ont pu toucher ainsi une solde ou une haute paye mensuelle, une
allocation journalière, un traitement civil, les arrérages
d'une pension ancienne, l'allocation temporaire aux
petits retraités de l'Etat, une allocation provisoire d'attente. Leurs ayants-droits (veuves, orphelins ou ascendants) ont perçu soit une allocation militaire de soutien de famille, soit une délégation de demi-solde ou de
demi-traitement civil, des indemnités pour charges de
famille, les arrérages d'une pension ancienne, des
avances sur pension, un acompte spécial, une allocation temporaire aux petits retraités, une allocation provisoire d'attente. Lorsque le titre de pension (titre ou
livret) est établi par la Dette Inscrite, il est adressé à la
Sous-Intendance. Cette dernière s'assure que le pen
sionnaire a été radié de la liste des allocataires et qu'il
ne perçoit plus ni solde, ni traitement, ni demi -solde,
ni demi-traitement non cumulable avec la pension.
Elle lui retire, dans le cas où une pension de la loi du
11 Avril 1831 aurait été concédée, le titre de cette pension ou le titre d'allocation provisoire d'attente et délivre un certificat ainsi conçu :

------

(1). Conformément aux règles édictées par l'art. 91 du Décret
du 31 Mai 1862.

Certificat de cessation de paiement.— « Le Sous-Inten-
« dant militaire soussigné certifie que le titulaire de la
« pension ci-dessus a bénéficié de la pension liquidée
« d'après les tarifs de la loi du 11 Avril 1831, ou de l'al-
« location provisoire d'attente jusqu'à la date du... et
« qu'il peut, sauf rappel ou précompte ultérieur, per-
« cevoir au Trésor les trimestres échus à partir du len-
« demain de la dite date. » Puis la Sous-Intendance procède à la remise du titre au pensionnaire lui-même, si
c'est un titre de l'ancien modèle, ou par l'intermédiaire
du Maire, si c'est un livret. Le premier paiement est
effectué à partir de la date indiquée sur le certificat de
cessation de paiement qui est joint au titre, ou donné
sur le livret.

Cette procédure s'applique à tous les paiements des
premiers arrérages des pensions de la loi du 31 Mars
1919 (1).

Pendant le trimestre qui suit, la Sous-Intendance
poursuit la liquidation des premiers arrérages depuis
la date de jouissance la pension jusqu'à la date incluse
indiquée sur le certificat de cessation de paiement qui
vient d'être délivré. Elle établit le compte des sommes
dues pendant cette période au pensionnaire.. Pour dresser ce compte qui comporte comme tout compte, un
débit et un crédit, sont inscrits au crédit du pensionnaire les arrérages de sa pension au taux concédé, à son
débit les sommes perçues pendant la liquidation au titre des diverses allocations non cumulables, ou cumulables, dans certaines limites seulement, avec la pension. Le montant des sommes ainsi touchées est comparé à celui des sommes dues et le résultat de cette
comparaison fait ressortir soit un reste à payer, soit un
reste à précompter sur les arrérages de la pension. Ces

-----

(1). Il n'y a que deux exceptions. 1re exception : La feuille de
décompte est délivrée en même temps que le titre définitif.
Elle autorise le paiement simultané des premiers arrérages et
du rappel. — 2e exception : Un ascendant est titulaire d'une
pension de réversion liquidée par suite du décès d'un cotitulaire et le point de départ de la pension de réversion est le jour
du décès du cotitulaire de l'ancienne : il n'y a pas lieu de produire un certificat de cessation de paiement. Toutefois, si le
titre collectif et le titre de réversion ont été liquidés ensemble,
il doit être délivré un certificat de cessation de paiement pour
le premier titre. Pour le second il est délivré un avis d'émission.

diverses opérations sont décrites et le solde de ces écritures est arrêté dans un document appelé la feuille de décompte.

Etablissement de la feuille de décompte. — La feuille de décompte est établie d'après les règles ci-après contenues dans l'instruction interministérielle du 24 Février 1920. Conformément à cette instruction, la période totale sur laquelle porte le rappel des arrérages est partagée en deux parties.

Première partie. — La première partie comprend la période qui s'étend du point de départ de la jouissance de la pension jusqu'à l'époque où le pensionnaire reçoit des allocations qui sont obligatoirement précomptées sur les arrérages de sa pension. Les allocations touchées par le pensionnaire pendant cette période et non cumulables avec la pension sont inscrites à son débit mais elle lui restent acquises en totalité même au cas où elle dépasseraient le montant des arrérages de la pension. (1) En ce cas la pension est considérée comme suspendue et le titulaire n'est tenu à aucun reversement. En revanche, si les allocations perçues sont inférieures au montant de la pension, la différence est due au pensionnaire et la balance du débit et du crédit fait ressortir un solde qui lui sera compté dans le résultat général de la feuille de décompte.

Les allocations touchées pendant cette première période et qui doivent en conséquence être inscrites au débit de la première partie de la feuille de décompte sont les suivantes (2) pour les officiers, sous-officiers ou hommes de troupes, les soldes, supplément de solde, indemnité exceptionnelle de guerre, haute paye

---

(1) Par application des décrets des 1er Janvier 1915, 20 Sept. 1916, 2 Nov. 1918, les militaires qui ont obtenu la concession d'une pension peuvent continuer à percevoir dans certaines conditions, une solde de présence, ou une allocation journalière spéciale. Par interprétation de la loi du 9 Avril 1915 (V. Circ. de la Compt pub. du 25 Oct. 1917), les veuves ont pu opter, lors de chaque augmentation de tarif entre la pension et les demi-traitements ou allocations auxquels elles pouvaient prétendre et choisir le régime le plus favorable.

(2) Qualifiées d'allocations de la 1re catégorie par l'instruction du 24 Février 1920

mensuelle, supplément de haute paye mensuelle, haute paye d'ancienneté, allocation journalière spéciale (1), indemnités pour charges de famille, traitement civil (2), cumulé avec la solde ou l'allocation journalière spéciale, allocation temporaire mensuelle, — pour les ayants droit des militaires décédés ou disparus, l'allocation de soutien de famille (3), la délégation de la demi-solde et des accessoires ou du traitement ou demi-traitement civil, les indemnités pour charges de famille. Lorsque les allocations varient de taux ou de nature, la première partie de la feuille de décompte est subdivisée de manière à suivre et à retracer ces variations.

Deuxième partie. — La deuxième partie comprend la période qui commence au jour où le pensionnaire perçoit des allocations obligatoirement précomptées sur les arrérages de sa pension et qui se termine au jour fixé par le certificat de cessation de paiement où le pensionnaire touche les premiers arrérages de sa pension. Pendant cette période le pensionnaire a perçu l'une et l'autre des allocations suivantes (4) : les officiers, sous-officiers ou hommes de troupe, les arrérages d'une pension à l'ancien taux ou d'une gratification de réforme, l'allocation provisoire d'attente, — leur ayants droit, les arrérages d'une pension à l'ancien taux, l'allocation provisoire d'attente. Les sommes tou-

---

(1) Les soldats réformés touchaient l'allocation militaire spéciale (1.70 par jour), tant qu'ils n'étaient pas en possession de leur titre de pension. Le montant des allocations ainsi perçues sont débitées sur la feuille de décompte sauf celles qui ont été touchées pendant les deux premiers mois et qui sont cumulables avec la pension. (Décret du 1er Janv. 1915 et du 20 Sept. 1916).

(2) Il n'y a lieu de tenir compte que du traitement servi par l'Etat Les traitements servis par d'autres collectivités et non cumulables avec la pension sont remboursés par d'autres moyens

(3) Attribuées en vertu de la loi du 5 Août 1914 et touchées pendant la période comprise entre le 9 Avril 1915 et le 16 Nov. 1919, période déterminée par les lois du 9 Avril 1915 et du 30 Sept 1919 (Interdiction de cumul édictée par la loi du 9 Avril 1919) Antérieurement le cumul est permis. V. Circ. du 25 Mars 1920, p 14 et 15.

(4) Qualifiées d'allocations de la deuxième catégorie par l'instruction du 24 Février 1920.

chées à ces divers titres sont portées au débit de la feuille de décompte qui est créditée du montant des arrérages de la pension nouvellement concédée. La différence fait apparaître une somme à payer ou à précompter si les allocations perçues dépassent le montant de la pension nouvelle.

Résultat définitif. — Les résultats de la première et de la deuxième partie sont alors balancés et donnent un reste soit à payer, soit à précompter. Dans le premier cas, il est d'abord déduit de ce reste à payer, l'allocation temporaire aux petits retraités. La déduction est opérée à compter de la jouissance initiale de la pension pour les officiers mais à compter du 1er Janvier 1919 seulement pour les sous-officiers et les soldats qui, en vertu de la loi du 23 Février 1919, ont pu cumuler l'allocation aux petits retraités avec une pension quelconque pour toute la période antérieure au 1er Janvier 1919 (1). Si de cette soustraction ressort un trop-perçu, ce trop-perçu est considéré comme acquis au pensionnaire (2). Si, au contraire, il apparaît un reste à payer, sont retranchés de ce reste l'acompte spécial et les allocations irrégulièrement perçues, s'il y a lieu. Ces diverses soustractions font ressortir le résultat définitif de la feuille de décompte qui se traduit finalement par un reste à payer ou par un reste à précompter. Dans le cas où la balance de la première et de la deuxième partie se solderait par un précompte, l'acompte spécial et les allocations perçues irrégulièrement viendraient augmenter ce précompte, mais l'allocation temporaire aux petits retraités de l'Etat serait considérée comme acquise au pensionnaire (3).

Lorsque le résultat de la feuille de décompte se traduit par un reste à payer, ce reste s'ajoute aux arrérags échus ; s'il se traduit par un précompte, ce précompte est prélevé sur les arrérages à échoir. Si le débit et le crédit se balancent exactement, le résultat est « néant ». La feuille de décompte ne donne lieu à aucun paiement.

---

(1) Circ de la Compt. du 25 Mars 1920, § XI, p. 19.

(2) et (3). Il n'y a là qu'une fiction. En réalité l'allocation sera retenue sur les arrérages à échoir. (V. plus loin p. 134).

La feuille de décompte ainsi établie comporte une souche qui reste à la Sous-Intendance, la feuille de décompte proprement dite qui est remise au pensionnaire et un avis de délivrance qui est adressé au Trésorier général (1).

Justifications. — Il importe au Sous-Intendant de se faire apporter la justification des inscriptions faites au débit de la feuille de décompte. Pour les allocations ordonnancées sur le budget de la Guerre ou celui des Pensions, les certificats nécessaires sont donnés soit par les corps, soit par le Sous-Intendant qui a effectué l'ordonnancement (qui est celui-là même qui établit la feuille de décompte lorsque le pensionnaire n'a pas changé de domicile) à la reqnête du Sous-Intendant qui liquide la pension. Pour les autres allocations, les certifications sont données, sur la demande des intéressés, par les Sous-Préfets (allocations de soutien de famille, allocations aux petits retraités) et par les Directeurs des services (traitements ou demi-traitements). Pour les arrérages de pension à l'ancien taux, la production du titre permet d'établir les sommes dues.

Questionnaire. — En outre, dans un but de contrôle et afin d'éviter les omissions, les pensionnés sont invités à répondre à un *questionnaire* et à donner ainsi tous les renseignements nécessaires pour déterminer les allocations perçues et le temps pendant lequel elles ont été touchées. Les réponses au questionnaire sont certifiées sincères : toute inexactitude volontaire dans les déclarations exposerait le pensionnaire aux peines édictées par l'art. 5 de la loi du 5 Sept. 1919. Le questionnaire est communiqué au Sous-Préfet qui, par un certificat, confirme (ou infirme) les déclarations du pensionné relatives aux allocations perçues en conformité des listes données par les Mairies (allocation militaire de soutien de famille et allocation au petits retraités).

---

(1) Un modèle de la feuille de décompte accompagné de quatre exemples se trouve parmi les annexes de l'instruction du 24 Fév. 1920. - En ce qui concerne le cas particulier d'un pensionnaire titulaire d'une rente-accident, V. pour l'établissement de la feuille de décompte la Circ. de la Compt. du 11 Mars 1922 § V.

La Sous-Intendance donc, après avoir réuni tous les éléments qui lui permettent d'établir le décompte et rassemblé les preuves qui lui donnent le moyen de contrôler les déclarations du pensionnaire, établit la feuille de décompte et constitue un dossier qui restera à l'appui du paiement. Ce dossier comprend (1) :

1° Pour les invalides, dans tous les cas, le questionnaire, les titres d'allocation provisoire d'attente ; les titres de pension ancienne ou de gratification de réforme, s'il y a lieu, — pour les titulaires d'une pension ancienne ou d'une gratification égale ou supérieure à 40 0/0 et pour les pensionnés qui, d'après leur déclaration, ont touché l'allocation aux petits retraités, un certificat du Sous-Préfet annexé au questionnaire ou un certificat spécial — pour les fonctionnaires civils, un certificat émanant de l'ordonnateur du traitement civil.

2° Pour les ayants-droit des militaires tués ou disparus (veuves, orphelins ou ascendants), dans tous les cas, le questionnaire, les titres d'allocation provisoire d'attente, les titres de pensions anciennes, s'ils ont été délivrés, et le certificat du Sous-Préfet concernant l'allocation de soutien de famille et l'allocation aux petits retraités de l'Etat, — pour les ayants droit de fonctionnaires civils, le certificat de l'ordonnateur du traitement civil.

Vérification. — La feuille de décompte établie, le dossier « financier » ainsi constitué et l'avis de délivrance de la feuille de décompte sont transmis, pour être vérifiés, et avant toute remise au pensionnaire, à la Trésorerie générale (2). Cette vérification est effectuée avant paiement dans le double but : 1° de tenir les pensionnés à l'écart des désaccords qui pourraient survenir entre la Sous-Intendance et le Trésorier, — 2° de réduire à leur minimum les démarches qui pourraient être imposées aux pensionnés pour obtenir des justifications complémentaires.

Lorsque le Trésorier général est en possession de la feuille de décompte et du dossier qui l'accompagne, il s'assure tout d'abord de la concordance qui doit exis-

------

(1). V. le Rectificatif à l'instruction du 24 Fév. 1920 annexé à la Circ. de la Compt. pub. du 11 Nov. 1920.

(2) Instruction du 24 Fév. 1920 art. 16. Circ. de la Compt. pub, du 11 Nov. 1920 § XI.

ter : 1° entre les indications portées sur l'avis de délivrance et celles qui figurent sur la feuille de décompte et celles qui sont indiquées sur le titre de pension et le certificat de cessation de paiement, afin d'être certain que le décompte a bien pour point de départ celui de la jouissance de la pension et qu'il a été arrêté à la date indiquée par le certificat de cessation de paiement comme celle où a cessé le paiement des allocations.

Puis il procède ensuite : 1° à la vérification des *éléments du décompte* ; 2° à la vérification de *l'exactitude matérielle* des indications de la feuille de décompte et des *calculs*.

La vérification des éléments du décompte s'effectue d'abord à l'aide des documents du dossier dont l'un des plus importants est le questionnaire. Les inscriptions au débit de la feuille de décompte reposent en premier lieu sur les déclarations du pensionnaire. Il importe au plus haut degré d'en vérifier la sincérité et de s'assurer tout d'abord, par la comparaison avec les signatures apposées sur certaines pièces du dossier et notamment avec celles qui figurent sur les titres d'allocation provisoire d'attente que la signature du questionnaire est authentique et qu'elle émane bien du véritable titulaire de la pension (1). Au moyen du questionnaire, il est possible d'avoir la certitude que toutes les allocations non cumulables avec la pension et touchées par le pensionnaire ont été inscrites au débit de la feuille de décompte. Mais les déclarations du questionnaire doivent être contrôlées à leur tour. Elles devront être vérifiées à l'aide des autres pièces du dossier, titre des pensions anciennes, gratifications de réforme, titres d'allocations provisoires d'attente, certificats délivrés par le Sous-Préfet ou les ordonnateurs des soldes et des traitements civils. La confrontation des réponses du pensionnaire et du certificat du Sous-Préfet notamment permettra de découvrir les erreurs qui se seraient glissées dans l'application des règles

---

(1) D'après la Circ. de la Compt. pub. du 29 Nov. 1921 § III, cette vérification est nécessitée par trois raisons : 1° la signature authentifie le questionnaire ; 2° elle est indispensable pour autoriser, en cas de fausse déclaration, les poursuites prévues à l'art. 5 de la loi du 5 Sept. 1919 ; 3° elle confirme l'existence du pensionnaire depuis l'époque de la cessation du paiement de l'allocation provisoire d'attente.

relatives au cumul de l'allocation temporaire de petit
retraité avec une allocation provisoire d'attente. De
même les cas de cumul de la solde avec un traitement
servi par une commune, un département, une colonie
ou généralement un établissement public pourront être
révélés par la comparaison du questionnaire et du certificat de cessation de paiement délivré par l'ordonnateur du traitement. Mais les pièces de comparaison ne
devront pas être uniquement recherchées dans le dossier. La Trésorerie générale ne devra pas hésiter à con-
sulter tous les documents conservés par elle. Les fiches
des titres d'allocations provisoires d'attente notamment
devront faire l'objet d'un classement spécial par ordre
alphabétique destiné à faciliter le contrôle des feuilles
de décompte (1).

Rectification. — Le résultat de cette vérification qui
doit s'effectuer dans un délai de sept jours à compter
de la réception de la feuille de décompte et du dossier
qui l'accompagne, peut ne faire apparaître aucune erreur. Le dossier est alors conservé par la Trésorerie
générale ainsi que l'avis de délivrance, et la feuille de
décompte revêtue du visa : Vu bon à payer de la Trésorerie, est renvoyée au Sous-Intendant qui en fait la
remise. Si au contraire, une erreur ou une omission
se révèle à la vérification, feuille de décompte, avis de
délivrance et dossier sont renvoyés pour rectification
au Sous-Intendant.

Il est cependant une cas où la rectification n'a pas
lieu. Le précompte de l'allocation temporaire aux petits
retraités n'est effectué par les Sous-Intendants qui s'ap-
puient pour opérer ainsi sur une interprétation de
l'instruction du 24 Février 1920, hâtivement rédigée
(2), que sur le montant total des sommes exigibles à
titre de rappel. Or il se peut qu'à la vérification, le montant des allocations apparaisse comme supérieur à ce
rappel. En pareil cas, il n'y a pas lieu de retourner la
feuille de décompte à la Sous-Intendance. Les allocations restant dues sont précomptées d'office par le

---

(1) Circ. du 12 Juillet 1920 p. 3.
(2). L'instruction du 24 Février 1920 ne prévoit pas en effet les
retenues à effectuer sur les arrérages à courir.

Trésorier général sur les arrérages à échoir (1), pour toute la période où elles ont été cumulées avec la pension d'invalidité de la loi du 31 Mars 1919 dont les arrérages font l'objet du paiement.

Rectification postérieure au paiement. — Dans tous les autres cas, la révélation d'une erreur oblige au renvoi de l'affaire devant le Sous-Intendant. Il en est ainsi même au cas où l'erreur est découverte après paiement de la feuille de décompte, et notamment lorsqu'une somme a été indûment précomptée. La Sous-Intendance établit alors une feuille de décompte rectificative et l'envoie à la Trésorerie avec une note d'explications sur le motif de l'erreur commise. La Trésorerie (c'est obligatoirement celle qui a effectué le paiement de la feuille de décompte primitive) établit une quittance complémentaire à laquelle sont annexées la nouvelle feuille de décompte et les pièces justificatives qui doivent l'accompagner (2).

Simplifications pour les pensions dont la jouissance est postérieure au 1ᵉʳ Janvier 1922. — Les opérations assez complexes qui viennent d'être décrites et qui sont nécessitées par l'établissement de la feuille de décompte et des justifications qui l'accompagnent, les vérifications qu'elles entraînent ont pu être simplifiées pour les pensions des invalides ou de leurs ayants droit (veuves, orphelins et ascendants) dont le point de départ est postérieur au 1ᵉʳ Janvier 1922. Toutes les allocations touchées par les pensionnés depuis cette date, en effet, doivent, quelle que soit leur nature, être déduites intégralement des arrérages échus et à échoir de la pension concédée, à compter de la jouissance. Il n'y a plus lieu dès lors d'établir les distinctions qui entraînaient la division de la feuille de décompte en trois parties : toutes les allocations perçues, qu'elles l'aient été régulièrement ou non, sont inscrites au débit suivant la procédure adoptée pour la deuxième partie

---

(1). Circ de la Compt. pub. du 25 Mars 1920 § XI (p. 18) et du 14 Juin § VIII.

(2). Circ de la Compt. pub. du 2 Fév. 1921 § III et du 15 Mars 1925 § II.

des anciennes feuilles de décompte. De même le questionnaire qui continue à être produit a pu être simplifié. Les pensionnés, en effet, ne touchent plus ni l'allocation militaire de soutien de famille, ni l'allocation temporaire aux petits retraités. La certification du Sous-Préfet devient en conséquence inutile : elle est supprimée.

Toutefois, il est nécessaire de remarquer que ces simplifications ne sont appliquées, pour les invalides, qu'en ce qui concerne les pensions qui font suite à une première (temporaire ou définitive). Pour les pensionnés dont les droits font l'objet d'une première liquidation, la procédure ancienne est toujours suivie (1).

Paiement. — Lorsque la feuille de décompte, revêtue du visa de la Trésorerie générale a fait retour à la Sous-Intendance, celle-ci en effectue la remise au pensionnaire. Si la pension n'est pas directement assignée sur sa caisse, la Trésorerie envoie, en outre, au comptable assignataire un « avis d'émission » faisant connaître le montant de la somme à payer. Cette mesure a été prise pour éviter le déplacement des fiches. Toutefois lorsque le précompte est supérieur au rappel, la fiche est réclamée par la Trésorerie générale et lui est transmise avec la feuille de décompte présentée par le pensionné, le livret ou le titre de pension, et, s'il y a lieu, une déclaration du titulaire autorisant le prélèvement du décompte sur les prochains arrérages. La Trésorerie annote alors les fiches et le titre et procède elle-même au paiement ou donne ses instructions au comptable assignataire (2).

Délai de paiement du rappel. — La liquidation du rappel ne doit pas normalement nécessiter un délai supérieur à un trimestre (3) et le paiement doit pouvoir en être fait au plus tard lors de l'acquittement du deuxième trimestre des arrérages échus sur le titre. Il arrive cependant parfois, au cas où la feuille de décompte

---

(1) Circ de la Compt. pub. du 19 Janvier 1923 § III.
(2) Circ de la Compt. pub. du 13 Juin 1921 § VI.
(3) Art. 13 de l'instruction du 24 Fév. 1920 Circ. de la Compt. pub. du 25 Mars 1920 § XI, p. 22, vise le cas où le pensionné négligerait de faire parvenir à la Sous-Intendance les pièces réclamées par elle.

se solde par un précompte, que le pensionnaire s'abstienne de la présenter dans l'espoir d'éviter un prélèvement. Les comptables sont armés pour déjouer ce calcul. Pour les pensions directement payables à leur caisse, les Trésoriers généraux et les Receveurs des finances doivent lors du paiement ou du visa du deuxième trimestre des arrérages de la pension, réclamer la production de la feuille de décompte. Si le pensionné déclare ne pouvoir fournir le document demandé ou s'y refuse, il est invité à se soumettre à cette obligation lors de la prochaine échéance. Puis la Trésorerie se met en rapport avec la Sous-Intendance pour obtenir un duplicata de la feuille de décompte et prend « toutes mesures utiles pour la sauvegarde des intérêts du Trésor » (1). Les mêmes règles sont applicables aux pensions assignées sur la caisse des percepteurs et des receveurs de postes. Ces comptables doivent inviter les pensionnés à produire la feuille de décompte dans les délais prescrits. Au cas où il n'est pas satisfait à leur invitation, ils en refèrent au Trésorier général qui provoque « toutes mesures utiles. » (2).

Lorsque la feuille de décompte est présentée par le pensionnaire trois hypothèses peuvent se réaliser. Si le crédit et le débit se balancent exactement, le résultat définitif est « néant » à payer, le paiement est inscrit pour mémoire sur la feuille d'enregistrement des paiements de la journée, la feuille de décompte, l'avis de délivrance et le dossier sont classés pour ordre dans les documents de comptabilité de la journée, le titre est annoté au verso dans les cases réservées à cet effet ainsi que les fiches A et B.

Paiement en bons. — Si le crédit est supérieur au débit, le « Reste » fait l'objet des mêmes écritures et annotations. Une des particularités du paiement, c'est qu'il est fait partie en espèces, partie en bons de la Défense nationale. La loi du 31 Mars 1919 dispose en effet, dans son art. 66 que « les militaires et marins « ainsi que les veuves et orphelins de la guerre actuelle qui auront, *par suite de l'effet rétroactif de la présente loi*, à recevoir des arrérages ou suppléments

---

(1). Circ. de la Compt. pub. du 19 Janv. 1923 § II.
(2). Circ de la Compt. pub. du 27 Mai 1923 § VII.

« d'arrérages s'élevant ensemble à plus de 300 frs se-
« ront payés en espèces jusqu'à concurrence d'un
« quart de la somme qui leur sera due ; pour le sur-
« plus, il leur sera remis des bons du Trésor rembour-
« sables dans le délai d'un an. » Pour que cette disposition soit applicable il est nécessaire que la date de
jouissance de la pension (et par conséquent le point de
départ du rappel) soit antérieure à la promulgation de
la loi (2 Avril 1919). Il est indispensable en outre que
la somme comprise dans le rappel pour la période antérieure au 2 Avril 1919 soit supérieure à 300 frs. Il y
aurait donc lieu, en droit strict, de distinguer, dans le
décompte des sommes dues à titre de rappel celles qui
concernent la période qui s'étend de la jouissance initiale de la pension jusqu'au 2 Avril 1919 : celles-là
seules sont payables en bons à concurrence des trois-
quarts. Mais il n'est pas interdit au comptable de payer
avec le consentement du pensionné, la totalité du rappel en bons. Les bons sont comptés pour leur valeur
d'émission. Leur montant est indiqué sur le certificat
de vie et, pour les pensions payables sur livrets, sur la
fiche (1).

Précompte. — Enfin, dernière hypothèse, la feuille de
décompte se solde par un précompte. En règle générale, le précompte des sommes dues par le pensionné
doit être effectué par voie de retenues du cinquième
sur les arrérages échus et à échoir de la pension (2). Le
consentement du pensionné doit être obtenu pour autoriser une retenue plus élevée. Il est admis que cette
règle est une application du principe général édicté
par l'art. 28 de la loi du 11 Avril 1831 (3). Toutefois la
retenue de l'acompte spécial accordé aux veuves en
vertu du décret du 8 Décembre 1919 ne pourra excéder
le huitième de cet acompte par paiement effectué. Les

---

(1). Circ de la Compt. pub. des 25 Mars 1920 § XV (p. 29) et du
15 Mars 1921 § IV

(2). Art. 16 de l'instruction du 24 Fév. 1920.

(3) Application contestable en droit pur. Les sommes perçues
au titre des allocations pourraient très bien être considérées
comme devant se compenser avec celles qui sont dues au titre
de la pension. Aucun obstacle juridique ne s'oppose à cette compensation C'est à titre exceptionnel et pour des raisons d'huma-
nité et d'équité qu'elle n'est pas édictée.

autres sommes à précompter augmentées de ce prélèvement ne peuvent dépasser le cinquième du montant total des arrérages (1).

Les retenues sont effectuées sur les arrérages échus et à échoir. Les comptables ne doivent pas en conséquence s'arrêter à la distinction faite par l'instruction du 24 Février 1920 entre les arrérages dus et les arrérages à échoir en ce qui concerne le précompte de l'allocation temporaire aux petits retraités. Les dispositions des articles 6 § II-B, 7 § II-B, 9 § II-B de l'instruction ne sont impératives que pour les Sous-Intendances (2). Elle les décharge du soin de veiller au recouvrement des sommes qui doivent faire retour au Trésor, mais il n'en est pas moins vrai que le cumul de l'allocation temporaire aux retraités avec une pension de la loi du 31 Mars 1919 est interdit, et il appartient aux comptables d'assurer en l'hypothèse, l'application des prescriptions légales.

Imputation sur la pension principale. — S'il n'est pas douteux que toutes les sommes à précompter doivent être imputées sur les arrérages échus et à échoir, il n'est pas moins certain qu'elles doivent être imputées en premier lieu sur la pension principale (3), lorsque celle-ci est accompagnée de majorations pour enfants. « Ce n'est qu'au cas où le précompte dépasserait le « montant du rappel des arrérages de la pension principale que le surplus serait à déduire des rappels « afférents aux majorations pour enfants » (4).

Recouvrement sur la pension de la veuve ou celle des orphelins. — Toutefois au cas où le pensionnaire viendrait à décéder sans que les sommes par lui perçues en trop aient pu être prélevées sur sa pension, le reliquat du précompte serait recouvré dans la limite du cinquième des arrérages, sur la pension de réversion de la veuve ou celle des orphelins qu'il laisserait pour lui succéder (5).

---

(1). V. plus haut les règles spéciales concernant les pensions temporaires expirées.

(2). Circ. de la Compt. pub. du 25 Mars 1920 § XI p. 18-

(3) Circ. de la Compt. pub. du 14 Juin 1921 § X.

(4) Circ de la Compt. pub. du 14 Juin 1921.

(5) Circ de la Compt. pub. du 27 Mai 1923 § VI.

Décompte des pensions successives. — L'opération du précompte se présente dans des conditions particulières lorsque le pensionné a bénéficié de plusieurs pensions successives. Il arrive alors que les certificats d'inscriptions des pensions sont délivrés simultanément au pensionné. Dans cette hypothèse il n'est établi qu'une feuille de décompte. S'il y a précompte, le trop-perçu est prélevé sur l'ensemble des arrérages échus ou à échoir. Si la feuille de décompte fait apparaître un reste à payer, le rappel est attribué d'abord au titre le plus ancien, à concurrence des arrérages dus sur ce titre ; puis au suivant, et ainsi de suite. Lorsque les titres sont délivrés sous la forme de livrets, mention du rappel est porté sur la fiche et sur la souche du coupon de rappel : le paiement fait l'objet d'une seule opération de dépense à l'appui de laquelle sont rattachées toutes les justifications (y compris les titres épuisés). Lorsqu' une pension définitive fait suite à une pension temporaire, le décompte du rappel sur titre définitif n'est effectué qu'après celui du titre temporaire. Si le décompte du titre temporaire n'a pas encore été remis au comptable, le paiement du rappel du titre définitif est ajourné tant que les deux décomptes ne sont pas présentés simultanément dans les conditions ci-dessus exposées. (1)

Imputation dans les écritures. — Il reste maintenant à examiner la façon dont sont constatées dans les écritures tenues par les comptables les opérations décrites par la feuille de décompte. Normalement toutes les mentions inscrites au débit et au crédit devraient y figurer : le montant brut des sommes dues à titre d'arrérages devraient être inscrites au débit du compte Dépenses publiques, tandis qu'il serait fait recette des précomptes opérés. Il a été décidé, pour simplifier (2), que le montant net du reliquat de la feuille de décompte serait seul inscrit en dépenses au compte Dépenses publiques et que l'acquit serait donné pour cette somme seulement. S'il y a précompte, le montant du précompte est déduit par cinquième de chaque trimestre à échoir, la quittance est donnée déduction faite de

---

(1). Circ de la Compt. pub. du 25 Sept. 1921 § III.
(2) Circ du 25 Mars 1920 § XI, p. 23.

la retenue, la somme nette payée est seule portée en dépenses.

Touefois, il est fait exception à cette règle lorsque les sommes précomptées doivent être reversées aux budgets des départements, des communes, des colonies ou pays de protectorat, ou des établissements publics. Le montant des traitements ou salaires perçus par les pensionnés et récupérables sur les arrérages de leur pension est versé alors en recettes dans un compte d'attente (au compte divers leur c. de recettes à classer) jusqu'à son imputation définitive (qui s'effectue par une réinscription au crédit de la collectivité à laquelle il doit faire retour).

Le paiement des rappels posait encore un autre problème de comptabilité. Fallait-il tenir compte de la distinction des exercices et scinder les paiements suivant la période à laquelle ils se rapportent ? Par exception au principe de rigueur pour tous les paiements, il a été décidé (1), par une nouvelle mesure de simplification, qu'il n'y avait, au moment du paiement du rappel, aucune distinction à établir entre les exercices. Tous les rappels, en conséquence sont imputés sur l'exercice courant.

Majorations d'enfants. — Les divers tarifs des pensions militaires et civiles d'ancienneté ont été établis sans aucune préoccupation des charges de famille supportées par le pensionné. La loi du 31 Mars 1919, et c'est là une de ses innovations, accorde au pensionné, dans son art. 13, en sus de la pension (définitive ou temporaire), une majoration annuelle par enfant.

Cette majoration est, pour les invalides, proportionnelle au taux de l'invalidité. Elle est fixée à 300 Frs. pour une invalidité de 100 °/° et décroît suivant un tarif dégressif (2), jusqu'à la somme de 30 Frs. pour une invalidité de 10 °/°.

Conditions d'attributions. — Elle est attribuée jusqu'à l'âge où l'enfant atteint 18 ans (3) pour chaque en-

---

(1). Circ de la Compt. pub. du 12 Juillet 1920 § IV.

(2). V. l'art. 13 précité.

(3) L'art. 13 ajoute « même après la mort du père » sous réserve de révision, si la mère ou les orphelins ont droit à une pension de réversion, conformément aux art. 19 et 20 de la loi.

fant né ou naître à condition qu'il soit légitime, ou, s'il est naturel, qu'il soit reconnu et qu'il puisse prétendre éventuellement à une pension de réversion, conformément aux art. 25 et 26 de la loi. Il est donc nécessaire pour que l'enfant naturel puisse ouvrir le droit à une majoration, qu'il ait été conçu avant le fait qui donne ouverture au droit à pension et que la reconnaissance « soit intervenue dans les deux mois qui suivent « la naissance, à moins que le père n'en ait été em-« pêché par des circonstaces de fait dûment justifiées « et qu'il ait fait cette reconnaissancs dans le délai de « six mois qui a suivi la promulgation de la loi (1) ».

Il résultait de leur caractère d'allocation concédées en raison des charges de famille que les majorations n'étaient pas originairement cumulables avec les indemnités attribuées, pour la même cause, aux fonctionnaires, par l'art. 11 de la loi du 18 Octobre 1919. Ce texte décidait que les indemnités accessoires du traitement allouées pour charges de famille n'étaient acquises « aux bénéficiaires des art. 13 et 19 de la loi du 31 Mars « 1919... que dans la mesure où elles excédaient le « montant des majorations pour enfant prévues par la « dite loi. » Les pensionnés de la loi du 31 Mars 1919 qui étaient en même temps fonctionnaires pouvaient, en conséquence, continuer à toucher leurs majorations d'enfants mais il appartenait aux ordonnateurs de leurs traitements de réduire leurs indemnités pour charges de famille dans la mesure où elles dépassaient les majorations accessoires de leurs pensions et de ne mandater que l'excédent. La loi du 20 Juillet 1922 est revenue sur cette prohibition et les pensionnés de la loi du 3 Mars 1919 qui sont en même temps fonctionnaires peuvent aujourd'hui cumuler intégralement les majorations et les indemnités pour charges de famille (2).

Paiement. — Les majorations d'enfants sont l'accessoire de la pension principale. Elles ne sont dues, en principe, qu'autant que la pension principale elle-même est due et doivent être payées en même temps

---

(1). Art. 26 de la loi du 31 Mars 1919.

(2). La circulaire de la Comptabilité publique du 2 Février 1921 § VIII qui réglementait le cumul des majorations et des indemnités de charges de famille doit être considérée comme abrogée.

qu'elle et aux mêmes échéances. La Dette inscrite, il est vrai, établit des titres ou des livrets séparés, mais le procédé qu'elle utilise pour la rédaction de l'instrumentum qui constate les droits du pensionné ne saurait avoir d'effet sur les droits eux-mêmes et il n'a d'autre but que d'éviter pratiquement la réexpédition de nouveaux titres au moment où les majorations arriveront successivement à expiration.

Point de départ.— En règle générale, la majoration est concédée en même temps que la pension principale et perçue par le pensionné qui est l'administrateur légal des biens de ses enfants. Aucune difficulté ne survient pour le paiement des premiers arrérages de la majoration. Le paiement est effectué simultanément sur les majorations et sur la pension principale. Le point de départ est identique, il est indiqué par le même certificat de cessation de paiement, il donne lieu à un décompte basé sur le même nombre de jours.

Concession de majorations postérieure à celle de la pension principale. — Il n'en est pas toujours ainsi. Il arrive que, soit par suite d'une omission lors de la concession de la pension principale, soit par suite de la naissances d'un nouvel enfant (1), des droits à des majorations nouvelles puissent naître au profit de titulaires de pensions déjà concédées. Les demandes de majorations sont adressées à la Dette inscrite, appuyées de l'acte de naissance et d'un certificat de vie concernant l'enfant, source du droit. De nouveaux titres de majorations sont établis et transmis (2) aux comptables qui en font la remise aux intéressés (3). D'autre part, les Trésoriers doivent, en vue du paiement, prendre certaines précautions et certaines informations auprès des Sous-Intendances, afin d'éviter le versement entre les mains des pensionnés de sommes qui ne seraient

---

(1). Par application des art. 18, 19, 20 et 26 de la loi du 31 Mars 1919

(2). Avec les fiches de paiement.

(3). Circ de la Compt. pub. du 14 Déc. 1920 § III. L'intervention des Maires pour cette remise est inutile puisque les livrets de majoration ne nécessitent ni procès-verbal de remise ni apposition de photographies V. encore Circ. de la Compt. pub. du 30 Nov. 1921 § III.

pas dues. Les pensionnés, en effet, ont pu obtenir, dans le décompte du rappel, le paiement d'allocations, et notamment d'allocations provisoires d'attente, plus fortes ou plus faibles que celles qui leur étaient réellement dues à raison de leurs charges de famille, ou bien ils n'ont pas été entièrement crédités des sommes qui leur étaient dues pour la même raison.

Omission. — Dans le cas d'omission, les majorations ont pour point de départ, la date de jouissance initiale de la pension, mais leur attribution n'entraîne pas nécessairement le paiement des arrérages courus depuis cette date. En effet le montant des allocations perçues antérieurement à la délivrance du certificat de cessation de paiement délivré par la Sous-Intendance peut être indiqué sur la feuille de décompte comme supérieur au montant des crédits calculés sur la base de la pension principale et des majorations primitivement concédées. Cet excédent de perception qui ne peut donner lieu à aucun précompte doit cependant être récupéré sur les majorations nouvellement concédées. En conséquences les règles suivantes ont été adoptées :

1. **Si la feuille de décompte n'a pas encore été délivrée,** elle est conservée par la Sous-Intendance, pour être révisée et arrêtée définitivement au vu des majorations nouvelles qui seront transmises par la Trésorerie générale dès qu'elles seront en sa possession.

2. **Si la feuille de décompte est parvenue au comptable,** mais n'a pas encore été payée, elle est renvoyée avec les nouvelles majorations à la Sous-Intendance, pour révision.

3. **Si la feuille de décompte a été payée,** les nouveaux titres de majorations sont transmis également à la Sous-Intendance qui seule possède les éléments permettant de s'assurer si la feuille antérieurement délivrée est régulière. Elle les retournera à la Trésorerie générale avec une note faisant connaître s'il y a lieu ou non à la perception de retenues. Cette note est jointe à la quittance des premiers arrérages (1).

---

(1) Lettre commune de la Compt. pub. N° 14.587 du 1er Juillet 1920

Naissance d'un nouvel enfant postérieure à la date de jouissance de la pension principale. — Dans le cas où une majoration nouvelle est concédée en raison d'une naissance postérieure à la date de jouissance de la pension principale, le point de départ des arrérages de la majoration est donné par la date de la naissance de l'enfant. Mais il y a lieu d'observer que :

1° Si la naissance est antérieure à la date du certificat de cessation de paiement délivré par la Sous-Intendance, le titre de majoration doit être communiqué au Sous-Intendant pour que la majoration nouvelle soit comprise dans le rappel. Le titre de majoration sera retourné à la Trésorerie générale avec un certificat de cessation de paiement.

2° Si la naissance est postérieure à la délivrance du certificat de cessation de paiement, comme les droits nouveaux n'affectent pas la période de liquidation des premiers arrérages de la pension principale, il n'y a lieu ni à l'établissement d'une feuille de décompte ni à une révision de celle qui aurait été déjà établie. Le Trésorier général doit simplement s'assurer qu'il n'y a pas de retenues à effectuer sur les arrérages échus et à échoir de la nouvelle majoration à raison d'un précompte résultant de la feuille de décompte délivrée pour la pension principale (1).

Majorations payées séparément. — Le pensionné peut perdre l'administration des biens de ses enfants. L'art. 71 de la loi du 31 Mars 1919 avait prévu l'hypothèse d'une déchéance paternelle encourue par le titulaire de la pension principale. Les majorations d'enfants ne pouvaient plus lui être payées, elles devaient être inscrites au nom du tuteur et perçues par ce dernier. Cette disposition a été précisée et complétée par la loi du 13 Juillet 1923 (2) qui distingue les situationss ci-après.

Il est tout d'abord des cas où la majoration est inscrite d'office au nom du tuteur sans qu'il soit nécessaire que la déchéance paternelle ait été prononcée par un

---

(1) V. Lettre commune précitée.
(2) Circ de la Compt. pub. du 15 Février 1924. Instruction interministérielle du 30 Janvier 1924, donnée en annexe.

jugement : ou bien l'enfant a été confié à l'Assistance publique, et la majoration est inscrite au nom du Préfet, tuteur légal des enfants assistés, — ou bien il est, en qualité de pupille de la nation, confié à l'office départemental ; la majoration est alors inscrite au nom de cet office ou de son délégué, ou au nom d'un tuteur officieux.

Mais il est d'autre cas où l'intervention d'un jugement est nécessaire. C'est d'abord le cas de divorce ou de séparation de corps. La majoration est attribuée à celui des époux ou à la tierce personne qui a la garde des enfants. Cest là une des « conséquences de droit » du jugement de séparation ou de divorce et il n'est pas indispensable que la décision du juge statue explicitement sur ce point spécial. Il n'en est pas de même dans le cas d'indignité. En pareille hypothèse, le juge désigne la personne ou l'établissement charitable qui aura la charge de l'enfant et au nom de laquelle sera inscrit la majoration.

L'application de ces règles est assurée par les Trésoriers généraux lorsque le titulaire de la pension principale est en possession de son certificat d'inscription et des certificats de majorations. Ils retirent, dès qu'ils sont saisis de la demande formée par les tuteurs ou les personnes chargées de la garde des enfants, les titres de majoration et les transmettent à la Dette Inscrite avec les pièces justificatives des qualités des tuteurs (certificats de l'inspecteur départemental pour les enfants assistés (1) — délibération du conseil de famille procédant à la nomination du tuteur — demande de la personne chargée de la garde de l'enfant accompagnée d'un extrait de jugement et, quand le divorce a été prononcé, bulletin d'état-civil ou certificat d'avoué constatant la transcription sur les regisres de l'état-civil). Les majorations nouvelles délivrées au nom du tuteur sont payées à compter du dernier trimestre perçu par le titulaire de la pension principale.

Lorsque ce dernier n'est pas encore en possession des titres de majorations, il appartient aux personnes chargées de la tutelle ou de la garde des enfants de s'adres-

____

(1). En ce cas, ce sont les Trésoriers généraux qui perçoivent le montant des majorations, en leur qualité de comptables des derniers pupillaires. (Loi du 27 Juin 1904).

ser à la Dette Inscrite pour obtenir l'inscription des majorations à leur nom, en appuyant leur demande des pièces justificatives. La Dette concède les majorations et transmet les titres au Trésorier général qui les communique à la Sous-Intendance pour le règlement des arrérages (1).

Si la liquidation de la pension n'est pas encore terminée la demande appuyée des justifications est portée devant la Sous-Intendance de la résidence du tuteur ou de la personne chargée de la garde des enfants. Cette Sous-Intendance se met en rapport avec la Sous-Intendance liquidatrice pour la délivrance de titres d'allocations provisoires d'attente séparés (2), et pour le retrait des titres d'allocations provisoires déjà délivrés s'ils comporent des majorations attribuées à tort au titulaire de la pension principale. Il sera établi, après remise du titre de la pension principale et de ceux des majorations, deux feuilles de décompte séparées.

Extinction. Majoration expirée. — Il existe deux causes d'extinction des majorations : la majorité de 18 ans et le décès du titulaire. La date à laquelle l'enfant titulaire de la majoration atteint l'âge de 18 ans est indiquée par le titre. Il est justifié du décès par un extrait de l'acte ou un bulletin de décès (3). Les arrérages dûs du jour de l'échéance à celui où l'enfant est décédé ou a atteint ses 18 ans donnent lieu à un décompte de jours qui se calcule conformément aux règles générales.

---

(1). Ce règlement s'opère comme pour les majorations concédées après la délivrance des titres de la pension principale. V. plus haut

(2) V. l'instruction interministériel du 30 Janv. 1924 p. 13 et sq. Pour les bénéficiaires de l'allocation aux grands invalides titulaires de livrets comportant des majorations pour enfants, le Trésorier général, au reçu des titres rectifiés et des nouveaux titres de majoration, avise la Sous-Intendance qui annule le livret détenu par le pensionné. procède à la délivrance d'un nouveau livret sans majoration et provoque auprès de la Sous-Intendance du domicile du tuteur, l'établissement d'un nouveau livret séparé au titre des majorations (V. eod. loc. p. 16 et 17).

(3). Sauf au cas où la date du décès est indiquée sur le titre (la majoration a été concédée avec jouissance limitée, l'acte de décès ayant été produit à la Dette inscrite).

Majorations maintenues après le décès du titulaire de la pension principale. — Il serait logique, puisque la majoration est l'accessoire de la pension principale, de décider qu'elle expire au cas où la pension principale elle-même expire par suite du décès du titulaire. Or la loi du 31 Mars 1919, dans le dernier alinéa de son art. 13 dispose au contraire que les majorations sont payables « jusqu'à l'âge de 18 ans, même après la mort du « père, sous réserve de l'application des art. 19 et 20 », c'est-à-dire sauf dans le cas où des pensions de réversion sont concédées à la veuve ou aux orphelins. Dans l'hypothèse, en effet, les majorations de la pension éteinte constitueraient un double emploi avec celles de la pension de réversion.

Si donc le titulaire de la pension principale décède sans laisser à sa veuve ou aux orphelins le droit à une pension de réversion, les majorations continuent à être payées entre les mains des tuteurs jusqu'à ce que chaque enfant atteigne l'âge de 18 ans. Sur la demande des tuteurs, accompagnée d'extraits des actes de décès des titulaires des pensions principales et des délibérations des conseils de famille contenant dévolution des tutelles si les mères s'en trouvent écartées, la Dette Inscrite émet des titres de majorations nouveaux portant mention de l'application de l'art. 13 de la loi du 31 Mars 1919 à ce cas spécial où, par exception, la majoration n'est pas rattachée une pension principale (1). Le paiement des arrérages dus sur ces majorations nouvelles est effectué à compter du décès du titulaire de la pension principale expirée.

Veuves. — De la combinaison des art. 14 et 19 de la loi du 31 Mars 1919 il résulte que les veuves des militaires et marins peuvent prétendre aux pensions ci-après dont le taux est réglé dans les tableaux annexés à la loi :

1° à des pensions du **taux exceptionnel** lorsque le militaire est « mort de blessures ou suite de blessures « reçues au cours d'évènements de guerre ou d'acci-« dents ou suite d'accidents éprouvés par le fait où à l'occasion du service ».

______

(1). V. Circ de la Compt. pub. du 6 Février 1923 § III.

2° à des pensions du **taux normal** si la mort du militaire « a été causé par des maladies contractées ou ag-« gravées par suite de fatigues, dangers ou accidents « survenus par le fait ou à l'occasion du service » ;

3° enfin à des pensions **de reversion** si le militaire est décédé « en jouissance d'une pension définitive ou « temporaire correspondant à une invalidité égale ou « supérieure à 60 0/0 ou en possession de droits à cette pension ».

Majorations. — Ces pensions sont augmentées de majorations pour chaque enfant issu du mariage de la veuve avec le militaire décédé. La majoration originairement fixée au taux uniforme de 300 frs par an par l'article 19 de la loi du 31 Mars 1919 a été porté à celui de 500 frs par la loi du 15 Juillet 1922. Ce texte n'a pas eu d'effet rétroactif ; il a été par conséquent appliqué à compter du 16 Juillet 1922 (1).

Premiers arrérages et rappels. — Les premiers arrérages et les rappels des pensions de veuves de la loi du 31 Mars 1919 sont payés, comme celles des invalides sur production du certificat de cessation de paiement délivré par la Sous-Intendance et de la feuille de décompte. Le paiement s'effectue dans les mêmes conditions. Toutefois la feuille de décompte présente certaines particularités.

En premier lieu, les Trésoriers généraux ne doivent pas omettre, dans le but de faciliter le contrôle de la Cour des Comptes, d'indiquer sur la feuille de décompte le point de départ de la jouissance de la pension (2).

---

(1). Les mesures d'application de la loi et notamment la manière d'effectuer les décomptes pour les trimestres venant à échéance entre le 16 Juil. et le 16 Oct. 1922 et comportant l'usage des deux tarifs de 75 fr. et 125 fr. se trouvent décrites dans la circulaire de la Comp. publique du 21 Juil. 1922 (qui statue pour les titres d'allocations provisoires d'attente, les livrets de majorations émis postérieurement au 15 Juil. 22, et les titres ou livrets émis antérieurement.)

(2) Circ de la Compt. pub. des 11 Mars et 20 Sept. 1922. Le renseignement doit être donné sous cette forme : jouissance du... Voir N° d'ordre... dans l'arrêté interministériel du... (Les pensions de la loi du 31 Mars 1919 son en effet concédées par arrêté interministériel et non par décret). Ces renseignements sont donnés par les titres ou à défaut par les fiches. Les dispositions qui précèdent s'appliquent également aux pensions d'orphelins.

Ils doivent porter ensuite spécialement leur attention
sur la première partie de la feuille de décompte et no-
tammnt sur les allocations diverses perçues par les
veuves et sur les demi-traitements qui ont pu leur être
payés depuis le décès du mari, date de l'ouverture du
droit à pension. Les veuves se sont trouvées ainsi en
situation de percevoir l'allocation militaire de soutien
de famille augmentée de majorations pour enfants, une
délégation de demi-solde et ses accessoires, des indemnités pour charges de famille, une délégation de traitement, ou un demi-traitement civil. Les allocations de
soutien de famille sont considérées comme cumulables
avec la pension jusqu'à la loi du 9 Avril 1915 qui interdit le cumul. Les soldes et les traitements ne peuvent
être cumulés. Pendant tout le temps où les veuves ont
touché ces demi-soldes et demi-traitements, et à partir
du 9 Avril 1915 pour celles qui ont perçu des allocations de soutien de famille, la pension est suspendue
si les demi-soldes, demi-traitements ou allocations lui
sont supérieures. Or les allocations ont varié de taux
de même que les soldes et les traitements. Les allocations, les demi-soldes ou demi-traitements perçus à des
taux divrs ne doivent pas faire l'objet d'une totalisa-
tion générale dont le résultat serait comparé avec le
total des arrérages de la pension. La comparaison, au
contraire, doit être faite pour chacune des périodes
pendant lesquelles l'allocation ou le traitement ont été
perçus à des taux différents, et la pension n'est suspendue que pour celles de ces périodes où elle est inférieure au montant de l'allocation ou du traitement (1).

En raison de ces variations dans le taux des allocations et des traitements les veuves ont été admises à
choisir le régime le plus favorable et à formuler, entre
les allocations, les traitements et la pension, des op-
tions diverses dont le résultat est traduit par la feuille
de décompte. Les veuves de militaires ont été admises
à choisir ainsi entre l'allocation de soutien de famille
et la pension militaire à l'ancien taux à la suite des lois
des 9 Avril 1915, 4 Août 1917 et 15 Novembre 1918. Les
veuves de fonctionnaires mobilisés ont pu de même
opter entre l'allocation et le demi-traitement, lors notamment de l'attribution des indemnités de cherté de

____

(1) Circ. de la Compt. pub. du 14 Juin 1921 § IX.

vie (1ᵉʳ Juillet 1917). L'exercice du droit d'option a pu donner lieu à suspension de la pension ou à son rétablissement (ce dernier cas est très rare). Tous ces changements doivent être constatés.

Ces mêmes veuves ont pu de même en vertu des droits d'option qui leur étaient reconnus, renoncer à la pension militaire et demander en s'appuyant sur la loi du 14 Mars 1915, la liquidation de la pension civile de réversion calculée d'après le dernier traitement de leur mari sans tenir compte de la durée des services. Celles d'entre elles dont les maris étaient décédés après 25 ans de service ont pu obtenir la pension civile basée sur la durée des services. Cette dernière pension était cumulable avec la pension de veuve de la loi du 31 Mars 1919. Dans les deux cas il y a lieu de remarquer que les veuves ne peuvent cumuler le demi-traitement alloué jusqu'au 15 Novembre 1919 ni avec la pension du 14 Mars 1915, ni avec la pension civile d'ancienneté, ni avec la pension de la loi du 31 Mars 1919.

Il y a lieu d'observer en outre que la feuille de décompte établie par la Sous-Intendance pour les veuves qui cumulent une pension civile d'ancienneté et une pension de la loi du 31 Mars 1919 ne tient compte, pour opérer la déduction du demi-traitement, que de la pension militaire. Si le demi-traitement est inférieur à la pension militaire, le précompte se trouve intégralement soldé. Mais dans le cas contraire, le comptable doit effectuer le prélèvement du surplus du demi-traitement sur les arrérages de la pension civile (1).

Les allocations de soutien de famille et les demi-traitements ou demi-soldes ont pu être perçus jusqu'au 15 Novembre 1919, date de leur suppression. A cette époque, les veuves ont reçu un titre d'allocation provisoire d'attente au taux de la loi du 31 Mars 1919. Celles d'entre elles qui possédaient un titre de pension à l'ancien taux ont dû le restituer.

Veuves remariées. — Les pensions des veuves de la loi du 31 Mars 1919 sont soumises aux causes de suspension ou d'extinction communes à toutes les pensions militaires : elles sont suspendues à la suite de

---

(1). V. Circ. de la Comp. pub. du 11 Mars 1922 § X.

condamnations ou pour perte de la qualité de Français, elles s'éteignent par prescription ou déchéance, par mesure de radiation provoquée par de fausses déclarations, ou plus généralement à la suite du décès de la titulaire. Elles ont cependant un mode d'extinction qui leur est particulier. Les veuves qui se remarient avec un Français peuvent conserver leur pension. Aux termes de l'art. 18 § 1er de la loi du 31 Mars 1919, elles peuvent également y renoncer en échange d'un capital (1). Ce capital est fixé à la valeur de trois années d'arrérages. Les veuves qui veulent user de cette faculté de conversion doivent faire une demande conforme au modèle prescrit (2), ne pas omettre la légalisation de leurs signatures, et indiquer si de leur mariage avec le militaire défunt, sont issus des enfants qui sont encore mineurs. La demande ne peut être faite que si la veuve est en possession d'un titre définitif. Elle est appuyée du titre définitif, des titres des majorations pour enfants et de l'acte de célébration du second mariage. Une année entière d'arrérages doit être payée sur le titre définitif. Si cette année n'a pas été payée intégralement, la Dette renvoie le titre en l'accompagnant d'une note autorisant le paiement à leurs échéances des sommes restant dues. Si au contraire des arrérages ont été payés au-delà de l'année strictement due, ils sont précomptés sur le capital. Une décision ministérielle doit intervenir pour autoriser la conversion de la pension en un versement en capital : elle rejette la pension et liquide le montant de la somme nette à payer qui fait l'objet de l'émission d'une ordonnance (3).

Orphelins. — Si la veuve vient à décéder ou si elle est incapable de prétendre à pension, sont alors substitués dans les droits qu'elle aurait pu exercer, les orphelins mineurs du militaire défunt. D'après l'article 16 de la loi du 31 Mars 1919, en effet, « en cas de décès

----

(1) En ce cas, comme au cas de remariage avec un étranger, les veuves perdent leur droit à pension ; mais la pension est reversible sur la tête des enfants. V. ci-après la procédure de réversion p. 159.

(2). Annexé à la Circ. du 27 Août 1920.

(3) Circ. du 27 Août 1920 § IV.

« de la mère ou lorsqu'elle est inhabile à recueillir la
« pension, les droits qui lui appartiennent ou qui lui
« auraient appartenu passent aux enfants mineurs du
« défunt, selon les règles établies par les lois en vi-
« gueur en matière de pension. » Mais le droit à pension n'est pas seulement édicté en faveur des enfants
du militaire défunt, mais aussi en faveur de ceux que
la veuve aurait eus d'un précédent mariage et dont le
militaire était le soutien. « Si la veuve vient à décéder,
« dit l'article 17, laissant des enfants d'un précédent
« mariage dont le militaire défunt avait été le soutien,
« ces enfants jouiront des mêmes avantages que les
« orphelins. »

La pension est payée jusqu'à ce que le plus jeune
des orphelins atteigne l'âge de 21 ans (1). D'après l'art.
19 de la loi « elle est majorée dans les mêmes condi-
« tions (que celle de la veuve) mais seulement à partir
« du deuxième enfant au-dessous de 18 ans. » Le taux
des majorations est donc identique : c'est le taux unique porté par la loi du 15 Juillet 1922 à 500 frs par an.
Mais tous les orphelins n'ouvrent pas droit à majoration. Pour qu'une majoration soit concédée, il est nécessaire qu'il existe au moins deux orphelins et que
ceux-ci n'aient pas dépassé l'âge de 18 ans. Le droit
aux majorations peut donc se traduire par cette formule presque algébrique : il y a autant de majorations
qu'il y a d'orphelins mineurs de 18 ans moins un.

Dans le cas où le militaire défunt laisse des orphelins issus de deux mariages, la pension principale se
partage également entre les deux lits (2). Si les enfants
du premier lit viennent en concours avec une veuve
du second lit, la pension ne peut être inférieure à celle
qui est indiquée par le tarif applicable, suivant les circonstances du décès, à la pension de soldat. Il n'en
est pas de même de celle des orphelins du premier lit.
Les droits à pension qui viennent à expiration dans
une branche accroissant la part de l'autre si elle est
encore en possession des droits à pension (3).

----

(1). Sauf dans le cas où un orphelin est atteint d'une infirmité
incurable. Il conserve alors, même après sa majorité, le bénéfice
de sa pension.

(2). Article 20 de la loi.

(3) Art. 20 de la loi du 31 Mars 1919 § III.

Dans le cas de pluralité de mariages antérieurs, la pension principale est partagée d'après les mêmes règles (1).

Droit des orphelins dont la mère se remarie. — Des droits nouveaux naissent au profit des orphelins lorsque leur mère, veuve d'un militaire, se remarie. Ainsi qu'il a été dit plus haut, la veuve peut alors ou renoncer entièrement à tout droit viager moyennant le versement d'un capital ou bien opter pour la continuation du service de la pension. Dans les deux cas il y a réversion au profit des orphelins, mais si, dans la première hypothèse, la totalité des droits de la veuve passe aux orphelins, dans la deuxième, les enfants n'ont droit qu'à la jouissance de la moitié de la pension de la mère.

Dans ce dernier cas, la procédure de réversion est mise en mouvement par le comptable assignataire dès qu'il est informé du convol de la veuve en secondes noces. Tous paiements sont arrêtés. La veuve est invitée à produire, conformément à l'art. 6 de l'arrêté n° 4 du 7 Octobre 1921 (2) avec les livrets ou les titres, l'acte de mariage, un certificat de nationalité et une délibération du conseil de famille lui maintenant la tutelle, ou, l'en écartant, et nommant un nouveau tuteur. Si la tutelle est maintenue, la Dette rectifie les titres et les fiches. Dans le cas contraire, elle rejette la pension ancienne, établit deux livrets de pension principale, l'un au nom de la veuve, l'autre à ceux des orphelins, ce dernier accompagné des majorations (autant de majorations que d'orphelins de moins de 18 ans). Si la veuve ne produit pas la délibération du conseil de famille qui la maintient dans la tutelle, la Dette divise le titre d'office, la partie revenant à la veuve sera seule remise en paiement (3). Il appartient au tuteur nouvellement nommé de faire valoir les droits des orphelins.

Lorsque la veuve remariée renonce à la pension, le transfert sur la tête des orphelins s'effectue suivant une procédure analogue. La pension est majorée comme

____

(1) Eod. loc. § **IV**
(2). Annexé à la Compt. pub. du 9 Nov. 1920.
(3) Circ de la Compt. pub. du 2 Fév. 1921 § II.

celle de la veuve mais à compter du deuxième enfant de moins de 18 ans seulement. La pension des orphelins ne commence à courir qu'une année, jour pour jour, après la date du remariage. Les demandes de réversion, originairement instruites par le Ministère des Pensions, sont actuellement portées devant le Ministre des Finances qui statue par une décision. Elles sont formulées, soit par les mineurs émancipés, soit par les tuteurs, conformément au modèle prescrit (1), et accompagnées des actes de naissance et d'un certificat de vie des orphelins, de l'acte de mariage des parents, d'un certificat du maire constatant qu'il n'existe pas d'autres enfants mineurs issus du mariage du militaire défunt et de la veuve renonçante, et, si les enfants sont encore mineurs, de la délibération du conseil de famille maintenant la mère dans sa tutelle, ou nommant un tuteur, ou émancipant les mineurs. Lorsque les nouveaux titres sont délivrés, comme certains orphelins ont pu obtenir de la Sous-Intendance des titres d'allocation provisoire d'attente, la Dette transmet au comptable assignataire, en même temps que les brevets et les fiches et en vue d'éviter les doubles paiements, un avis d'émission qui est communiqué à la Sous-Intendance. Celle-ci fait connaître si un titre provisoire a été émis. La Trésorerie générale annote l'avis qui lui est retourné en indiquant, s'il y a lieu, les sommes payées sur titre provisoire. De plus, afin que les comptables soient avertis des circonstances dans lesquelles la pension a été délivrée, le ou les titres ou livrets sont frappés d'un timbre portant la mention : « Réversion de la pension d'une veuve ayant opté pour un capital. Premiers arrérages payables au vu d'un avis d'émission » (2).

Paiement des premiers arrérages. — Ainsi les premiers arrérages des pensions de réversion d'orphelins sont payables sur production d'un avis d'émission, dans le cas où la veuve a renoncé à sa pension, — soit sans aucun certificat dans les autres cas. Le point de départ de la jouissance est alors ou bien le jour du

---

(1) Annexé à la Circ. de la Compt. pub. du 1er Mars 1923.
(2). Circ. de la Compt. pub. du 1er Mars et du 16 Fév. 1924-

décès du père, ou celui de la mère, ou celui du nouveau mariage dans le cas de remariage avec un étranger.

Pour les pensions directement concédées, c'est-à-dire liquidées pour des orphelins dont le père est décédé en service sans être en possession d'un titre de pension et dont la mère était déjà décédée ou se trouvait inhabile à recevoir une pension de veuve, le paiement des premiers arrérages s'effectue, après intervention de la Sous-Intendance, sur production d'un certificat de paiement et d'une feuille de décompte, conformément aux règles généralement applicables aux pensions de la loi du 31 Mars 1919.

Prélèvements des sommes dues par la mère ou par le père. — A noter qu'au cas où la mère aurait été reconnue inhabile à recevoir une pension et aurait néanmoins perçu l'allocation provisoire d'attente, le précompte des sommes ainsi perçues à tort par la veuve devrait être effectué sur la pension des orphelins (1). Il en serait de même pour les sommes perçues en trop par le militaire décédé et notamment pour le reliquat de la feuille de décompte lorsqu'il dépasse le montant des arrérages après décès (2). Les sommes dont les orphelins peuvent être débiteurs envers le Trésor du chef de leur auteur sont retenues par prélèvements du cinquième des arrérages échus et à échoir.

Ascendants. — L'art. 28 de la loi du 31 Mars 1919 accorde aux ascendants des militaires décédés une allocation dans le cas où les circonstances du décès auraient permis à la veuve de prétendre à une pension de réversion. Cette allocation est en principe concédée pour deux ans, mais elle est renouvelable si l'ascendant continue à en remplir les conditions d'attribution. Ces conditions sont énumérées à l'art. 28 et concernent la na-

____

(1). Circ. de la Compt. pub. du 29 Sept. 1923 § VI- Afin d'avertir le comptable du précompte à effectuer, la Dette appose sur le titre la mention : « Sauf déduction des sommes touchées sur allocation provisoire d'attente depuis le...., date du décès du titulaire de la pension N°... » Dans le cas où les orphelins sont jugés dignes d'intérêt, ils peuvent obtenir par décision ministérielle (l'Intendant général agissant au nom du Ministre des Pensions) une exonération totale ou partielle, sans toutefois que l'exonération puisse descendre au-dessous du rappel de majoration.

(2). Circ. de la Compt. du 17 Mai 1923 § VI.

tionalité de l'allocataire, son âge, les infirmités ou les maladies qui le rendent incapables de subvenir à son entretien, l'insuffisance de ses revenus et son degré de parenté. Les taux annuels sont les suivants :

400 Frs. pour le père ;

800 Frs. pour la mère veuve, divorcée ou non mariée, ou séparée de cops (1) ;

400 Frs. pour la mère veuve remariée ou qui a contracté mariage depuis le décès du militaire ;

800 Frs. pour le père et la mère conjointement.

Dans ces cas l'allocation est augmentée de 100 Frs. pour chaque enfant décédé aux armées à partir du second (2).

A défaut des pères et mères, chaque grand-parent ou chaque couple de grands-parents (3) peut recevoir une allocation de :

300 Frs. pour le grand-père ou la grand'mère remariée ;

600 Fs. pour les grand-père et grand'mère conjointement ;

600 Frs. pour la grand'mère veuve (4).

Dans ce cas l'allocation est augmentée de 100 Frs. pour chaque petit-enfaat décédé et jusqu'à trois (5).

Titre collectif. — Lorsqu'un couple d'ascendants a droit à l'allocation, il n'est délivré qu'un seul titre collectif (6). Cette mesure a pour but de faciliter le contrôle des droits des allocataires (7). Toutefois lorsque les deux ascendants sont divorcés ou séparés judiciairement, ou simplement séparés de fait, ou si l'un d'eux refuse de donner sa signature, le titre est retenu par le comptable et envoyé à la Dette avec un rapport. La Dette peut procéder alors à la division du titre.

Division.— Lors du décès d'un cotitulaire, la division est effectuée obligatoirement. Les arrérages courus

------

(1). Loi du 13 Avril 1923. Circ. de la Compt. pub. du 9 Août 1923 § V.

(2). Art. 31 de la loi du 31 Mars 1919.

(3). Mais chaque couple ne peut recevoir qu'une seule allocation (Art 32 de la loi du 31 Mars 1919).

(4) Art. 30 et 32 de la loi

(5) Art. 32 de la loi.

(6) Circ de la Compt. pub. du 21 Mars § XI.

(7) V. plus loin

jusqu'au jour du décès qui constituent une valeur suc-
cessorale ne peuvent être payés que sur production des
pièces d'hérédité conformes aux règles générales concernant le paiement des arrérages après décès. Un
nouveau titre est délivré à l'ascendant survivant. Ce titre porte la mention du point de départ des nouveaux
arrérages : « jouissance du ... lendemain du décès du
cotitulaire. »

Liquidations successives. — Le titre collectif est délivré lorsque les deux ascendants sont tous deux en situation de prétendre à l'allocation. Mais il arrive fréquemment que l'un des deux seulement en remplisse
les conditions d'attribution. Un titre d'allocation provisoire d'attente lui est délivré, puis un titre définitif,
si pendant la durée de la liquidation l'autre ascendant
n'a pu faire valoir ses droits. Mais si au contaire, au
cours de la liquidation, l'autre ascendant fait admettre
sa demande, le titre d'allocation provisoire primitif est
échangé contre un nouveau titre, lorsque le taux de l'allocation se trouve porté de 400 Frs. à 800 Frs. Il se peut
alors que le titre définitif correspondant à l'allocation
première soit délivré et parvienne à la Sous-Intendance
En ce cas le titre d'allocation provisoire au nouveau
taux est laissé aux ascendants. L'ancien titre fait l'objet d'un décompte d'arrérages calculé jusqu'au point de
départ de l'allocation au nouveau taux. Le montant du
décompte est payé et l'ancien titre est remis revêtu de
la mention de ce paiement, après avoir été annulé, aux
ascendants pour être par eux produit à la Sous-Intendance et annexé à la liquidation des premiers arrérages
du titre au nouveau taux. Afin d'éviter les doubles paiements les Trésoriers généraux annotent l'état permanent (1).

Durée des titres. — Bien que « l'allocation soit accordée pour deux ans », les titres sont actuellement concédés pour une durée illimitée. A l'origine cependant,
et par une application stricte de l'art. 34 de la loi du
31 Mars 1919, certains ascendants ont reçu de la Dette
inscrite des titres valables pour une duée de deux ans,
du 2 Avril 1919 au 2 Avril 1921. Ils se sont adressés aux

-----

(1). Circ de la Compt. pub. du 15 Mars 1921 § IV.

Sous-Intendances pour en obtenir le remplacement et ont reçu des titres d'allocation provisoire d'attente. Il est arrivé que les anciens titres n'aient pas été retirés ou que la mention : « Sauf déduction... » n'ait pas été portée par la Dette sur le nouveau. Les ascendants ont pu se trouver ainsi en possession à la fois d'un titre d'allocation provisoire, d'un titre ancien et d'un titre nouveau. Afin d'éviter les doubles paiements les Trésoriers doivent s'assurer que les ascendants ne sont en possession d'aucun titre antérieur, qu'il n'y a pas eu paiement des mêmes arrérages sur le titre ancien et sur le titre nouveau, et vérifier s'il a été délivré un titre d'allocation provisoire d'attente. S'il y a des sommes perçues à tort, elles sont reversées (1).

Point de départ et paiement des premiers arrérages. — L'allocation a pour point de départ non pas le décès du militaire, source du droit, comme les pensions de veuves ou d'orphelins directement concédées, mais la date de promulgation de la loi, le 2 Avril 1919, pour tous les ascendants réunissant les conditions d'attribution et ayant fait leur demande antérieurement à cette date, ou la date du jour de la demande pour ceux dont les droits sont nés postérieurement au 2 Avril 1919 (2).

La liquidation des premiers arrérages s'effectue en principe, comme pour toutes les pensions de la loi du 31 Mars 1919, par la Sous-Intendance. Mais la Sous-Intendance n'intervient pas dans tous les cas. Elle ne liquide que les arrérages concédés en vertu de droits nouveaux, lorsque les ascendants les font valoir pour la première fois. « Lorsqu'il s'agit simplement, au con-« traire, d'une modification survenue dans la situation « de l'un des ascendants, *sans accession d'une nouvelle* « *personne au droit à pension*, l'examen et la solution « des affaires appartiennent non plus aux Sous-Intendants, mais exclusivement aux agents des Finances (3). »

En ce cas la Dette inscrite délivre de nouveaux titres au vu des justificaitons produites et le comptable paie les premiers arrérages sans certificat de cessation de

---

(1) Circ. de la Compt. pub. du 11 Mars 1922 § XIII.
(2) Loi du 31 Mars 1919 Art. 30.
(3). Circ de la Compt. pub. du II Mars 1922 § XII.

paiement ni feuille de décompte. Ainsi les Sous-Intendants reçoivent les demandes des ascendants et interviennent pour la liquidation de leurs allocations et le paiement des premiers arrérages dans le cas où un couple d'ascendants, ou l'un d'eux, fait valoir ses droits pour la première fois, — que l'autre ascendant soit ou non pourvu d'un titre d'allocation. Dans les autres cas, la Dette procède seule à l'établissement de nouveaux titres ou à la modification des anciens : c'est ainsi qu'il est procédé lorsque l'un des ascendants demande à son profit le bénéfice de l'allocation ,soit après le décès de son conjoint, soit après divorce ou séparation. Peu importe qu'en pareil cas le taux de l'allocation soit changé. Les opérations nécessitées par la rectification des titres anciens ou la délivrance des nouveaux ne nécessitent que de courts délais : il n'est pas donné, en conséquence, de titres d'allocation provisoire d'attente. Il a pu arriver toutefois qu'antérieurement aux instructions notifiées aux Sous-Intendants (1) des titres d'allocation provisoire d'attente aient été délivrés. Pour assurer le recouvrement des sommes qui auraient été ainsi perçues, la Dette inscrite établit, avec le nouveau titre, un *avis d'émission* qui est communiqué à la Sous-Intendance par la Trésorerie générale. La Sous-Intendance fait connaître, sur cet avis, si un titre provisoire a été ou non délivré par elle. Le Trésorier retire le titre d'allocation provisoire, s'il y a lieu, et opère le précompte.

Révision du point de départ. — La détermination, d'après les règles ci-dessus exposées, du point de départ des allocations entraine de fréquentes contestations, de nombreuses demandes en révision pour erreur sur la date de jouissance. Originairement les Sous-Intendants recevaient les demandes, retiraient le titre et remettaient des titres d'allocation provisoire d'attente.Cette procédure est abandonnée et les titres définitifs sont laissés entre les mains des ascendants. Le règlement des premiers arrérages s'effectue concurremment pour les deux titres au moyen de la feuille de décompte : il n'en est délivré qu'une seule pour le paiement du rappel des premiers arrérages du nouveau titre et du titre révisé. Si la feuille de décompte concer-

---

(1). 13 Mai 1921.

nant le titre primitif qui fait l'objet de la révison a déjà été établie, le paiement en sera arrêté. Le délai de présentation de la feuille de décompte qui, en règle générale est de trois mois, est allongé en pareil cas : le Trésorier général est avisé par la Sous-Intendance qu'une procédure de révision est pendante et les paicments trimestriels pourront être continués durant tout le cours de l'année qui suivra la réception de l'avis adressé par la Sous-Intendance (1).

Contrôle. — De la rédaction de l'article 34 selon lequel, « l'allocation est accordée pour deux ans, » il est permis de déduire que, dans l'esprit de la loi du 31 Mars 1919, les allocations étaient essentiellement temporaires et révisables. Leurs conditions d'attribution, en effet, peuvent n'être plus remplies avec les changements survenus dans la situation des allocataires dont les droits sont fondés sur des éléments extrêmement variables : la fortune, l'invalidité ou la maladie, les charges de famille. Il est apparu ainsi que ces droits devaient être périodiquement contrôlés et que les comptables étaient les agents les plus qualifiés pour effectuer ce contrôle et pour en provoquer la révision (2). C'est au moment du paiement des arrérages que les justifications peuvent être le plus facilement réclamés. En conséquence les mesures ci-après ont été adoptées :

L'article 34 est interprété dans ce sens qu'il s'oppose à toute révision des droits pendant une période de deux années. Mais à l'expiration de ce délai, le contrôle peut efficacement opérer. Chaque fois que les Sous-Intendants apprendront qu'une modification dans la situation des allocataires est survenue et qu'elle entraîne la perte de l'allocation, ils avisent les Trésoriers généraux qui procéderont aux vérifications nécessaires et provoqueront auprès de la Dette les mesures de suspension ou de radiation.

---

(1) Circ de la Compt. pub. du 9 Août 1923 § VI.

(2) Ce qui n'interdit nullement aux Intendants, lorsqu'au cours de la liquidation ou même postérieurement, ils reçoivent des renseignements nouveaux, d'en tenir compte et notamment d'opérer le retrait des titres d'allocation provisoire d'attente et de provoquer, s'il est nécesairē, une décision du Tribunal des Pensions.

Contrôle du quatrième trimestre. — De plus, chaque année lors du paiement du quatrième trimestre des arrérages (trimestre venant à échéance entre le 1ᵉʳ Octobre et le 31 Décembre) le contrôle des droits de *tous* les allocataires doit être effectué. Les payeurs doivent annexer à chaque paiement opéré pendant cette période les certificats qui constatent que le contrôle est réellement intervenu.

Or le contrôle doit porter, aux termes de l'art. 28 :

I. **Sur la nationalité.** Les changements de nationali é sont peu fréquents. Le contrôle n'apparaît donc pas i i comme très utile. Il ne peut guère, en pratique, donner de résultats qu'en ce qui touche les ascendantes âgées de moins de 55 ans, atteintes d'une infirmité incurable, ou subvenant à l'entretien d'un enfant de moins de 16 ans, qui perdraient, par mariage, la qualité de Françaises (1).

2. Sur **l'âge.** L'âge du pensionnaire est indiqué sur les titres définitifs. Toutefois au cas où les déclarations du pensionnaire font soupçonner une erreur, les justifications nécessaires doivent être demandées (2).

Déclarations certifiées par le Maire pour le contrôle des allocations concédées pour infirmités incurables ou en raison des charges de famille. — Lorsque les allocations sont accordées avant l'âge légal, en raison d'une maladie ou d'une infirmité incurable (3), ou en raison des charges de famille, le contrôle est plus délicat. Les brevets originairement ne portaient aucune annotation à ce sujet. Ils sont actuellement revêtus de la mention : infirmité incurable ou enfant de moins de 16 ans (4).

---

(1) Ne pas oublier en outre que les ascendantes de nationalité étrangère titulaires d'une allocation perdent leurs droits par la résidence hors de France.

(2). Les justifications doivent être produites, en cas de doute sur l'âge, qu'il s'agise d'un titre définitif ou d'une allocation provisoire d'attente.

(3) Le degré de gravité donnant droit à l'allocation est très exactement défini dans le tableau inséré dans la Circ. de la Compt. pub. du 10 Avril 1922 § V.

(4) Circ. de la Compt. pub. du 30 Nov. 1921 § II- Plus exactement, pour les ascendants pensionnés en raison de leurs charges de famille, la mention est ainsi libellée : Valable jusqu'au... (date « à laquelle l'enfant donnant droit à l'allocation atteint l'âge « de 13 ans), sous réserve de l'application de l'instruction in- « terministérielle du 6 Août 1921. »

il a paru nécessaire de vérifier ces indications au moyen d'une déclaration de l'allocataire, déclaration qui est certifiée par le Maire. En conséquence, lors du paiement du quatrième trimestre de l'allocation, les ascendants de moins de 60 ans et les ascendantes de moins de 55 ans doivent produire une déclaration certifiée par le Maire attestant :

1° **pour les ascendants,** que l'allocation est attribuée à raison du fait que le bénéficiaire était atteint d'une infirmité ou d'une maladie incurable entraînant une invalidité d'au moins 60 0/0.

2° **pour les ascendants :** que l'allocation est attribuée pour la même raison ou que la bénéficiaire était veuve, divorcée ou non mariée, et mère d'un enfant infirme ou âgé de moins de 16 ans. Elle doit en outre attester qu'elle n'est pas mariée ou qu'elle l'est avec un citoyen Français.

Certificat de non-imposition. — 3° Enfin le contrôle doit porter sur l'inscription aux rôles de *l'impôt général sur le revenu.* Tous les allocataires doivent justifier lors du paiement du quatrième trimestre, qu'ils ne sont pas imposés en poduisant un certificat de non-imposition délivré soit par le percepteur, soit par le contrôleur des contributions directes (1).

En ce qui concerne les ascendantes, le certificat doit être délivré au nom du mari, si elles sont mariées, à moins qu'elles ne justifient d'un domicile séparé (2).

Si le contrôle révèle que l'allocation a été concédée à tort ou que le bénéficiaire a cessé de pouvoir y prétendre le comptable suspend le paiement des arrérages et retire le brevet contre reçu (3). Puis il transmet le titre. et les pièces justificatives au Trésorier général qui saisit la Dette inscrite. La Dette prononce, infirme ou confirme la suspension du paiement des arrérages, provo-

---

(1). Ce certificat peut être remplacé par une mention manuscrite. Lorsque les impôts sont payés à la Caisse du Comptable assignataire (Circ de la Compt. pub. du 30 Nov. 1921 § II).

(2) En produisant un acte de notoriété délivré soit par un notaire, soit par un juge de paix

(3). Sauf dans le cas où l'allocation fonde ses droits sur son invalidité ou sur celle d'un enfant à sa charge. Si, en l'hypothèse, la déclaration de l'allocataire paraît inexacte, l'affaire est signalée au comptable supérieur.

que auprès du Ministre des Pensions toutes mesures
utiles, procède, s'il y a changement de taux, à une nouvelle liquidation et notifie sa décision au Trésorier général en lui faisant connaître par un certificat de suspension la date à laquelle le paiement du reliquat des
arrérages est arrêté. S'il y a trop-perçu, la Comptabilité
publique statue.

Pour les allocations provisoires d'attente, les ascendants sont renvoyés au Sous-Intendant. Les sommes
perçues en trop font l'objet d'un ordre de reversement.
Les divergences qui peuvent survenir entre le Trésorier général et la Sous-Intendance sont portées devant
le Ministère des Pensions qui ne statue pas sans s'être
mis d'accord avec l'Administration des Finances (1).

Ayants droit de militaires disparus. — Pour obtenir,
dans les conditions qui viennent d'être exposées, la
concession de pensions définitives, les ayants-cause
d'un militaire doivent apporter la preuve de son décès.
Les évènements de guerre pouvaient rendre cette
preuve difficile à administrer dans les cas où le militaire était disparu sans qu'il fût possible d'affirmer son
existence ou son décès. L'art. 27 de la loi du 31 Mars
1919 accordait, dans l'hypothèse, à la femme et aux
enfants mineurs des pensions **provisoires** liquidées d'a-
près le taux normal et majorées comme les pensions
définitives de veuves ou d'orphelins. Des droits analogues furent reconnus aux ascendants qui reçurent des
titres provisoires d'allocation.

Le paiement des arrérages des pensions provisoires
est effectué d'après les règles déjà exposées pour les
pensions définitives. Les demandes sont instruites par
les Sous-Intendances. Elles sont présentées au nom des
mineurs, par leurs représentants légaux, c'est-à-dire,
par les tuteurs nommés par le conseil de famille, conformément à l'art. 142 du Code civil (2). Les tuteurs ont
seuls qualité pour toucher les arrérages.

Point de départ des premiers arrérages. — La pension a pour point de départ le lendemain du jour dé la

---

(1) Circ de la Compt. pub. du 8 Août 1921. Instruction interministérielle du 5 Août.
(2) Circ de la Compt. pub. du 2 Fév. 1921 § V.

disparition. Les premiers arrérages se paient sur production d'un certificat de cessation de paiement délivré par la Sous-Intendance. Les rappels sont perçus en vertu d'une feuille de décompte établie suivant les règles ordinaires.

Il y a lieu de noter toutefois la situation spéciale des femmes de fonctionnaires disparus. Ces femmes doivent être assimilées aux veuves. Elles ont pu, en conséquence, percevoir, pour la période de leur pension comprise entre le point de départ et le 15 Novembre 1919, le demi-traitement civil augmenté de la moitié des suppléments temporaires et de la totalité des indemnités pour charges de famille, et, au cas où elles auraient reçu une délégation formelle de traitement, la totalité du traitement pendant les six mois qui ont suivi la disparition. Le montant des allocations ainsi perçues doit être inscrit au débit de la première partie de la feuille de décompte. Les sommes perçues en trop figurent, comme précompte, à la troisième partie (1).

Extinction. — Les pensions provisoires s'éteignent soit par le retour du disparu, à l'expiration du trimestre pendant lequel son existence est devenue certaine, soit par la concession d'un pension définitive, « lors- « que le décès du militaire est établi officiellement, ou « que l'absence a été déclarée par jugement passée en « force de choses jugées. Dans le cas d'absence et si « la disparition s'est produite au cours d'évènements « de guerre, la pension définitive est toujours du taux « exceptionnel. Rappel est fait, s'il y a lieu, la diffé- « rence entre le taux normal et le taux exceptionnel, « sans qu'une prescription soit opposable » (2).

L'échange des titres de pensions provisoires contre des titres de pensions définitives entraînait une nouvelle liquidation et, par suite, l'intervention des Sous-Intendances. Les ayants-droit avaient intérêt à provoquer cet échange toutes les fois que le militaire disparu était gradé. D'autre part les femmes de disparus étaient amenées en cas de remariage, à demander la conversion de la pension provisoire en une pension définitive, car la pension provisoire cessait d'être payée. Toutefois

------

(1). Circ. de la Compt. pub. du 8 Août 1923 § III.
(2). Art. 27 de la loi du 31 Mars 1919.

lorsque le disparu était simple soldat, les comptables devaient continuer les paiements, sur titres provisoires, le taux de la pension définitive restant identique à celui de la pension provisoire. L'Administration des Finances a donc été contrainte d'intervenir spontanément pour régulariser la situation des femmes de soldats disparus. Toutes les fois que les Sous-Intendants étaient avisés, soit directement, soit par les comptables, de la constatation officielle, sur les registres de l'état-civil, du décès du disparu, il était procédé *d'office* à la conversion des pensions provisoires en pensions défintives. Il fut en outre décidé que les femmes de disparus seraient bien laissées en possession du titre provisoire jusqu'au moment du remplacement par un titre définitif, mais qu'elles devraient, pour obtenir le paiement des arrérages, présenter au comptable chargé du paiement, un récépissé des pièces déposées en vue de la liquidation définitive (récépissé délivré par la Sous-Intendance ou avis de réception émanant du Ministère des Pensions au cas où les pièces lui auraient été adressées) (1).

Grâce à ces mesures, la situation de tous les ayants droit de militaires disparus est à peu près régularisée : presque toutes les pensions provisoires sont remplacées par des pensions définitives.

Pensions temporaires. — La pension des militaires invalides est définitive, lorsque leur infirmité est incurable. Dans le cas contraire elle est *temporaire*. « Il y a « droit à pension temporaire, dit l'art. 3 de la loi du « 31 Mars 1919, tant que l'infirmité n'est pas reconnue « incurable. » Les pensions temporaires « sont établies (comme des définitives) suivant le degré d'invalidité. » (2). L'unique différence entre les pensions définitives et les pensions temporaires est leur durée. « La pen-« sion temporaire est concédée pour deux années, sauf « en ce qui concerne les réformés temporaires qui n'y « ont droit que pendant le temps où ils sont en posi-« tion de réforme » (3). Sous cette seule restriction

---

(1). Circ. de la Dette inscrite des 20 Mars et 5 Mai 1922, de la Comp pub. du 12 Nov. 1923 § II.
(2) Art. 3 de la loi du 31 Mars 1919.
(3). Art. 7 de la loi.

d'un durée limitée à deux années, « les pensions tem-
« poraires sont liquidées, concédées, et servies comme
« les pensions définitives » (1). En conséquence, les
pensions temporaires sont liquidées par le Ministère
des Pensions et celui des Finances, elles sont concédées par arrêté ministériel et donnent lieu à la délivrance par la Dette d'un brevet ancien modèle (2). Le
paiement des premiers arrérages est effectué sur production d'un certificat de cessation de paiement et celui
du rappel sur production de la feuille de décompte.

Paiement des rappels. — La feuille de décompte se
solde soit par un reste à payer, soit par un précompte,
ou donne un résultat « néant ». Dans cette dernière hypothèse, il arrive parfois que la feuille de décompte
comprenne la totalité des arrérages dus depuis le point
de départ de la pension temporaire jusqu'à la date de
son expiration. Ces arrérages ont été payés sur titre
d'allocation provisoire d'attente. Ils sont annulés sur
les registres permanents tenus à la Trésorerie générale par une mention : « Feuille de décompte néant »
portée dans toutes les cases destinées à l'émargement
des trimestres d'arrérages de la pension temporaire à
payer sur le titre définitif (3). Le paiement est passé
pour ordre dans la comptablité de la journée, lorsque
le titulaire de la pension présente son titre.

Précompte supérieur au rappel. — Lorsque la feuille
de décompte est présentée (et elle doit l'être dans les
trois mois de la délivrance du certificat de cessation de
paiement, pour les pensions temporaires comme pour
les pensions définitives), elle peut se traduire par
un précompte. Si le précompte est inférieur au cinquième des arrérages échus ; il est prélevé intégralement. Mais il peut arriver que le montant des sommes
à retenir dépasse le cinquième des arrérages échus.

------

(1). Art. 8 de la loi qui ajoute : « Elles sont soumises aux mêmes restrictions en cas de cumul et aux mêmes causes de déchéance. Elles sont insaisissables et inccessibles dans les mêmes termes et aux mêmes titres ,sauf application des dispositions prévues par l'art. 3 de la loi du 9 Avril 1918 ; les décisions
qui les concernent sont passibles des mêmes recours. »

(2). En raison de leur courte durée il n'est pas établi de livrets.

(3) Circ. de la Compt. pub. du 30 Janv. 1922 § VI.

S'il n'est pas supérieur au cinquième des arrérages à échoir, rien ne s'oppose encore à ce que le solde soit retenu, par cinquièmes, sur les arrérages à échoir. Les difficultés surgissent si le précompte dépasse le cinquième des arrérages à échoir. Les instructions données par la Direction de la Comptabilité publique (1) prévoient qu'au cas où « le précompte dépasse le total « du rappel et des trimestres restant à toucher, l'avis « de délivrance de la feuille de décompte devra être « annoté (en conséquence) et classé (avec soin) dans « un dossier spécial ; le Trésorier général aura soit à « retenir sur les arrérages du nouveau titre qui serait « délivré au pensionnaire en cas de renouvellement de « la pension la somme qui n'aura pu être précomptée « sur le premier titre, soit à réclamer à la partie un « versement effectif. » Elles ajoutent : « Il est signalé « que pour assurer le recouvrement du trop-perçu, il « convient d'exercer le précompte même sur les titres « d'allocations provisoires d'attente délivrés en renou- « vellement sans attendre l'établissement des titres dé- « finitifs nouveaux. Les fiches permettront d'ailleurs « de retrouver les titulaires d'allocations provisoires « d'attentes auxquels cette mesure devrait être appli- « quée. » (2). Ces mesures qui paraissent inspirées par la préoccupation de ne pas autoriser sur la pension de retenues supérieures au cinquième, supposent une distinction entre deux cas bien différents. Dans l'un, le pensionnaire est présumé avoir une pension qui fait suite à la pension présentée au paiement. Le système adopté permet le précompte par cinquième, mais il assure le recouvrement intégral de la créance du Trésor. Dans l'autre cas, il n'en est pas de même : les instructions ne précisent pas la quotité à retenir : est-ce le cinquième ? est-ce la totalité ? Les textes se bornent à stipuler que le reliquat fera l'objet d'un versement effectif. Reste donc non tranchée la question que soulève la quotité du prélèvement à opérer.

Si l'on admet que le cinquième seul des arrérages restant à échoir puisse être prélevé, l'on aboutit à ce résultat paradoxal : après paiement du dernier terme, le comptable sera en devoir de réclamer sans délai au

____

(1) Circ du 12 Juillet 1920 § III, p. 5.
(2). Circ du 2 Fév. 1921 § IV.

pensionné le versement du reliquat du trop-perçu. Si le comptable ne peut obtenir amiablement, un versement immédiat, le recouvrement de la créance de l'Etat sera, dans la plupart des cas, très difficile, peut-être même impossible. Cette solution s'appuierait sur le principe de l'insaisissabilité. Mais il semble bien qu'en l'espèce, ce principe ne puisse recevoir application et qu'il en soit fait abus. La pension se trouve en fait, éteinte avant le délai d'expiration et le pensionné n'a plus aucun droit sur l'Etat. Celui-ci ne peut être obligé à répéter des sommes déjà perçues sur titre provisoire. Ce serait une répétition de l'indû. Il est difficile d'ailleurs d'apercevoir l'obstacle juridique qui s'opposerait à la compensation des sommes restant dues sur le titre définitif avec celles qui ont été payées sur titre provisoire. Cette compensation est admise pour la période qui fait l'objet de la feuille de décompte. Pourquoi serait-elle écartée en ce qui concerne la période postérieure ? Aucune raison d'ordre juridique n'empêche donc sur le titre définitif le prélèvement de la totalité des arrérages dus jusqu'à l'expiration. Ce prélèvement opéré, le reliquat du précompte seul, s'il en existe, devrait être l'objet, de la part du pensionnaire, d'un versement effectif.

Extinction. — A l'expiration de la période de deux ans pour laquelle elle est concédée, la pension temporaire est éteinte de plein droit. Le paiement des arrérages donne lieu à un décompte de jours qui s'effectue selon les principes généraux.

Conformément aux principes généraux également les pensions temporaires expirées ne peuvent faire l'objet d'un changement d'assignation. Si le titulaire change de domicile, le comptable du nouveau domicile ne pourra payer le reliquat qu'après visa du comptable originaire et pour son compte.

Après paiement du reliquat, les titres des pensions temporaires expirées sont retirées des mains des titulaires. Ils sont revêtus au recto et au verso d'une mention d'annulation, mais ils ne sont pas joints à la quittance du paiement des derniers arrérages : ils sont envoyés à la Sous-Intendance. Si le rappel n'est pas encore payé, ils sont joints par la Sous-Intendance à la feuille de décompte, transmis pour vérification à la

Trésorerie générale, puis retournés à la Sous-Intendance avec la feuille vérifiée (1).

Renouvellement. — D'après l'art. 7 de la loi du 31 Mars 1919, la pension temporaire « est renouvelable « par périodes biennales, après examens médicaux. — « A l'expiration de chaque période, elle peut être soit « renouvelé à un taux inférieur, égal ou supérieur au « taux primitif, si l'infirmité n'est pas incurable, soit « supprimée si l'invalidité a disparu ou est devenue « inférieure à 10 0/0. » Si donc l'infirmité qui ouvre le droit à une pension temporaire n'est pas devenue incurable ou reste supérieure à 10 0/0, la pension expirée est remplacée par une pension temporaire nouvelle. Le renouvellement peut être indéfini ; il a lieu tant que le caractère d'incurabilité de la blessure ou de la maladie subsiste ou que la guérison n'est pas complète, c'est-à-dire tant que ne sont pas remplies les conditions entraînant soit le remplacement de la pension temporaire par une pension définitive, soit la suppression de toute pension (2).

Renouvellement avant expiration. — Le renouvellement s'opère en général à l'expiration de la pension originairement concédée ; mais il est loisible au pensoinnaire de ne pas attendre ce terme, lorsque sa blessure ou son infirmité s'aggrave. « Tout bénéficiaire d'une pension temporaire, dit l'art. 7 § III, chez qui se sera produite une complication nouvelle ou une aggravation de son infirmité pourra, sans attendre l'expiration de la période de deux ans, adresser une demande de révision sur laquelle il devra être statué dans les deux mois qui suivront la demande. »

Le droit à révision pour aggravation est reconnu non seulement aux pensionnés temporaires mais aux pensionnés titulaires de pensions définitives (3). Qu'il soit donc titulaire d'une pension définitive ou d'une pension temporaire tout pensionné peut obtenir une pension temporaire d'un taux plus élevé lorsque son inva-

---

(1) Circ de la Compt. pub. du II Mars 1922 § II.
(2) V. cependant contra le dernier paragr. de l'art. 7. Cette dispos tion est inappliquée
(3) V. Circ de la Compt. pub. du 8 Nov- 1921-

lidité s'aggrave. Dans les deux cas la substitution de la pension d'aggravation à la pension primitive s'effectue d'après les mêmes règles. Le pensionné adresse sa demande à la Sous-Intendance qui retire le titre frappé de recours en révision et remet en échange un titre d'allocation provisoire d'attente. Originairement la pension objet du recours, éatit considérée comme *suspendue* (1). A dire vrai cependant il ne s'agit pas ici d'une simple suspension. Si le recours en révision est admis, la pension révisée n'existe plus, elle est remplacée par une pension nouvelle. Quoiqu'il en soit pour éviter les erreurs et les doubles paiements, la pension primitive doit être annulée (2). A cette opération d'annulation qui est de la plus grande importance, concourent à la fois la Sous-Intendance, la Trésorerie générale et la Dette. Pour l'effectuer, le titre retiré par la Sous-Intendance est transmis à la Trésorerie générale.

Si le rappel a été payé, le Trésorier après avoir annulé les cases non estampillées, s'il s'agit d'un brevet de l'ancien modèle, ou déchiré les coupons, s'il s'agit d'un livret, renvoie le titre à la Sous-Intendance pour être annexé à la feuille de décompte du titre nouveau délivré en remplacement.

Si le rappel n'a pas été payé, la Sous-Intendance joint au titre retiré l'avis de la délivrance de la feuille de décompte et une note explicative si le décompte peut être établi sans délai. L'annulatin est faite après paiement du rappel. Le titre d'allocation provisoire est déllvré postérieurement et le titre annulé est renvoyé à la Sous-Intendance comme dans l'hypothèse première. — Si la feuille de décompte ne peut être établie dans un court délai, la Sous-Intendance délivre le titre d'allocation provisoire d'attente, transmet le titre primitif pour annulation à la Trésorerie générale. Celle-ci procède aux opérations d'annulation mais se garde d'oblitérer la case ou le coupon du rappel, puis ren-

---

(1). V. Eod loc.
(2) V. Circ. de la Compt. pub. du II Mars 1922 § 1. — L'opération d'annulation s'effectue sur les titres de l'ancien modèle par l'apposition d'une mention au recto et au verso et l'oblitération des cases non estampillées à l'exception de celle du rappel Les coupons des livrets sont déchirés verticalement par le milieu, sauf celui du rappel.

voie le titre à la Sous-Intendance. Lorsque la feuille de décompte est établie, cette dernière remet les deux documents au pensionné en vue du paiement du rappel. Ce paiement effectué, le titre fait retour à la Sous-Intendance pour être joint comme il vient d'être dit, au dossier de la feuille de décompte du nouveau titre de remplacement. — Enfin si le rappel d'arrérages peut être décompté en même temps sur l'ancien titre et sur le nouveau, il n'est délivré qu'une feuille de décompte à laquelle est joint l'ancien titre que la Trésorerie générale aura dû préalablement annuler (1).

En résumé, le titre qui fait l'objet de la demande en révision est annulé par la Trésorerie générale, qui prend certaines précautions en vue du paiement du rappel, et renvoyé à la Sous-Intendance pour être annexé au paiement du rappel des arrérages à échoir sur le titre de remplacement (2). L'opération d'annulation du titre ancien est complétée par des annotations correspondantes sur les registres permanents et par le retrait des fiches qui peuvent se trouver en la possession des comptables assignataires.

Entre temps, la Dette inscrite est saisie par le Ministère des Pensions. Elle adresse à la Trésorerie générale un certificat de rejet de l'ancienne pension, autorise l'inscription de la pension nouvelle, et, au cas où cette pension nouvelle serait définitive, envoie les fiches A et B qui la concernent. Autorisation d'inscrire et titres nouveaux sont délivrés « sauf déduction des sommes perçues au titre de la pension n° ...... ».

Au cas où le titre rejeté n'aurait pas été communiqué par la Sous-Intendance au moment où la Trésorerie reçoit le certificat de rejet, celle-ci le réclamerait au pensionné et procèderait aux annulations nécessaires (3).

Les premiers paiements sont effectués sur les nouveaux titres comme pour toutes les pensions de la loi du 31 Mars 1919, sur production d'un certificat de cessation de paiement. La feuille de décompte qui est délivrée ultérieurement comprend à son débit 1° le mon-

---

(1). V. Circulaire déjà citée du II Mars 1922.

(2) Ce renvoi exceptionnel des titres annulés à la Sous-Intendance (et non pas à la Dette) est à noter.

(3). Les dispositions qui précèdent ne sont pas applicables aux allocations d'ascendants. Pour celles-ci V. p. 164.

tant des somes perçues sur l'ancien titre à compter de
la jouissance initiale de la pension révisée et 2° le
montant des sommes perçues au titre de l'allocation
provisoire d'attente. Les trimestres d'arrérages sont
ensuite perçus par le pensionné jusqu'à son décès, si
la pension nouvelle est définitive et, si la pension nouvelle est temporaire jusqu'à expiration.

**Rétablissement, à l'expiration de la pension tempo-
raire d'aggravation, de la pension primitive.** — A l'expiration de cette pension temporaire d'aggravation, la
pension primitive, si elle était définitive, peut être
rétablie. Ce rétablissement est ordonné par une décision
du Ministre des Finances sans intervention de la Sous-
Intendance. La Dette établit, sous forme de livret, un
duplicatum de l'ancien titre annulé. Le livret nouveau
et les fiches sont transmis à la Trésorerie générale qui
prend note et fait opérer la remise par le Maire conformément aux règles générales.

Les premiers arrérages du nouveau livret sont décomptés à partir du lendemain du jour de l'expiration
de la pension temporaire. Les Sous-Intendants ne délivrent pas de titre d'allocation provisoire d'attente, donc
pas de certificat de cessation de paiement, pas de nouvelle feuille de décompte (1).

**Rétablissement à la suite du rejet de la demande en
révision.** — Si le rétablissement de la pension ancienne
peut être effectué à l'expiration de la pension temporaire d'aggravation, il a lieu nécessairement lorsque
la demande de révision du pensionné a fait l'objet
d'une décision de rejet.

Au rebours de la procédure usitée dans le cas précédent, la procédure en vigueur dans le cas présent est
mise en mouvement par le Ministère des Pensions et
nécessite son intervention. Le Ministre des Pensions
fait connaître au Ministre des Finances la décision de
rejet intervenue, et désigne exactement le titre d'allocation provisoire d'attente qui sera retiré par la Sous-
Intendance des mains du pensionné et annulé. La Dette
établit un duplicatum du titre primitif qui constate les

---

(1). Circ de la Compt. pub. du 1er Mars 1923 § II.

véritables droits du pensionné et transmet ce duplicatemporaire, le duplicatum est établi en brevet de l'antum à la Trésorerie générale. Si le titre primitif était cien modèle et remis au pensionnaire par le comptable de son domicile. Si le titre primitif était un livret, duplicatum et fiches sont transmis par la Trésorerie à la Mairie qui procède à la remise. Dans tous les cas la remise du titre est subordonnée à la réception de la feuille de décompte dans laquelle la Sous-Intendance aura fait état des sommes perçues sur le titre d'allocation provisoire par elle délivré.

Il appartient en outre à la Sous-Intendance d'arrêter tout paiement sur le livret de grand invalide, au cas, bien entendu, où elle en aurait délivré.

Les premiers arrérages sur le titre nouveau sont donc payés sur production de la feuille de décompte : ils ont pour point de départ le **dernier** terme payé sur le titre originaire (1).

Pensions mixtes. Définition. — La situation spéciale des militaires de carrière ou des anciens militaires de carrière déjà retraités a été réglementée par les art. 59 et 60 de la loi du 31 Mars 1919. Ces textes accordent aux militaires ci-dessus visés, lorsqu'ils sont atteints de blessures ou d'infirmités résultant d'évènements de guerre, d'accidents de service ou de maladies, un droit d'option entre la pension d'invalidité au taux fixé pour tous les mobilisés et une pension mixte. Cette pension mixte est liquidée en tenant compte d'une part des services et d'autre part du préjudice causé par les blessures ou les infirmités.

Les articles 59 et 60 distinguent pour établir les droits à la pension entre deux catégories de bénéficiaires :

1. — Les militaires de carrière qui n'ont obtenu, en vertu de la législation antérieure à la loi du 31 Mars 1919, au moment de la réforme, ni une pension d'ancienneté, ni une pension de réforme, ni une pension proportionnelle, et qui ne peuvent y prétendre ;

2. — Les militaires déjà pensionnés en vertu de la législation antérieure ou en possession de droits, en vertu de cette législation, soit à une pension d'ancienneté, soit

____

(1). Circ. de la Comp. pub. du 1er Mars 1923 § III.

à une pension proportionnelle, soit à une pension de réforme.

A la première catégorie de militaires s'applique l'art. 59. Cette catégorie comprend, précise l'article, les officiers de carrière et les militaires rengagés « qui n'ont « pas accompli un nombre suffisant d'années de ser- « vices pour avoir déjà droit soit à la pension propor- « tionnelle, soit à la pension d'ancienneté. » Lorsqu'ils auront été réformés « pour infirmités attribuables au « service qu'ils ont rempli pendant la guerre actuelle » ces militaires peuvent obtenir après avoir formulé leur option, une pension mixte établie sur les bases ci-après:

1°. — D'abord il leur est alloué une pension calcu- lée sur la durée de leurs services et d'après leur grade. Cette pension comprend autant de trentièmes (ou de vingt-cinquièmes suivant l'arme) du minimum de la pension d'ancienneté de leur grade que d'années de service : elle est augmentée des annuités correspondant aux campagnes ;

2°. — Une pension supplémentaire d'invalidité, uni- forme pour tous les grades et égale à la pension d'inva- lidité allouée à un soldat. Elle est proportionnelle au pourcentage de l'invalidité.

L'article 60 permet d'attribuer, sur leur option, une pension mixte aux militaires de la deuxième catégorie, c'est-à-dre à ceux qui sont déjà « titulaires d'une pen- « son d'ancienneté, d'une pension proportionnelle ou « d'une pension de réforme ou en possession de droits « à l'une de ces pensions et qui auraient été atteints au « cours de la guerre, d'infirmités susceptibles d'ouvrir « droit à pension ou à gratification ». Cette pension mixte comprend : 1° La pension d'ancienneté, la pen- sion proportionnelle, ou la pension de réforme à la- quelle les services accomplis par les militaires leur don- nent droit ; 2° une pension supplémentaire de soldat calculée d'après le taux de l'infirmité (1).

---

(1) Au surplus voici les textes des art. 59 et 60. — Art. 59 : « Les officiers de carrière et les militaires ou marins rengagés « qui n'ont pas accompli un nombre suffisant d'années de ser- « vice pour avoir déjà droit soit à la pension proportionnelle, « soit à la pension d'ancienneté, et qui ont été réformés pour « infirmités attribuables au service qu'ils ont rempli pendant « la guerre actuelle, pourront opter pour une pension compo- « sée, pour chacune de leurs années de service, d'autant de

Caractères communs aux pensions de l'art. 59 et à celles de l'art. 60. Pensions temporaires ou définitives. Majorations d'enfants. — Pour les deux catégories de pensionnés (ceux de l'art. 59 et ceux de l'art. 60), les pensions supplémentaires d'invalidité du taux de soldat sont définitives ou temporaires, selon que l'infirmité est, ou non, incurable. Elles sont accompagnées de majorations pour enfants établies conformément à l'art. 13 de la loi.

Délivrance de deux brevets. — Pour éviter la confusion entre la part qui rémunère les services et celle qui concerne l'invalidité, il est fait deux inscriptions au Grand-Livre et délivré deux brevets (1). Les deux titres portent la mention : Pensions militaires mixtes (D. ou T. Loi du 31 Mars 1919, Art. 59 ou 60, qui est

---

« fractions (1/30 ou 1/25 suivant leur arme et leur grade) du
« minimum de la pension d'ancienneté de leur grade, et aug-
« mentée, pour les campagnes dont ils bénéficient du total des
« annuités d'accroissement. Cette pension sera uniformément
« pour tous les grades, majorés d'une somme égale à la pen-
« sion d'invalidité allouée à un soldat atteint de la même in-
« firmité. La disposition qui précède profitera aux militaires
« réformés pour invalidité avant la guerre et qui auront repris
« du service depuis le 2 Août 1914. »
Art 60. — « Les militaires ou marins titulaires d'une pen-
« sion proportionnelle ou d'une pension de réforme, ou en pos-
« session de droits à une de ces pensions, qui auraient été at-
« teints, au cours de la guerre actuelle, d'infirmités suscepti-
« bles d'ouvrir droit à une pension ou à gratification, peuvent
« opter : 1° soit pour la pension d'infirmité afférente à leur
« grade, le service de cette pension comportant la suspension
« de la pension d'ancienneté, de la pension proportionnelle ou
« de la pension de réforme dont ils auraient la jouissance ou
« qui viendrait à leur être concédée ; 2° soit pour la pension
« d'ancienneté, la pension proportionnelle ou la pension de ré-
« forme, auquel cas il leur sera attribué, à titre définitif ou tem-
« poraire, suivant que l'infirmité est ou non incurable, une
« majoration uniforme pour tous les grades, dont le taux sera
« égal à celui des pensions allouées aux soldats atteints de la
« même infirmité. L'option ainsi exercée, tant en vertu du pré-
« sent art, que de l'art. précédent, sera définitive ; mais dans
« le cas où le militaire ou marin aurait opté pour la deuxième
« alternative, sa veuve ou ses orphelins pourront néanmoins,
« s'ils n'ont droit à réversion que du chef de la pension pour
« infirmités allouées à titre complémentaire, obtenir une pen-
« sion calculée comme si le mari ou le père avait opté pour la
« première alternative. » — V. en outre la Circ. de la Compt.
pub du 3 Juin 1920.
(1) Circ. du 3 Juin 1920. § II.

répété sur les autorisations d'inscrire (1), fiches et pièces de comptabilité. Des formules spéciales ont été établies pour le titre concernant la part relative aux services.

Majorations de la loi du 25 Mars 1920. — Cette part concernant les services a été majorée conformément à l'article 2 de la loi du 25 Mars 1920. La majoration accordée par cette loi a été appliquée non seulement aux pensionnés de l'article 60 qui avaient incontestablement droit au tarif plein pour les pensions d'ancienneté et au tarif réduit pour les pensions proportionnelles, mais aux pensionnés de l'article 59 qui ont été assimilés aux retraités proportionnels. Toutefois seule la part correspondant aux services peut être majorée, celle qui correspond à l'invalidité suit les règles des pensions de la loi du 31 Mars 1919 et ne comporte aucun autre supplément que les majorations attribuées pour enfants (2).

Cumul. — Les pensions de la loi du 31 Mars 1919 ont été soustraites aux prohibitions de cumul édictées pour les pensions militaires (3). En conséquence, la part correspondant à l'invalidité échappe elle aussi à ces dispositions restrictives. Mais il n'en est pas de même de la part correspondant aux services qui est soumise à toutes les règles établies par les lois et règlements en vigueur pour les pensions militaires. Si donc la part correspondant aux services est représentée par une pension d'ancienneté, toutes les restrictions résultant de la législation en vigueur sont applicables, mais les prohibitions de cumul sont écartées si cette part est représentée par une pension proportionnelle, qu'elle soit calculée d'après les bases ordinaires ou d'après l'art. 59 de la loi du 31 Mars 1919, ou par une pension de réforme. Le brevet porte une mention spéciale lorsque la pension concédée en rémunération des services est

---

(1) Les brevets sont de l'ancien modèle pour les pensions temporaires.

(2). Circ. du 13 Juin 1921 § VII.

(3). V. article 58 de la loi du 31 Mars § II et III. V. plus loin **IIIe Partie**

soumise aux restrictions de cumul (1). Au cas où les limites de cumul sont dépassées, le paiement de la pension est suspendue jusqu'à ce que la Dette ait avisé le comptable-payeur que les sommes cumulées étaient retenues sur le traitement du pensionné (2).

Différences entre les pensions de l'art. 59 et celles de l'art. 60. — Si, aux divers points de vue qui viennent d'être envisagés et d'une façon générale, les pensions de l'art. 59 ne se distinguent guère de celles de l'art. 60 que par le montant de la part correspondant aux services, elles en diffèrent essentiellement en ce qui concerne le paiement de l'indemnité de cherté de vie accordée par la loi du 12 avril 1922. Cette indemnité n'est payée qu'aux titulaires de pensions d'ancienneté ou de pensions proportionnelles. Seuls par conséquent les pensionnés de l'art. 60 peuvent y prétendre à l'exclusion des pensionnés de l'art. 59 « qui jouissent d'une « pension proportionnelle spéciale dont l'institution « résulte exclusivement des dispositions dudit arti- « cle. » (3). Dautre part les deux pensions qui entrent dans l'attribution d'une pension mixte de l'art. 60 ont une existence indépendante, les droits à la pension d'ancienneté ne sont pas subordonnés à ceux de la pension d'invalidité, et l'invalidité cessant, la pension d'ancienneté est quand même due. Il n'en est pas ainsi pour les pensions de l'art. 59 : alors les droits à la pension rémunérant les services sont conditionnés par les droits créés par l'invalidité et les services ne sont pensionnés que parce qu'ils ont été rendus par un invalide de guerre.

Extinction des temporaires mixtes. — En conséquence, les deux parts qui composent les pensions temporaires de l'art. 59 expirent simultanément lorsque la part relative à l'invalidité est éteinte. Dans la même hypothèse, au contraire, la part d'une pension de l'art. 60 concernant les services reste en paiement. Par suite les deux titres d'une pension temporaire mixte

---

(1). Circ. de la Compt. pub. des 3 Juillet 1920 § IV et du 13 Juin 1921 § VII.

(2) Par application de l'art. 4 de la loi du 5 Sept. 1919.

(3) Instruction du 10 Mai 1922, art. 3 p. 6.

de l'art. 59 sont, lors de l'expiration, retirés des mains du pensionnaire, mais si la pension est concédée en vertu de l'art. 60, le titre correspondant à l'invalidité seul est retenu. Le pensionné continue à toucher les arrérages de la pension d'ancienneté sur le titre correspondant qui lui est laissé (1).

Veuves. — Les pensions mixtes suivent au profit des veuves et des orphelins les règles de réversion des pensions dont elles partagent la nature. La part correspondant aux services est reversible dans le cas où les pensions concédées en raison des services sont reversibles. Par conséquent ni les veuves ni les orphelins dont les maris ou les pères étaient titulaires d'une pension mixte de l'art. 59 ne peuvent prétendre à une pension mixte de réversion. Toutes les pensions mixtes de veuves et d'orphelins sont donc des pensions de l'art. 60 (2), mais toutes les pensions de l'art. 60 ne sont pas réversibles : tel est le cas des pensions mixtes dont les titulaires bénéficiaient d'une pension proportionnelle. Toutefois, au cas où la pension d'invalidité dont leur mari ou leur père était titulaire était supérieure à 60 °/°, la veuve ou les orphelins pourraient, en vertu de l'option qui leur est réservée (3) obtenir une pension de réversion du taux spécial indiqué par la 3ᵉ colonne des tableaux Nᵒˢ 8 et suivants annexés à la loi du 31 mars 1919.

Paiement des premiers arrérages. — Les premiers arrérages des pensions mixtes sont payés sur production de deux certificats de cessation de paiement comportant presque invariablement deux dates de jouissance différentes et délivrées par la Sous-Intendance, l'un pour le premier paiement à effectuer sur le titre correspondant aux services, l'autre pour celui du titre afférent à l'invalidité. Les pensinnés, en effet, reçoi-

---

(1) Circ de la Comp. pub. du II Mars 1922 § VII. — Pour permettre au payeur de faire la distinction, les titres doivent porter la mention de l'article en vertu duquel est effectuée la concession. Si ce renseignement manquait, les deux titres devraient être retirés le titre d'invalidité parce qu'expiré, le titre correspondant aux services pour être rectifié.

(2) Elles comportent, par conséquent, l'attribution de l'indemnité de cherté de vie.

(3) . Art 60 in fine.

vent, après la décision de la commission de réforme, un titre d'allocation provisoire d'attente et des mandats d'avance sur la pension d'ancienneté. Les brevets ou livrets sont confectionnés par la Dette, puis commuqués à la Sous-Intendance qui retire des mains des pensionnés le titre d'allocation provisoire d'attente, arrête l'ordonnancement et le paiement des avances, et enfin établit les deux certificats de cessation de paiement correspondant à chaque titre de pension.

Rappels. — Dans le délai règlementaire des trois mois qui suivent le paiement des premiers arrérages ges, doit s'effectuer, comme pour les autres pensions de la loi du 21 Mars 1919, le paiement du rappel sur production de la feuille de décompte. Ce document est établi en un exemplaire unique pour les deux pensions. Il est arrêté aux deux dates de la délivrance de chacun des deux certificats de cessation de paiement (1). Les inscriptions portées à son débit présentent les particularités ci-après.

Précompte des arrérages payés sur l'ancienne pension. — Il arrive très fréquemment que les bénéficiaires d'une pension mixte étaient, au moment de la concession, déjà titulaires d'une pension ancienne (pension d'ancienneté de la loi du 11 Avril 1831, pension proportionnelle, pension d'invalidité de la loi du 31 Mars 1919). La pension mixte est délivrée « sauf déduction des sommes perçues » sur cette ancienne pension et les arrérages ainsi perçus doivent être prélevés sur la pension mixte de remplacement à compter de la date de jouissance : le précompte ressort des inscriptions portées à la première partie de la feuille de décompte.

Précompte de l'allocation temporaire aux petits retraités. — Comme accessoire de la pension d'ancienneté ou de la pension proportionnelle, ou de la pension d'invalidité au taux de la loi du 11 avril 1831 dont ils pouvaient bénéficier avant la concession de leur pension mixte, les pensionnaires de l'art. 59 et ceux

____

(1) Cette formalité n'est pas toujours observée. Pour la vérification, il y a lieu souvent de se reporter à la deuxième partie de la feuille de décompte qui contient ce renseignement.

surtout de l'art. 60 ont pu percevoir l'allocation temporaire aux petits retraités de l'Etat. Cette allocation a été concédée jusqu'au 31 Décembre 1919 inclus et, à partir de cette date, elle a été remplacée par la majoration de la loi du 25 Mars 1920 avec laquelle elle n'est pas cumulable. L'allocation perçue postérieurement doit donc être précomptée, lorsqu'elle a été cumulée avec la majoration. Ce cumul n'apparaît pas sur les feuilles de décompte : il est révélé par les certificats délivrés par les Préfets (1). C'est aux Trésoriers généraux qu'incombent l'examen et la vérification de ces documents, et le soin d'effectuer, s'il y a lieu, les prélèvements des sommes indûment perçues (2).

En effet, aucune inscription concernant l'allocation ne doit figurer au crédit de la feuille de décompte. Cette inscription serait inutile puisqu'une inscription correspondante devrait figurer simultanément au débit, qu'il s'agisse de pensionnés ayant joui d'une pension d'ancienneté ou proportionnelle, ou d'une pension de réforme d'avant-guerre, ou d'une pension d'invalidité de la loi du 31 Mars 1919. Toutefois, si l'allocation avait été *irrégulièrement* perçue, elle serait précomptée en totalité au pied de la feuille de décompte (3).

Remboursement des avances. — Les titulaires de pensions mixtes, qu'ils soient pensionnés en vertu de l'art. 59 ou en vertu de l'art. 60, ont pu recevoir des avances sur la part de leur pension qui correspond à l'ancieneté en invoquant soit le bénéfice du décret du 18 Juin 1919, soit celui des décrets antérieurs. Il en est de même pour les veuves des pensionnés de l'art. 60 (4). Il a été exposé plus haut qu'en règle générale ces avances doivent être récupérées sur les pensions d'ancienneté au moyen d'ordre de reversement émanant des Sous-Intendants ordonnateurs (5). Ces ordres de reversements ne sont pas établis pour les pensions mixtes : la récupération s'effectue par une inscription au débit de la feuille de décompte (qui est unique, ainsi

---

(1). Certificat modèle Nº 2 de l'instruction du 24 Février 1920.
(2). Circ. de la Compt. pub. du 25 Sept. 1921 § II.
(3) V. Circ. de la Compt. pub. du II Mars 1922 § VI.
(4) En vertu du décret du 20 Octobre 1919.
(5) V. IIᵉ partie, Chap. 1ᵉʳ,

qu'il vient d'être expliqué, pour les deux pensions). La
vérification des inscriptions portées sur la feuille s'effectue au moyen de l'autorisation de paiement des avances qui est jointe aux justifications du dossier financier. Si aucune avance n'a été consentie, un certificat
spécial le constate qui est annexé également au dossier. Les sommes perçues sont obligatoirement déduites du reliquat de la feuille de décompte dont le solde
seul doit figurer en dépense (1).

Certificat de cessation de paiement de la solde. — Le
paiement du rappel des pensions mixtes offre une dernière similitude avec le paiement des premiers arrérages des pensions d'ancienneté. Les arrérages de la
part correspondant aux services des pensions des art.
59 et 60 ont pour point de départ le jour de la cessation
des services. Aucun rappel d'arrérages, en conséquence, ne peut être payé sur une pension mixte sans
la production d'un certificat de cessation de paiement
de la dernière solde d'activité et de radiation des contrôles délivré par la Sous-Intendance. Ce certificat est
joint au dossier financier accompagnant la feuille de
décompte (2).

Renouvellement des temporaires. — Les pensions
temporaires mixtes sont concédées pour deux ans,
comme toutes les pensions temporaires de la loi du 31
Mars 1919. Arrivées à expiration elles peuvent être renouvelées, après examen médical si l'infirmité n'est
pas devenue incurable, ou si elle n'a pas disparue, ou
si elle n'est pas devenue inférieure à 10 0/0. Lorsqu'une nouvelle concession intervient pour une pension mixte de l'art. 59, les premiers arrérages et le rappel de la nouvelle pension sont payés sur production
de deux nouveaux certificats de cessation de paiement
et d'une feuille de décompte, selon les règles applicables à la pension primitive. Il n'en est pas de même
pour les pensions mixtes de l'art. 60. A l'expiration de
la pension temporaire de cette nature, ainsi qu'il a été
dit plus haut, le titre correspondant à l'invalidité

---

(1) Circ. de la Compt. pub. du 25 Sept 1921 § III.
(2). Circ. du 13 Nov. 1923 § III

seul est retiré, celui qui correspond aux services est laissé entre les mains du pensionnaire qui continue à en percevoir les arrérages. La Dette procèdera à la délivrance du nouveau titre et en informera la Trésorerie générale (1). Il incombera à celle-ci de se faire représenter le brevet ou le livret correspondant à la pension d'ancienneté afin d'y rectifier la mention de référence à la pension d'invalidité (en inscrivant le numéro de la pension nouvellement concédée) et d'annoter ses fiches ou registres.

Lors du paiement du rappel sur la pension nouvellement concédée, il sera produi une feuille de décompte. Ce document ne comportera plus ni au crédit ni au débit aucune inscription des sommes dues sur l'ancienne pension. Elle sera seulement revêtue d'un mention de référence au titre correspondant aux services.

Toutefois si la nouvelle feuille de décompte se solde par un précompte, ce précompte sera prélevé aussi bien sur la part correspondant aux services que sur celle qui correspond à l'invalidité (2).

Imputation. — Les pensions mixtes sont payées comme toutes les pensions de la loi du 31 Mars 1919 sur le budget des Dépenses recouvrables. Il n'y a donc pas lieu de distinguer, au point de vue de l'imputation, entre la part correspondant à l'ancienneté et celle qui concerne l'invalidité. Cependant les accessoires de la pension d'ancienneté, majoration de la loi du 25 Mars 1920, le complément et l'indemnité de cherté de vie, sont portés en dépense au compte Dette publique (3).

Allocations temporaires spéciales attribuées aux grands invalides. — L'exposé des principes qui président au paiement des arrérages des pensions de guerre doit être complété par l'indication des règles concernant le paiement des allocations supplémentaires dont bénéficient les grands invalides.

----

(1). Par une note d'un modèle règlementaire qui sera transmise à l'Agent contrôleur du paiement des pensions qui lui-même avisera la Dette de la suite donnée à l'opération de rectification. (Circ. du 13 Nov. 1923. Lettre commune de la Compt. pub du 8 Avril 1924.)

(2) Circ de la Compt. pub. du 1er Mars 1923 § IV.

(3). Circ de la Compt. pub. du 11 Mars 1922 § VIII.

Indépendamment des avantages qui leur ont été concédés par la loi du 31 Mars 1919 (1), les invalides dont
l'invalidité atteint au moins 85 0/0 perçoivent des allocations spéciales temporaires instituées par les lois de
Finances du 31 Juillet 1921 et du 31 Décembre 1921 art.
138 (2).

Paiement .— Ces allocations sont ordonnancées par
les Sous-Intendances et perçues au moyen de livrets
munis de coupons trimestriels, aux échéances fixes des
1er Janvier, 1er Avril, 1e. Juillet, 1e. Octobre, et payables
chez les percepteurs sur présentation du titre de pension (titre définitif ou titre d'allocation provisoire d'attente) dont elles sont l'accessoire (3). Elles font l'objet
après la liquidation, d'un avis d'émission établi par les
Sous-Intendances et transmis aux percepteurs, sous
bordereaux, par les comptables supérieurs. Elles sont
payées dans les mêmes conditions que les allocations
provisoires d'attente.

Contrôle. — Le rôle des comptables du Trésor n'est
pas limité au paiement du montant des coupons. Ils
ont l'obligation de contrôler la liquidation (4). Ils doivent donc s'assurer que l'allocation n'est pas accordée
pour une invalidité inférieure à 85 0/0 et que son montant n'est pas supérieur au taux fixé par les lois et décrets. Ils vérifient de plus si l'allocation est toujours
due, si les pensions, majorations d'enfants, allocations
provisoires d'attente sont toujours en cours de paiement et si leurs dernières échéances ont été payées, si
le taux de l'allocation ne doit pas être modifié, par suite

---

(1) Et notamment par les art. 10 et 12. Les surpensions accordées par ces art. sont liquidées en même temps que la pension principale à laquelle elles s'ajoutent et sont payés de la
même façon que les arrérages trimestriels dont elles ne se distinguent en aucune façon.

(2). Et complétées par le Décret et l'instruction interministé
rielle du 5 Août 1920 modifiées par le Décret et l'instruction interministérielle du 10 Fév. 1922. V. Circ. du II Mars 1922 § IX.

(3). Circ. de la Compt. pub. du 19 Sept. 1922 § V.

(4). Circ. de la Compt. pub. du 10 Sept. 1920 § IX.

de l'expiration des majorations pour enfants, si la pension n'est pas expirée par suite du décès du titulaire ou pour une cause d'extinction quelconque. La vérification s'effectue par comparaison avec les renseignements donnés par le titre de pension. Les Trésoriers généraux pourront au besoin avoir recours à leurs registres et à leurs fiches (1). Si le contrôle fait apparaître des sommes irrégulièrement perçues, ils se mettront en rapport avec les Sous-Intendances pour régularisation et reversement.

Imputation. — Les paiements sont effectués au C divers s/c de paiements à régulariser.

Telles sont les règles applicables au paiement des pensions de la loi du 31 Mars 1919. Si après l'analyse de ces règles, on tente leur synthèse, on est ramené à la constatation faite au début de ce chapitre : le caractère essentiel, l'originalité du nouveau mode de paiement inauguré pour les pensions de cette nature, c'est d'une part l'intervention des Sous-Intendances dans la liquidation des premiers arrérages et, d'autre part, la scission du paiement de ces premiers arrérages en deux opérations successives : paiement de ces premiers arrérages proprement dit et paiement du rappel. Ce système est théoriquement parfait. Il convient de reconnaître les services qu'il a rendus en permettant d'aller vite. Il ne peut être passé sous silence cependant qu'il est, dans la pratique, extrêmement compliqué, malgré les simplifications apportées, et qu'il n'offre peut-être pas une garantie absolue pour le Trésor. La sûreté des opérations de paiement des rappels repose sur la sincérité des questionnaires. Cette sincérité, qui n'est pas toujours aisément contrôlable, n'est garantie que par les sanctions prévues à l'art. 5 de la loi du 5 Sept. 1919, d'une application difficile. D'un autre côté, le compte des sommes qui figurent au doit et à l'avoir des pensionnés et l'établissement de la feuille de décompte constituent une opération des plus délicates. Elle entraîne parfois des erreurs de la part des fonctionnaires initiés et presque toujours, elle reste inexplicable, malgré les démonstrations les plus docu-

____

(1) Circ. de la Compt. pub. des 20 Sept. 1922 § VI et 14 Juin 1923 § IV.

mentées, aux yeux des pensionnés qui se croient invariablement, lorsqu'un précompte est constaté à leur charge, victimes de l'arbitraire administratif, et ne s'inclinent que devant ce qu'ils imaginent, en intime conviction, l'expression du fait du prince.

Aussi ce mode de paiement imposé par les circonstances est-il resté particulier aux pensions de guerre (1) mais l'étude de son mécanisme est d'une importance capitale, car les pensions de guerre font de beaucoup l'objet des paiements les plus nombreux (2) effectués

(1) Sauf les exceptions ci-après : victimes civiles et allocations d'ascendants des pensions bonifiées de la loi du 18 Juillet 1922.

(2) Sur un total approximatif de 2.275.000 pensions inscrites au Grand-Livre, les pensions de la loi du 31 Mars 1919 s'élèvent au chiffre d'environ 1.995.000.

par les caisses du Trésor.

CHAPITRE III

APPLICATION DES LOIS POSTÉRIEURES
A LA LOI DU 31 MARS 1919

Victimes civiles. — Taux. — Réversibilité. — Majorations
d'enfants. — Insaisissabilité et recours. — Cumul. — Cumul avec les pensions. — Cumul avec les allocations. —
Cumul de la pension et du demi-traitement. — Liquidation.
— Paiement. — Date de jouissance. — Paiement des premiers arrérages. — Paiement du rappel. — Renouvellement des temporaires expirées.
Majorations de la loi du 25 Mars 1920. — Bénéficiaires. —
Taux. — Minimum. — Allocation trimestrielle. — Complément. — Titulaires de plusieurs pensions. — Veuves en
secondes noces en concours avec des orphelins d'un premier lit. — Application des règles générales d'insaisissabilité et de cumul. — Liquidation. — Paiement. — Date
de jouissance. — Précompte des allocations temporaires
sur les rappels de majoration. — Pensions révisées pour
reprise de service pendant la guerre. — Pensions nouvellement concédées.
Indemnités de cherté de vie. — Bénéficiaires. — Taux. —
Cumul. — Point de départ. — Liquidation et paiement. —
Imputation.
Bonifications de la loi du 18 Juillet 1922. — Bénéficiaires. —
Taux. — Majorations de l'article 10 de la loi du 31 Mars
1919. — Majorations pour enfants. — Allocations spéciales aux grands invalides et majorations supplémentaires.
— Supplément temporaire. — Veuves et orphelins. — Ascendants. — Liquidation. — Paiement des premiers arrérages. — Imputation. — Paiement des majorations pour
enfants, des allocations aux grands invalides et des allocations d'ascendants.

Après le vote de la loi du 31 Mars 1919, sont intervenus, en série, plusieurs textes législatifs élaborés dans
le but de compléter les lacunes de la législation alors

en vigueur et d'améliorer la situation des titulaires de
pensions anciennes. Ce sont, dans l'ordre chronologi-
que, la loi du 24 Juin 1919 sur les victimes civiles de la
guerre, celle du 25 Mars 1920 qui accorde des majoration saux titulaires de pensions d'ancienneté, celle du
12 Avril 1922 qui alloue à la même catégorie de pensionnaires une indemnité de cherté de vie et celle du 18
Juillet 1922 qui attribue aux réformés d'avant-guerre
des bonifications destinées à assimiler leurs pensions
à celles dont bénéficient les invalides de la guerre.

Victimes civiles. — La loi du 31 Mars 1919 ne s'applique qu'aux militaires et à leurs ayants droit. Elle n'accorde aucune « réparation » aux autres victimes de la
guerre, les victimes civiles. La loi du 24 Juin 1919 ré-
pare cette omission (1) : elle reconnaît un droit à pen-

sion à « tout Français sans distinction d'âge ou de
sexe » devenu infirme à la suite de blessures ou de maladies résultant de faits de guerre et définit les pré-
somptions qui servent de base au droit à pension. Lorsque l'infirmité tirant son origine de faits de guerre est
établie, la loi du 24 Juin 1919 considère que la victime
ou ses ayants droit pourront, dans les mêmes conditions que les militaires ou leurs ayants droit « se pré-
« valoir des dispositions de la législation sur les pen-
« sions militaires ». C'est donc cette législation qui, en
principe, s'applique aux pensions allouées aux victimes
civiles qui sont assimilées aux pensions militaires de la
loi du 31 Mars 1919, notamment au point de vue du
taux, du droit à réversion des veuves, des orphelins et
des ascendants, des majorations pour enfants, des règles générales concernant la saisissabilité, les recours,
le cumul, la liquidation et le paiement.

---

(1). De ce caractère supplétif de la loi du 24 Juin 1919, se déduit la conséquence ci-après : lorsqu'une victime peut prétendre à la fois à une pension de la loi du 31 Mars 1919 et à une
pension de la loi du 24 Juin 1919, il ne lui est concédé qu'une
seule pension au titre de la loi du 31 Mars 1919. Cette pension
tient compte de tous les droits du bénéficiaire. Le Préfet saisi
de la demande se met en rapport avec la Sous-Intendance et lui
transmet le dossier de victime civile. (Voir circ. de la Compt. publique du 19 Mars 1923 § IV.)

Taux. — Le montant de la pension est fixé au taux prévu par la loi du 31 Mars 1919 pour la pension de soldat. Toutefois, lorsque la victime est mineur de 18 ans, ce taux est réduit de moitié (1).

Reversibilité. — Si la victime vient à décéder après l'âge de 12 ans, le droit à réversion est reconnu dans les conditions prévues par la loi du 31 Mars 1919, au profit de la veuve, des orphelins et des ascendants. Les orphelins d'une femme victime de guerre ont les mêmes droits, même en cas de survie de leur père, que les orphelins d'une victime du sexe masculin (2).

Enfin les ayants droit d'une victime civile disparue sont traités comme ceux d'un soldat disparu (3).

Majorations d'enfants. — Les pensions des victimes civiles sont augmentées de majorations pour enfants. Toutefois au cas où les pères et mères seraient tous deux titulaires des pensions comportant des majorations, les majorations accessoires de la pension du père entraîneraient la suppression de celles qui pourraient être allouées à la pension de la mère, l'une des deux pensions seule pouvant être majorée (4). Il y a lieu de remarquer que l'augmentation du taux de la majoration accordée par la loi du 15 Juillet 1922 ne s'applique qu'aux veuves. Celles-ci seules bénéficient d'une majoration de 500 frs par enfant. Les victimes civiles elles-mêmes, fussent-elles du sexe féminin, ne bénéficient que d'une majoration de 300 frs par enfant (5).

Insaisissabilité et recours. — Les règles concernant l'insaisissabilité et les recours sont de tout point semblables pour les pensions de vicitmes civlies à celles des pensions de la loi du 31 Mars 1919 (6).

Cumul. — Il en est de même des règles relatives au

------

(1) Art. 3 de la loi.
(2) Art. 1er de la loi § 2.
(3) Art. 1 er § IV.
(4) Art. 4 § 2. Instruction interministérielle du 4 Août 1921 p. 3 et 4
(5) Circ. de la Compt. pub. du 21 Juillet 1922 p. 9.
(6) Art. 6 de la loi.

cumul (1) qu'elles concernent le cumul des pensions ou celui de la pension avec les allocations, le demi-traitement, les demi-salaires et leurs accessoires.

Cumul des pensions. — Les règles du cumul des pensions s'appliquent avec les modalités ci-après. Il n'est pas possible, en raison du même fait, de cumuler une pension de victime civile avec une pension d'invalidité de la loi du 31 Mars 1919, de même qu'il est interdit de cumuler deux pensions d'invalidité au titre de cette dernière loi. Par conséquent il n'est pas permis de percevoir à la fois, par exemple, les arrérages d'une pension de veuve de guerre et ceux d'une pension de veuve de victime civile. Mais le cumul est autorisé pour deux pensions de victimes civiles ou pour une pension d'invalidité de la loi du 31 Mars 1919 concédée à des titres différents, par exemple pour une pension de veuve et une allocation d'ascendant, pour une pension d'invalide et une allocation d'ascendant (2).

Les orphelins de père et de mère, au cas où ceux-ci seraient décédés tous deux à la suite d'évènements de guerre, peuvent cumuler les deux pensions principales du chef de leurs deux parents. Mais ils ne pourraient cumuler les majorations. En aucun cas, les enfants ne peuvent donner lieu à la concession de majorations à la fois du chef de leur père et du chef de leur mère.

Une veuve ne peut cumuler deux pensions de veuves de l'une ou de l'autre des deux lois.

Les fonctionnaires, employés et agents civils de l'Etat, des départements, des communes, des établissements publics et des colonies, retraités ou en possession de droits à la retraite et leurs ayants droit peuvent cumuler leur pension d'ancienneté avec une pension de victime civile. Toutefois, comme pour les pensions d'invalidité, il est nécessaire que cette pension soit égale ou supérieure au taux de 60 0/0. Cependant le cumul est interdit dans le cas où la pension dont ils sont déjà titulaires aurait été concédée, en vertu de l'option accordée par les lois du 14 Mars 1915 et du 25 Avril 1919, sans tenir compte de la durée des services.

---

(1)-Eod. loc.
(2) Circ de la Compt. pub. du 5 Août 1921 et Instructions interministérielle du 14 Août 1921 p. 3.

De même, conformément aux règles en vigueur pour les pensions de la loi du 31 Mars 1919, les victimes civiles ne peuvent cumuler leur pension avec une rente-accident de travail ou une rente viagère servie par une compagnie de chemin de fer.

Cumul avec les allocations. — Les pensions de victimes civiles ne peuvent être cumulées avec les allocations des lois du 5 Août 1914, 9 Avril, et 28 Avril 1916. La concession d'une pension de victime civile entraîne la radiation de la liste des allocataires. Les sommes perçues postérieurement à la date de concession doivent être déduites du montant des arrérages (1). Si les sommes perçues au titre des allocations sont supérieures au montant des arrérages de la pension, la pension est suspendue, mais aucun reversement n'est prescrit (2).

Cumul de la pension et du demi-traitement. — Les demi-traitements, demi-salaires et accessoires dont les veuves et ascendants de victimes civiles, fonctionnaires de l'Etat, des départements, des communes ou des établissements publics auraient bénéficié ne sont pas cumulables avec la pension de veuve ou d'ascendant de victime civile. Ces émoluments doivent être précomptés sur les arrérages de la pension si leur montant est inférieur à celle-ci. S'il est supérieur, la pension est suspendue et la différence reste acquise au pensionnaire. Les sommes ainsi perçues sont inscrites au débit de la feuille de décompte pour les fonctionnaires de l'Etat. Pour les agents des autres collectivités, la Préfecture provoque un ordre de reversement au C/Recettes à classer.

Liquidation. — La liquidation des pensions de victimes civiles s'effectue, d'après les règles ci-dessus exposées, par le Ministre des Pensions saisi par les Préfets des demandes formulées par les victimes ou leurs ayants droit. La Dette procède à la révision de la liquidation et délivre le titre sous forme de livret, pour les

---

(1). Art. 10 du Décret du II Août 1920.
(2) Pour plus de détails, v. l'instruction interministérielle précitée p. 8 et sq.

victimes directes, et sous forme de brevet pour les pensions temporaires, les pensions de veuves et d'orphelins et pour les allocations d'ascendants. Ce titre est transmis au Ministère des Pensions, puis à la Préfecture qui fait procéder à la remise par le Maire.

Paiement. Date de jouissance. — Le point de départ de la jouissance des pensions de victimes civiles a été fixé par la loi du 28 Juillet 1921. Cette loi, dans son article 2, distingue les pensionnés titulaires de pensions directement concédées qui à la date de la promulgation de la loi du 24 Juin 1919 remplissaient les conditions prescrites par l'art. 1er de cette loi, ceux qui n'ont rempli ces conditions que postérieurement, — et ceux qui n'ont que des pensions de réversion. Pour les premiers le point de départ est la date de promulgation de la loi du 24 Juin 1919, — pour les seconds, c'est la date du jour de la demande. Pour les veuves, orphelins et ascendants, la loi renvoie aux règles applicables aux pensions militaires de la loi du 31 Mars 1919.

Ainsi donc les pensions des victimes civiles sont payées à compter de la date fixée comme il vient d'être dit. Mais depuis cette date il se peut que le pensionné, non encore en possession de son titre, ait continué à percevoir divers émoluments (pension, demi-traitement, allocations), non cumulables avec sa pension de victime civile. Il y a lieu, comme pour les pensions de la loi du 31 Mars 1919, d'arrêter le paiement de ces émoluments et d'en établir le décompte. Il est procédé dans ce but de la manière suivante.

Paiement des premiers arrérages. — Dès que les titres de pensions de victimes civiles sont parvenus à la Préfecture, celle-ci procède immédiatement à la radiation des pensionnés sur les listes d'allocataires (1). Puis elle leur adresse un questionnaire en double exemplaire. Lorsque ce document lui fait retour avec les réponses et les pièces annexes, la Préfecture se trouve en situation de provoquer le rejet ou l'ajournement du

---

(1). Qu'ils soient bénéficiaires d'une allocation militaire de la loi du 9 Avril 1915 ou d'une allocation de victime civile de la loi du 28 Avril 1916. V. l'instruction interministérielle du 4 Août 1921, p. 14

paiement de la pension, si le questionnaire révèle un cumul prohibé. S'il n'existe aucun empêchement au paiement, le titre est transmis au Maire pour être remis au pensionné en même temps, s'il sagit d'un brevet de l'ancien modèle, qu'un certificat indiquant la date d'expiration de la période de rappel (et d'arrêt de la feuille de décompte). S'il s'agit d'un livret, cette date est indiquée par une annotation portée sur le coupon destiné à tenir lieu de certificat. Le pensionné commence à toucher ses arrérages à partir de cette date.

Paiement du rappel. — Après vérification des réponses du questionnaire, au moyen des listes d'allocataires, ou des renseignements fournis par les autres Préfectures ou donnés par les Administrations auxquelles appartenait le pensionné, les Préfets fixent le montant des précomptes à exercer sur les premiers arrérages et notifient leurs arrêtés de compte aux pensionnés. Après avoir reçu leurs réponses qui doivent intervenir dans les huit jours, ils établissent définitivement le décompte, sur une feuille analogue à celles qui sont employées par les Sous-Intendants pour les décomptes de la loi du 31 Mars 1919.

Les décomptes ont pour point de départ la date de jouissance telle qu'elle est fixée par la loi du 28 Juillet 1921 et sont arrêtées au jour de la radiation des listes d'allocataires ou, si les pensionnés ne figurent pas sur ces listes, à une date antérieure de trois mois à la première échéance trimestrielle (1).

Sont inscrits 1° au débit, les allocations et demi-traitements perçus pendant la période de rappel ; 2° au crédit, le montant des arrérages de la pension de victime civile pendant la même période. Si le débit est supérieur au crédit la pension est suspendue. Dans le cas contraire ,le solde net est payé au pensionnaire.

Toutefois lorsque le pensionné a perçu indûment, le résultat de la feuille de décompte peut se traduire par un précompte qui est retenu par prélèvements du cinquième sur les arrérages à échoir de la pension. Les allocations irrégulièrement perçues figurent au pied de la feuille de décompte. Pour les autres inscriptions à porter sur cette feuille, sont indifféremment utilisées

---

(1). V. l'instruction interministérielle du 4 Août 1921 p. 18.

la première ou la deuxième partie du modèle de la Sous-Intendance.

La feuille de décompte est arrêtée en toutes lettres, transmise avec le questionnaire à la Trésorerie générale pour être vérifiée, puis retournée par celle-ci à la Préfecture après détachement de l'avis de délivrance, enfin remise au pensionné et payée.

Renouvellement des pensions temporaires expirées. — Il est attribué aux victimes civiles des pensions temporaires tant que l'infirmité n'est pas reconnue incurable. Ces pensions sont renouvelables comme les pensions temporaires militaires. Lorsqu'une pension temporaire de victime civile arrive à expiration, le titre est retiré par le comptable assignataire et revêtu par lui d'une mention d'annulation puis transmis à la Préfecture liquidatrice. Si le rappel a été payé, le titre est annexé au dossier de rappel des arrérages du titre de la pension nouvelle qui viendrait à être concédée. Si le rappel n'a pas encore été payé sur le titre expiré, ce titre est communiqué par la Préfecture avec la feuille de décompte qui le concerne puis retourné par la Trésorerie générale à la Préfecture pour être produit à l'appui du paiement du rappel de la pension de remplacement, à moins qu'il ne soit délivré qu'une seule feuille de décompte pour le paiement simultané des deux rappels sur les deux titres successifs. En ce cas le titre expiré est point au dossier de rappel (1).

En résumé les principes du paiement des pensions de la loi du 31 Mars 1919 et notamment les règles du paiement des premiers arrérages et des rappels sur feuille de décompte ont été adaptés au paiement des pensions des victimes civiles. Ce sont les mêmes règles qui s'appliquent, sauf quelques modalités toutes de détails.

Majorations de la loi du 25 Mars 1920. — Avant de recevoir une solution générale avec la loi du 14 Avril 1924, les problèmes soulevés par la révision des pensions civiles et militaires d'ancienneté se sont posés à maintes reprises et pendant de longues années devant le Parlement. Des réformes partielles avaient abouti à

____

(1) V. Circ. de la Compt. pub. du 26 Mai 1923 § III.

l'institution des allocations temporaires des lois des 18 Octobre 1917, 27 et 30 Avril 1918, 23 Février et 21 Octobre 1919. Ces allocations étaient payées par les percepteurs, sur états dressés et arrêtés par les Préfets au vu du titre de pension et du certificat d'admission, dans les mêmes conditions que les allocations militaies des lois des 5 Août et 9 Avril 1915, ou des allocations de victimes civiles de la loi du 28 Avril 1916. Ces mesures provisoires furent elles-mêmes remplacées (1) par une législation d'attente, celle des majorations de la loi du 25 Mars 1920 qui, bien qu'aujourd'hui disparue, offre un grand intérêt au point de vue du mécanisme des paiements.

Bénéficiaires. — La loi du 25 Mars 1920 accorde à compter du 1ᵉʳ Janvier 1920, une majoration aux pensions « inscrites au Trésor et fondées sur *la durée du* « *service*, quel qu'en soit le montant, quels que soient « l'âge, l'état-civil et la situation de famille des titu- « laires (2) ». Peuvent prétendre à cette majoration les retraités civils ou militaires titulaires d'une pension d'ancienneté ou porportionnelle basée sur la durée des services, leurs veuves et leurs orphelins. Sont écartés expressément par l'article 2 de la loi du bénéfice des dispositions légales : les titulaires des dotations sur les canaux d'Orléans et du Loing, les donataires dépossédés, les pensionnés de l'ancienne liste civile du roi Louis-Philippe, les grands fonctionnaires de l'Empire, les victimes du coup d'Etat du 2 Décembre 1851, les survivants des blessés de Février 1848, les militaires indigènes des troupes coloniales et les fonctionnaires indigène des colonies. A cette liste, il y a lieu d'ajouter les titulaires des pensions accordées à titre de récompense nationale, les titulaires de pensions militaires d'invalidité. leurs veuves et orphelins et notamment les pensonnés de la loi du 31 Mars 1919 et généralement les pensionnés non inscrits au Trésor.

____

(1) Les majorations de la loi du 25 Mars 1920 remplacent les allocations. Elles entraînent donc leur suppresion.

(2) Art 2 de la loi. V. l'instruction du 14 Juillet 1920.

Taux. — Le montant de la majoration est fixé ainsi qu'il suit (1) :
Pour les titulaires de pensions d'ancienneté :
à 100 0/0 pour la part allant jusqu'à 750 frs ;
à 50 0/0 pour la part comprise entre 750 et 1.800 frs ;
a 25 0/0 pour la part comprise entre 1.800 et 6.000 frs;
Pour les veuves et les pensionnés proportionnels :
à 100 0/0 pour la part allant jusqu'à 375 frs ;
à 25 0/0 pour la part comprise entre 900 et 3.000 frs.

Minima. — Le minima de la pension ainsi majorée ne peut être inférieur à 1.500 frs pour les pensions d'ancienneté et à 750 frs pour les pensions proportionnelles ainsi que pour les pensions de veuves et d'orphelins.

Allocation trimestrielle. — La loi maintient, en outre, la situation que possédaient à l'époque de sa promulgation les veuves âgées de plus de 55 ans bénéficiaires de l'allocation des lois des 25 Février et 21 Octobre 1919. Elle leur accorde, à titre temporaire et aussi longtemps que ces textes continueront à recevoir application (art. 3), au cas où la majoration serait inférieure à l'allocation dont elles jouissent, une allocation trimestrielle destinée à parfaire le montant de leur pension et à la porter au montant total des avantages acquis (2).

Complément. — Tel est le régime des pensions concédées avant le 30 Juin 1919. Les pensions concédées postérieurement continuent à être liquidées comme les pensions anciennes, sur la base des anciennes échelles de traitement. Elles comportent une majoration calculée d'après les règles ci-dessus exposées et, en outre, un complément destiné à tenir compte des relèvements de traitement et fixé par les articles 6 et 8 de la loi pour les fonctionnaires et militaires retraités, par les articles 7 et 9 pour leurs veuves et orphelins.

Titulaires de plusieurs pensions. — Veuves en secondes noces en concours avec les orphelins d'un premier lit. — Le montant des majorations est calculé dans les deux cas ci-après en faisant « masse », selon

---

(1) Art. 2 de la loi.
(2) Art. 3 de la loi.

l'expression légale, des pensions, et non séparément sur chacune d'elles :

1° lorsqu'un même pensionnaire est titulaire de plusieurs pensions (1) ;

2° lorsqu'au décès d'un pensionnaire, la pension de réversion est partagée entre sa veuve en secondes noces et les orphelins d'un permier lit (2).

Dans le premier cas, après le calcul de la majoration, et, s'il y a lieu, du complément sur l'ensemble des pensions, une majoration entière est appliquée à l'une des pensions, et, aux autres, une majoration complémentaire réduite. Dans le deuxième cas, la majoration et le complément sont répartis proportionnellement au montant des pensions principales.

Application des règles générales d'insaisissabilité et de cumul. — Les majorations et compléments sont les accessoires de la pension principale et sont soumises aux mêmes règles d'insaisissabilité (3) et de cumul. Si la pension est suspendue, en totalité ou en partie, la majoration et le complément le sont dans la même mesure (4).

Liquidation. — L'application de la loi du 25 Mars 1920 entraînait la révision de toutes les pensions basées sur la durée des services. Cependant l'institution

---

(1) Art. 10 de la loi. V. Circ. de la Compt. pub. du 13 Juillet 1920 § VII La règle qui interdit le cumul de deux majorations est applicable au cas où le pensionné ets à la fois titulaire d'une pensicn de l'Etat et d'une pension à la charge d'un département o'une commune ou d'un établissement public, lorsque ces collec/ivités ont accordés à leurs pensionnés des avantages équivalents à ceux de la loi du 25 Mars 1920. En ce cas la majoration de la pension de l'Etat est payée en totalité, celle qui concerne la pension départementale, communale, etc. subit les réductions nécessaires. (Circ. de la Compt. du 16 Fév. 1921 § II.)

(2) Art. II

(3) Art. 15. Toutefois les allocations trimestrielles sont insaisissables de façcn absolue.

(4) Art. 13. Cependant les majorations de la loi du 25 Mars 1920 n'étaient pas cumulables (décrets du 29 juin 1920) avec l'indemnité exceptionnelle de cherté de vie accessoire du traitement dont pouvaient bénéficier les fonctionnaires retraités, à l'exception des veuves, des orphelins et des titulaires de pensions proportionnelles qui pouvaient cumuler une indemnité exceptionnelle ne dépassant pas 360 Frs. par an. (Circ. de la Compt. pub. du 15 Mars 1921 § V.

d'un forfait sous forme de majoration rendait inutile un nouvel examen des services par les administrations d'origine. La tâche de la révision se trouvait simplifiée et ne nécessitait plus que l'intervention de la Dette pour le calcul de la majoration et du complément.

Le retrait des titres par les comptables fut effectué dans les conditions ci-après. Les pensionnés titulaires de pensions déjà concédées déposèrent, en échange d'un récépissé (ou certificat de dépôt), soit à la Trésorerie générale, soit à la Recette des Finances, soit à la perception de leur résidence, leurs titres accompagnés, s'il y avait lieu, de leurs certificats d'admission à l'allocation temporaire, et, dans tous les cas, d'une *déclaration dite du modèle n° 2* (1). Cette déclaration permettait de constater 1° si le pensionnaire était ou non titulaire d'une autre pension de quelque nature que ce soit (dans la seconde alternative, le pensionnaire indiquait la nature des pensions qui lui étaient concédées ou auxquelles il pouvait prétendre) ; 2° s'il avait été admis ou non à l'allocation temporaire aux petits retraités, et, dans l'affirmative, à quelle perception il en avait touché les derniers arrérages ; 3° enfin, s'il avait ou non repris du service pendant la guerre. (En cas de reprise de service, la période pendant laquelle le pensionné avait été mobilisé devait être précisée). Les certificats d'admission à l'allocation temporaire, et, les déclarations des pensionnés étaient transmis, sous bordereaux récapitulatifs, aux Préfets pour vérification et radiation de la liste des allocataires. Puis les titres et les déclarations certifiées par les Préfets et revêtues par eux, s'il y avait lieu, d'une mention indiquant la date de radiation des listes d'allocataires, étaient adressées à la Dette, toujours sous bordereaux. Les titres de pension étaient ensuite renvoyés aux Trésoreries générales avec les déclarations correspondantes. Les titres revenaient récapitulés dans un nouveau bordereau équivalant à une autorisation d'inscrire, et frappés d'un timbre indiquant le montant de la majoration, et, le cas échéant, pour les veuves, celui de l'allocation trimestrielle ainsi que les dates de jouissance de la majoration et de l'allocation trimestrielle.

---

(1) Modèle annexé à la Circ. de la Compt. pub. du 14 Juin 1920.

Paiement. Date de jouissance. — L'article 1ᵉʳ de la loi du 25 Mars 1920 avait fait rétroagir au 1ᵉʳ Janvier 1920 la mise en application de la réforme. En fait, de nombreux pensionnés perçurent les allocations depuis cette date.

Précompte des allocations temporaires sur les rappels de majorations. — Le rappel des majorations doit être payé sous déduction du montant des allocations perçues depuis le 1ᵉʳ Janvier 1920. Normalement ce prélévement devait entraîner un rétablissement de crédit au compte des allocations. Il fut décidé, par mesure de simplification, que le reversement n'aurait point lieu (1). La liquidation du rappel fut effectuée dans ces conditions par le Trésorier général et inscrite au verso de la déclaration qui constitue ainsi la pièce justificative essentielle du paiement.

Pensions concédées après le 1ᵉʳ Juillet 1919. — Les règles de paiement ci-dessus exposées concernaient les pensions anciennes concédées antérieurement au 30 Juin 1919. Elles ont été appliquées avec une légère modalité pour les pensions concédées postérieurement qui comportaient non seulement l'attribution d'une majoration, mais d'un complément de majoration fixé d'après les articles 6 et 8 de la loi du 25 Mars 1920. L'opération de liquidation du complément ne pouvait plus être faite par la Dette inscrite seule. elle nécessitait l'intervention du Ministre liquidateur. Le paiement s'est effectué différemment pour les pensions militaires et pour les pensions civiles. Pour les premières, il eut lieu en deux fois. La majoration a été payée, après intervention de la Dette. d'après les règles appliquées aux pensions concédées avant le 30 Juin 1919. Puis un titre nouveau a été établi comprenant le complément et le rappel, sur ce nouveau titre, a été payé sous déduction des arrérags perçus pour la période concernant ce rappel sur le titre ancien déjà majoré. Pour les pensions civiles il a été procédé simultanément à la liquidation de la majoration et du complément. Puis le nouveau titre a été délivré et ses arrérages ont été payés

____

(1) V. Circ. précitée du 14 Juin 1920 p. 14.

sur présentation de la déclaration n° 2 accompagnée du certificat d'admission à l'allocation temporaire et sous déduction 1° des arrérages perçus sur l'ancien titre pendant la période que concernait le rappel ; 2° des allocations temporaires perçues depuis le 1er Janvier 1920 ou depuis le point de départ de la jouissance de la pension si la date de jouissance est postérieure.

Pensions révisées pour reprise de service pendant la guerre. — Certains d'entre les pensionnés militaires bénéficiaires de la loi du 25 Mars 1920 se trouvaient dans une situation spéciale : c'étaient ceux qui avaient repris du service pendant la guerre et qui, en vertu de la loi du 16 Avril 1920, pouvaient invoquer des droits nouveaux. La constatation de ces droits entrainait la révision et nécessitait l'interventon du Ministère des Pensions non seulement pour la détermination du complément, au cas où la pension aurait été concédée à compter du 1er Juillet 1919, mais encore pour la liquidation de la pension principale.

Pendant la période de liquidation, le pensionné pouvait, soit continuer à percevoir les arrérages de sa pension ancienne cumulés avec l'allocation temporaire, soit des avances des trois-quarts récupérables sur la pension nouvelle. Les premiers arrérages de la pension révisée et majorée furent payés sous déduction 1° des arrérages perçus sur l'ancien titre ; 2° des avances accordées par l'administration de la guerre et 3° de l'allocation temporaire perçue depuis le 1er Janvier 1920, — et sur production de l'ancien titre, d'un ordre de reversement et du certificat modèle N° 2 accompagné du certificat d'admission à l'allocation temporaire. Au cas où aucune avance n'avait été consentie, il était produit, conformément aux principes généraux, un certificat de non-avances (1).

Pensions nouvellement concédées. — Les pensions concédées à partir du 25 Mars 1920 ont été majorées au

____

(1) Il était permis aux pensionnaires ayant repris du service pendant la guerre, de renoncer, s'ils le jugeaient préférable, au bénéfice de la loi du 16 Avril 1920. En ce cas, leur renonciatior donnée par écrit et dans une forme réglementaire, était annexée au dépôt de leur titre pour majoration (Circ. de la Compt. pub. du 14 Déc. 1920 § II.) Le paiement de la majoration s'effectuait suivant les règles ordinaires.

fur et à mesure de leur concession. La majoration et le complément ont été liquidés en même temps que la pension principale. Les premiers paiements ont été effectués sur production des pièces exigées à l'occasion de tous les premiers paiements : certificat de cessation de paiement, certificat de non-avances ou ordre de reversement. En outre, comme les nouveaux pensionnés avaient pu, sur production d'un certificat de concession de pension ou d'une autorisation de paiement d'avances, obtenir l'inscription sur les listes d'allocataires, il y avait lieu de récupérer sur les premiers arrérages de la pension les allocations perçues depuis la date de jouissance (1) Cette récupération fût effectuée, de la même manière que pour toutes les pensions majorées, au vu du certificat modèle N° 2 qui fut présenté, au moment du paiement, avec les certificats d'admission (2).

En résumé, la principale caractéristique du paiement des pensions majorées, qu'il sagisse de pensions anciennes, de pensions concédées à compter du 1er Juillet 1919, de pensions comportant une révision pour services de guerre, ou enfin de pensions nouvellement concédées, c'est la production du certificat modèle N° 2 nécessitée par le prélèvement de l'allocation temporaire aux petits retraités. Cette nécessité disparut lorsque les listes d'allocataires furent closes. En fait, pour les pensions concédées à partir de Janvier 1922, la production du certificat devient inutile et le paiement des premiers arrérages des pensions concédées à partir de cette date fût effectué suivant les règles ordinaires.

Indemnité de cherté de vie. — Les majorations accordées par la loi du 25 Mars 1920 furent bientôt reconnues insuffisantes, surtout pour les petits retraités dont la situation attira l'attention du législateur. La loi du 12 Avril 1922 intervint pour instituer en leur faveur une indemnité de cherté de vie.

---

(1) Postérieure, par hypothèse, au 1er Juillet 1920.

(2). Pour les détails de l'application de la loi du 25 Mars 1920 V les Circ. de la Compt. pub. des 14 Juin 1920. 13 Juillet 1920 § VII, 10 Sept. 1920 § V, 14 Déc. 1920   § I et II, 30 Déc. 1920   § III et IV, 15 Mars 1921 par. V. 16 Février 1921 par. II.

Bénéficiaires. — La loi accordait à titre temporaire cette indemnité aux petits retraités de l'Etat, c'est-à-dire aux titulaires de pensions d'ancienneté servies par l'Etat et n'excédant pas 4.000 Frs. par an (1). Pouvaient donc prétendre à l'indemnité les titulaires d'une pension militaire (2), d'une pension mixte de l'art. 60 de la loi du 31 Mars 1919 (3), leurs veuves et orphelins, les titulaires d'une pension proportionnelle, les anciens fonctionnaires et agents civils de l'Etat titulaires d'une pension de la loi du 9 Juin 1853, ou d'une pension d'ancienneté à forme militaire, leurs veuves et orphelins, les ministres du culte pensionnés en vertu de la loi du 9 Déc. 1905 (4), les anciens agents de lEtat pensionnés sur des caisses de retraite spéciales telles que celles de l'Imprimerie nationale ou des établissements nationaux de bienfaisance, ou sur la caisse des retraites pour la vieillesse lorsque la pension est constituée avec participation de l'Etat et lorsque les agents comptent au moins 20 années de services rétribués par l'Etat, leurs veuves et leurs orphelins, enfin les anciens fonctionnaires de l'Algérie (5) dont la pension est inscrite pour partie au budget de la métropole. Furent en revanche exclus du bénéfice de la loi : les retraités des départements, des communes, des établissements publics (6 les pensionnés de la loi du 31 mars 1919, les invalides d'avant-guerre ou leurs ayants-droits (7), les victimes

---

(1). Art. 1er de la loi du 12 Avril 1922. V. l'instruction du Ministre des Finances du 10 Mai 1922.

(2). De la guerre, de la marine ou des colonies. Pour ces derniers V. Circ. de la Compt. pub. du 17 Juillet 1922 § XI.

(3). A l'exclusion des titulaires de pensions de l'art. 59 qui jouissent d'une pension proportionnelle spéciale et généralement de tous les pensionée de la loi du 31 Mars 1919. L'indemnité est due cependant aux titulaires de pensions mixtes de l'art. 60 et à toutes les veuves titulaires de pensions mixtes car les pensions mixtes de veuves sont toutes concédées en vertu de l'art 60 (Circ. de la Compt. pub. du 17 Juillet 1922 § XI).

(4). V. Circ du 19 Sept 1922 § VI.

(5) V. Circ. de la Compt. pub. du 18 Janv. 1923 § IV et du 14 Juin 1923 § VI.

(6) Les titulaires d'une pension départementale, communale, etc. qui ne perçoivent pas l'indemnité peuvent néanmoins la toucher comme accessoire d'une pension servie par l'Etat lorsque les deux pensions réunies ne dépassent pas 4.000 Frs. par an. (Circ. de la Compt pub. du 17 Juillet 1922 § XI.)

(7) Ces pensions ont été bonifiées par la loi du 18 Juillet 1922. Elles sont assimilables aux pensions de la loi du 31 Mars 1919. V. Circ. de la Compt. pub. du 18 Janv. 1923 § III.

civiles de la guerre, les titulaires de dotations sur les
canaux d'Orléans et du Loing, les donataires dépossédés, les retraités de l'ancienne liste civile du roi Louis-
Philippe, les blessés de 1848, les victimes du coup d'Etat
du 2 Déc. 1851, les grands fonctionnaires de l'Empire,
les militaires indigènes des troupes coloniales, les invalides de la Marine, les ouvriers mineurs, les assurés
des retraites ouvrières, les titulaires de rentes sur la
caisse des retraites pour la vieillesse, les titulaires de
bureaux de tabac, les bénéficiaires de secours, de traitements de la Légion d'Honneur ou de la Médaille militaire, les retraités des Chemins de fer de l'Etat ou des
réseaux, etc...

Bref, d'une manière générale, le critérium de l'attribution de l'indemnité de cherté de vie, c'était la majoration de la loi du 25 Mars 1920 : toutes les pensions majorées dont le caractère commun était d'être basées sur
la durée des services, étaient appelées, pourvu qu'elles
fussent inférieures à 4.720 Frs. par an, au bénéfice de
l'indemnité entière ou de l'indemnité réduite (1). Seules les pensions mixtes majorées de l'art. 59 de la loi
du 31 Mars 1919 étaient exclues de ce bénéfice, en raison du caractère spécial de la pension proportionnelle
majorée.

Taux. — Le montant de l'indemnité était de 2 Frs.
par jour, soit 60 Frs. par mois décompté pour 30 jours,
pour les pensions ne dépassant pas 4.000 Frs. par an.
« Les retraités dont la pension était comprise entre
4.000 et 4.720 Frs. recevaient une allocation réduite
calculée de manière à porter le total de leur pension
et de l'indemnité temporaire à 4.720 Frs. (2). Dans le
calcul du montant de la pension devaient être compris
tous les accessoires, majorations, compléments et allocations trimestrielles de la loi du 25 Mars 1920, et il devait être fait masse de toutes les pensions et de leurs
accessoires lorsqu'un pensionné était titulaire de plu-

____

(1). V. Circ. de la Compt. pub. du 10 Ma 1922 p. 10 et 11. Ce critérium ne s'appliquait cependant dans toute sa rigueur, qu'aux
pensions inscrites au Trésor. Il n'était pas exact pour les pensions servies par des caisses spéciales (Imprimerie nationale,
établissements nationaux de bienfaisance ou caisse des retraites pour la vieillesse).

(2). Art. 1er § III de la loi du 12 Avril 1922.

sieurs pensions à la charge, soit du budget de l'Etat, soit de celui des départements, des communes, établissements publics, colonies ou pays de protectorat. Dans ce dernier cas, il n'était attribué qu'une indemnité de cherté de vie unique. De même, lorsqu'une pension était partagée entre une veuve et des orphelins d'un premier lit, il était fait masse des parts pour l'attribution d'une indemnité globale et cette indemnité était répartie proportionnellemen aux parts.

Cumul. — Dans les limites ci-dessus définies, l'indemnité de cherté de vie se cumulait avec les majorations, compléments et allocations trimestrielles de la loi du 25 Mars 1920 (1) mais elle ne pouvait être perçue par les retraités fonctionnaires de l'Etat, des départements, des communes, ou des établissements publics qui bénéficiaient d'avantages de même nature comme accessoires de leurs traitements (2). Il appartenait d'ailleurs aux ordonnateurs de ces traitements d'opérer les réductions nécessitées par l'interdiction de cumul (3).

Point de départ. — L'indemnité était accordée à compter du 1er Janvier 1922 (4), ou, pour les pensions concédées postérieurement, à compter de la date de jouissance.

Liquidation et paiement. — La liquidation était une opération simple : elle ne nécessitait ni l'intervention du Ministère liquidateur, ni celle de la Dette. Elle fut effectuée, pour les pensions inscrites au Trésor, par les comptables (5).

(1) Elle était également cumulable avec l'allocation temporaire aux petits retraités, pour les rares pensionnaires qui la touchaient encore (pensionnés des caisses de retraites spéciales).

(2) Toutefois les fonctionnaires retraités qui ne percevaient pas l'indemnité comme accessoires de leur traitement pouvaient la toucher comme accessoire de leur pension, lorsque le traitement et la pension étaient cumulables et dans la limite où ils l'étaient. (Circ. de la Compt. pub. du 17 juillet 1922 § XI).

(3) Il faut observer en outre que l'indemnité de cherté de vie pouvait se cumuler avec les bonifications de la loi du 18 Juillet 1922 dont il va être question ci-après, les pensions bonifiées étant cumulables avec celles de la loi du 31 Mars 1919. (V, Circ. de la Compt. pub. du 27 Mai 1923 § XI).

(4) Art. 1er de la loi du 12 Avril 1922.

(5). Il n'en fut pas de même pour les pensions payées sur des caisses spéciales. En ce cas, l'indemnité fut liquidée par la Pré-

Les rappels d'indemnité ont été payés à partir du 1ᵉʳ Juin 1922, à l'échéance des trimestres exigibles à compter de cette date. Ils ont fait l'objet d'un décompte dont le montant fut mentionné sur le titre, en marge, pour les titres de l'ancien modèle, à la souche du coupon pour les livrets. Lors des échéances ultérieures, une somme de 180 Frs., s'est ajoutée automatiquement, sur les quittances ou les coupons, au montant du trimestre, pour les pensions ne dépassant pas 4.000 Frs., et une somme équivalente au quart de l'indemnité réduite pour les pensions comprises entre 4.000 et 4.720 Frs.

Pour les pensions payables à la poste, les receveurs des postes ont effectué les paiements dans les mêmes conditions, après avoir reçu un avis de la Trésorerie générale leur indiquant le montant du rappel et celui de l'indemnité à appliquer aux trimestres à échoir.

Imputation. — La dépense fut imputée directement sur les crédits de la Dette publique, au chapitre 53 bis. Elle fut l'objet, en fin d'exercice, d'un ordonnancement de régularisation.

La majoration de la loi du 25 Mars 1920 et l'indemnité allouée par la loi du 12 Avril 1922 constituaient un régime transitoire qui a pris fin avec la loi du 14 Avril 1924.

Bonifications de la loi du 18 Juillet 1922. — Les lois des 25 Mars 1920 et 12 Avril 1922 avaient modifié le régime des pensions d'ancienneté. Celui des pensions militaires d'invalidité d'avant guerre était resté inchangé depuis 1831. Or la loi du 31 Mars 1919 créait au profit des invalides de guerre et de leurs ayants-droit une situation privilégiée, lorsqu'on la comparait à celle qui était faite par les lois des 11 et 18 Avril 1831 aux anciens militaires réformés avant le 2 Août 1914 ainsi qu'à leurs veuves et à leurs orphelins. La loi du 18 Juillet 1922 s'est assignée pour objet de faire disparaître cette inégalité. Elle accorda aux anciens retraités désavan-

---

fecture qui dressa des états d'émargements au moyen de renseignements recueillis par elle ou de listes établies par les administrations de la Guerre, de la Marine, des Manufactures de l'Etat, des Postes, de l'Atelier du Timbre, des Monnaies et Médailles de l'Imprimerie nationale et des établissements nationaux de bienfaisance. Les paiements furent effctués par les percerteurs au vu de ces états.

tagés, à leurs veuves, à leurs orphelins et à leurs ascendants, le bénéfice des tarifs de la loi du 31 Mars 1919.

Bénéficiaires. — Les bénéficiaires de la loi, sont d'une part, « les anciens militaires ou marins titulaires de « pensions concédées pour blessures ou pour infirmités « contractées en service antérieurement au 2 Août « 1914 » (1) parmi lesquels il y a lieu de comprendre ceux dont les pensions ont été révisées, en vertu de la loi du 16 Avril 1920, pour reprise de service pendant la guerre (2) et les titulaires de gratification de réforme (3), — et, d'autre part, « les veuves, orphelins des mili-« taires décédés à la suite de blessures ou infirmités « contractées en service antérieurement au 2 Août 1914 » (4), auxquels il faut joindre « les ascendants de « ces militaires ou marins qui pourront obtenir le bé-« néfice des art. 28 à 34 de la loi du 31 Mars 1919 » (5).

Taux des bonifications. — Le but cherché par la loi du 18 Juillet 1922 était l'assimilation des pensions d'invalidité anciennes à celles de la loi du 31 Mars 1919. Elle institue pour remplir cet objet, une bonification destinée à élever les pensions au taux prévu par la loi sur les pensions de guerre et figurant dans ses tableaux annexes. L'assimilation est réalisée, en prenant pour base, d'une part l'équivalence des infirmités telle qu'elle a été établie par la loi du 23 Décembre 1919 (6) et, d'au-

---

(1) Art 1er de la loi du 18 Juillet 1922.

(2). Ces pensionnés ont obtenus une pension majorée. Ils possèdent un droit d'option entre la pension révisée et la pension bonifiée. S'ils optent pour la pension bonifiée, ils adressent une demande à la Dette qui provoque le rétablissement de la pension d'avant-guerre et la remet en paiement après l'avoir bonifiée à compter du 1er Janvier 1922. Cette pension est payée sous déduction des sommes perçues depuis cette date sur la pension révisée (augmentée de la majoration et de l'indemnité de cherté de vie). V. Circ. de la Compt. pub. du 10 Nov. 1922 § 1er.

(3). Les gratifications de réforme sont liquidées et ordonnancées par les Sous-Intendances. Elles sont bonifiées suivant des règles spéciales applicables par les fonctionnaires de l'Intendance

(4) et (5) Art 2 de la loi du 18 Juillet 1922.

(6) Complétant l'art. 65 de la loi du 31 Mars 1919. Cette loi assimile, dans son article unique, les infirmités comprises dans les 1eme et 2eme classes de l'ancien tarif aux invalidités de 100 0/0, les infirmités comprises dans les 3e et 4e classes, à celles de 80 0/0, les infirmités comprises dans la 5e classe, à celles de 60 0/0

tre part, les grades et échelons de solde. L'échelon est
déterminé en considérant la solde dont eut bénéficié
l'invalide en vertu des règlements en vigueur au moment de l'application de la loi du 18 Juillet 1922 (1). La
différence entre le chiffre indiqué au tableau annexe de
la loi du 31 Mars 1919 et déterminé comme il vient d'être
dit et le montant de l'ancienne pension, constitue la
bonification.

Majorations de l'art. 10 de la loi du 31 Mars 1919. —
Cette bonification comporte, le cas échéant, deux accessoires :

1° Lorsque l'invalidité ouvrant le droit à pension
était classée dans les 1ʳᵉ et 2ᵉ classes de l'ancien tarif,
c'est-à-dire égale à 100 0/0 du nouveau tarif, il est accordé par application de l'art. 10 de la loi du 31 Mars
1919 et dans les conditions prévues par ce texte, une
majoration d'un quart de la pension, dite majoration
pour la tierce personne.

Majorations pour enfants. — 2° Lorsque l'invalide a
des enfants mineurs de 18 ans, une majoration pour
enfant est allouée dans les conditions prévues à l'art.
13 de la loi du 31 Mars 1919..

**Allocation spéciale aux grands invalides et majora-
tion supplémentaire.** — En outre les titulaires de pensions bonifiées reçoivent, comme les pensionnés de la
loi du 31 Mars 1919, lorsque l'invalidité est égale à
100 0/0 (2) en conformité du décret du 5 Août 1920 et
de l'art. 138 de la loi du 31 Déc. 1921, l'allocation temporaire spéciale aux grands invalides augmentée, s'il
y a lieu, pour chaque enfant ouvrant droit à une majoration, de la majoration supplémentaire.

---

(1). Les échelons et tarifs de solde fixés par des décrets pris
en execution des lois du 13 Juillet 1911 (Guerre) et 30 Déc. 1913
(Marine).

(2)   Pour les pensions de la loi du 31 Mars 1919, l'allocation
spéciale aux grands invalides est due à partir de 85 0/0. Mais
d'après le taux d'équivalence accordé par la loi du 23 Déc. 1919,
il n'existe pas de degrés intermédiaires pour les pensions anciennes entre 80 et 100 0/0.

Supplément temporaire.— Les titulaires de pensions de réforme concédées antérieurement au 2 Août 1914 bénéficiaient de l'allocation temporaire aux petits retraités. Cette allocation ne peut se cumuler avec la pension bonifiée. Cependant lorsque la pension bonifiée calculée au taux de la loi du 31 Mars 1919 est inférieure au montant des avantages résultant pour le pensionné de la liquidation ancienne, le bénéfice de cette liquidation lui reste acquis (1). Il est alloué, en ce cas, au pensionné *un supplément temporaire* destiné à parfaire le montant de la pension bonifiée. Ce supplément est égal à la différence entre la pension ancienne augmentée de tous ses accessoires (majoration de la loi du 25 Mars 1920 et allocation aux petits retraités) et la pension nouvelle pour laquelle il est fait état de toutes les sommes attribuées au titre de la bonification et, s'il y a lieu, de la majoration de l'art. 10 et de l'allocation spéciale aux grands invalides accrue elle-même de la majoration supplémentaire temporaire.

Veuves et orphelins. — Les veuves et les orphelins ont droit également aux avantages concédés par la loi du 31 Mars 1919 (2). Ils reçoivent en conséquence, une bonification, des majorations pour enfants, et, au cas où ils auraient perçu l'allocation temporaire aux petits retraités, un supplément temporaire. La bonification est destinée à porter la pension, soit au taux exception-

---

(1) Art. 3 de la loi du 18 Juillet 1922. « Les majorations résul-
« tant de l'application des taux prévus par les dispositions qui
« précèdent remplaceront les allocations temporaires accordées
« par les lois des 23 Fév. et 21 Oct. 1919. Toutefois les titulaires
« de pensions qui bénéficiaient de ces allocations avant la pro-
« mulgation de la présente loi et pour lesquels la pension li-
« quidée par application des articles précédents n'atteindrait
« pas le montant de leur ancienne pension augmentée de l'allo-
« cation recevront à titre temporaire et aussi longtemps que
« seront applicables les dispositions législatives concernant les
« allocations, un supplément de pension suffisant pour que leur
« situation actuelle ne soit pas modifiée. »
(2). La loi du 18 Juillet 1922 s'applique à toutes les veuves des anciens militaires réformés sous la régime de la loi de 1831. Il n'y a pas lieu de s'arrêter à la lettre de l'art. 2 qui paraît ne s'appliquer qu'aux veuves et orphelins de militaires décédés à la suite de blessures ou infirmités contractées dans le service antérieurement au 2 Août 1914. Il n'est certainement pas dans la pensée du législateur d'exclure les veuves ou orphelins titulaires de pensions de réversion.

nel, si ce taux a été attribué à l'origine, soit au taux
normal si la veuve ou l'orphelin a obtenu sa pension
au titre du décès, soit au taux de réversion, si leur auteur était déjà pensionné lors de son décès. Il est tenu
compte de l'échelon de solde dans les mêmes conditions que pour les invalides. La majoration est accordée par application de l'art. 19 de la loi du 31 Mars
1919 § 5 et 6. Elle est de 300 Frs. par an, pour la période du 1er Janvier au 15 Juillet 1922 et de 500 Frs. à
compter du 16 Juillet 1922 (1). Le supplément temporaire, est acquis dans les conditions où il l'est pour les
invalides.

Ascendants. — Les ascendants peuvent obtenir les
allocations prévues par les art. 28 à 34 de la loi du 31
Mars 1919, aux conditions prévues par ces textes. L'allocation est attribuée à compter du 1er Janvier 1922,
jour fixé pour l'application de la loi, pour les ascendants
réunissant à cette date toutes les conditions d'attribution, — à compter du jour où ils réunissaient ces conditions pour les ascendants qui ont présenté leur demande avant le 1er Janvier 1923, — à compter du jour
de la demande pour les autres ascendants.

Les pensions bonifiées ainsi concédées participent à
tous les avantages des pensions de la loi du 31 Mars
1919. Elles sont soumises aux mêmes règles d'insaisissabilité et de cumul (2).

Liquidation. — En principe la liquidation est effectuée par la Dette sans intervention ni du Ministre des
Pensions, ni des Sous-Intendances. Toutefois cette intervention est nécessaire pour l'instruction des demandes formulées par les ascendants. En ce cas la procédure se poursuit dans les formes et dans les règles
édictées par l'instruction interministérielle du 24 Fév.
1920. Avant d'entrer en possession de leur titre défini-

------

(1). Par application de la loi du 15 Juil. 1922. V. p. 152.

(2). Il doit notamment être fait application de l'art. 71 de la
loi du 31 Mars 1919 aux majorations pour enfants. D'autre part
la loi du 23 Juillet 1923 autorise le cumul sans   limites des
pensions bonifiées.

tif, les ascendants reçoivent un titre d'allocation provisoire d'attente.

Ce sont également les Sous-Intendances qui interviennent pour délivrer les carnets d'allocations de grands invalides. L'établissement de ces titres et leur remise est effectué dans les conditions fixées pour les pensionnés de la loi du 31 Mars 1919.

Dans tous les autres cas, l'application de la loi du 18 Juillet 1922 est assurée par la Dette Inscrite. En vue de cette application, les titres délivrés aux anciens militaires réformés en vertu de la loi de 1881 ou à leurs ayants-droit, ont été déposés par les titulaires, contre certificat de dépôt, à la perception ou à la Recette des Finances de leur résidence, et accompagnés, au cas où les pensionnés étaient inscrits sur les listes d'allocataires, du certificat d'admission à l'allocation temporaire aux petits retraités de l'Etat et d'une **déclaraion** dite du modèle A (1). Cette déclaration a pour objet de faire connaître le dernier grade conféré au pensionné, l'existence de ses enfants âgés de moins de 18 ans, les pensions qu'il cumule avec la pension d'invalidité, et s'il prétend en outre avoir droit à l'allocation aux petits retraités, ou s'il en est bénéficiaire et s'il en a touché le dernier trimestre. De plus en vue d'obtenir des majorations pour enfants, le pensionné produit un bulletin de mariage et, pour chaque enfant, un bulletin de naissance et un certificat de vie.

Les certificats d'admission et les déclarations sont ensuite transmises, sous bordereau à la Préfecture pour la vérification des énonciations qu'elles contiennent et la radiation des pensionnés des listes d'allocataires.

A leur retour, certificats d'admission et déclarations sont jointes aux titres qu'ils concernent et transmis, sous bordereau, à la Dette.

Les droits nouveaux des pensionnés sont constatés par elle, mais ne donnent pas lieu, sauf pour les majorations d'enfants, à l'émission d'un titre nouveau. Les titres anciens sont renvoyés sous bordereau qui vaut autorisation d'inscrire, revêtus d'un timbre qui fait connaître pour les invalides le montant de l'ancienne

---

(1). Modèle annexé à l'instruction interministérielle du 11 Oct 1922.

pension, la bonification et, le cas échéant, la majoration de l'art. 10 de la loi du 31 Mars 1919 et le supplément temporaire, et, pour les veuves et orphelins le montant de l'ancienne pension, la bonification, et, s'il y a lieu, le supplément temporaire.

Paiement des premiers arrérages. — La loi du 18 Juillet 1922 fut votée avec effet rétroactif. C'est à partir du 1er Janvier 1922 que doivent être payés la bonification et ses accessoires, majorations de l'art. 10, supplément temporaire et majorations d'enfants. C'est également à partir de cette date que les avantages nouveaux remplacent, aux termes de l'art. 3 de la loi, les allocations temporaires accordées aux petits retraités par les lois des 23 Fév. et 21 Oct. 1919. Les premiers arrérages du titre bonifié comportent donc le paiement de la bonification et des majorations accessoires à compter du 1er Janvier 1922, mais ce rappel est payé sous déduction des allocations aux petits retraités de l'Etat perçues depuis cette date. Le prélèvement est effectué, toutes les fois que les allocations ont été touchées, que la pension bonifiée soit augmentée ou non d'un supplément temporaire. Le montant du rappel est liquidé par les Trésoriers généraux ou par les Receveurs des Finances. Il est indiqué, de même que le montant de la retenue et la somme nette à payer, au verso de la déclaration souscrite par le pensionné, dans le cadre destiné à cet effet, ainsi qu'au verso et en marge du titre. Ces mentions sont répétées et détaillées sur la déclaration par le comptable assignataire, au moment du paiement. La déclaration accompagnée du certificat d'admission constituent les pièces justificatives essentielles du paiement et doivent être jointes à la quittance de rappel.

Imputation. — Normalement les retenues effectuées au titre des allocations perçues devraient être reversées sur les crédits correspondants et les rappels de bonification imputés intégralement sur les crédits de la Dette publique (1). Par mesure de simplification les

---

(1) Chapitres 33, 34 et 35 du budget du Ministère des Finances. Les suppléments temporaires sont imputés au chap. 53, mais ils ne donnent pas lieu à l'établissement de mandats. Ils font l'objet d'ordonnaces de régularisation. Les allocations spéciales aux grands invalides sont imputées sur les crédits du Ministère des Pensions, chap 7.

imputations antérieures ne sont pas modifiées et la somme nette payée qui correspond à la différence entre les rappels de majoration et le montant des allocations perçues est seule payée sur les crédits de la Dette viagère. C'est cette somme nette effectivement payée qui est portée en dépense dans les écritures (1).

Paiement des premiers arrérages des majorations pour enfants, des allocations aux grands invalides, et des allocations d'ascendants. — Les règles qui viennent d'être décrites concernent les pensions bonifiées par la Dette sans intervention des Sous-Intendances. Il va donc de soi qu'elles s'appliquent également au paiement des premiers arrérages des pensions qui comportent comme accessoires des majorations pour enfants. Les sommes dues au titre des majorations viennent se totaliser sur la quittance avec les arrérages de la pension principale et donnent lieu au même décompte. La retenue de l'allocation aux petits retraités est opérée sur le tout. Mais il n'en est de même, ni pour les allocations spéciales aux grands invalides ni pour les allocations d'ascendants. Les allocations aux grands invalides titulaires de pensions bonifiées sont payées sur des carnets spéciaux établis par les Sous-Intendances dans les mêmes conditions que les allocations attribuées aux grands invalides de guerre, c'est-à-dire sur présentation du titre de la pension principale, ou, tant que le pensionné n'en est pas en possession, au vu d'une autorisation de la Dette et du certificat de dépôt du titre de la pension ancienne. Les allocations d'ascendants sont liquidées dans les mêmes formes que les pensions concédées en vertu de la loi du 31 Mars 1919 et payées, de même, sur production d'un certificat de cessation de paiement de la Sous-Intendance. Le rappel fait l'objet d'une feuille de décompte.

De l'exposé qui précède il est possible de déduire les caractères généraux des paiements des premiers arrérages des pensions concédées par application des lois

---

(1). Il a été procédé de même pour les majorations de la loi du 25 Mars 1920. La méthode a été inaugurée lors du paiement des rappels de la loi du 31 Mars 1919. Au surplus, pour plus amples détails, v. l'instruction du 11 Oct. 1922, annexée à la Circ. de la Compt. pub. du 18 Oct. 1922.

postérieures à celle du 31 Mars 1919. Ces paiements
s'effectuent selon deux modes nouveaux mais différents : ou bien selon le mode prescrit pour les pensions de la loi du 31 Mars 1919 ou bien selon le mode
inauguré pour les pensions de la loi du 25 Mars 1920.
Le premier mode, caractérisé par l'intervention du
Ministère des Pensions et des Sous-Intendances ou des
Préfectures dans la liquidation. de la pension et des
premiers arrérages, a été utilisé pour le paiement des
pensions civiles ou des allocations d'ascendants accordées en vertu de la loi du 18 Juillet 1922. L'autre mode
nouveau a été imaginé pour le paiement des premiers
arrérages de majorations, de l'indemnité de cherté de
vie et des bonifications. Le but poursuivi dans ce dernier mode a été de simplifier et d'accélérer les opérations de paiement. L'intention du législateur, en effet,
d'écarter la procédure normale de révision et d'abré-
ger les longs délais qu'elle aurait exigé pour la liquidation des pensions nouvelles et l'établissement de nouveaux titres, s'exprimait de façon suffisamment explicite par l'institution de forfaits: majorations forfaitaires
de la loi du 25 Mars 1920, indemnité forfaitaire uniforme de cherté de vie. Cette intention était non moins
évidente pour l'application des bonifications de la loi
du 25 Mars 1920. Ainsi s'expliquent les mesures communes employées : exclusion des Ministères liquidateurs, liquidation des majorations et des bonifications
par la Dette, liquidation et paiement des premiers arrérages par les comptables. Pour l'indemnité de cherté
de vie, l'intervention de la Dette n'a même pas été ju-
gée nécessaire, l'application du forfait a été faite
exclusivement par les compables.

A l'identité du mode de liquidation et de paiement
des premiers arrérages viennent s'ajouter encore, pour
les paiements des majorations et des bonifications, les
caractères communs ci-après : les paiements sont effectués avec effet rétroactif et sous déduction de l'allocation aux petits retraités au vu d'une déclaration du
pensionné certifiée par l'administration préfectorale,
déclaration conforme, soit au modèle n° 2, soit au modèle A qui présentent d'incontestables points de res-
semblance.

A noter enfin, en comptabilité, la simplification des
écritures tenues pour constater le paiement des rap-

pels des majorations et des bonifications : selon la
méthode employée pour la première fois pour le paiement des rappels de la loi du 31 Mars 1919, il n'a été
effectué aucun reversement des sommes prélevées au
titre des allocations non cumulables ; le reliquat net,
seul du rappel, après prélèvement, fut inscrit en dépense, au C/Dette publique (ou Agent comptable).

CHAPITRE IV

LOI DU 14 AVRIL 1924

Bénéficiaires. — Nature du droit à pension. — Dispositions communes aux pensions civiles et aux pensions militaires. — Taux des pensions. Minima. Annuités d'accroissement. — Avantages pour charges de famille. — Maxima. Retenues.
Pensions civiles d'ancienneté. — Bénéfices de campagne et bonifications pour services aériens. — Pensions civiles d'invalidité. — Pensions exceptionnelles. — Pensions pour invalidité ne résultant pas de l'exercice des fonctions. — Femmes fonctionnaires.
Pensions militaires d'ancienneté. — Pensions proportionnelles. — Pensions de réforme.
Pensions des veuves et des orphelins. — Conditions du droit à pension. — Taux. — Femme séparée de corps ou divorcée. — Veuve remariée. — Cumul de plusieurs pensions de veuve. — Orphelins. — Concours d'orphelins mineurs d'un premier lit avec la veuve ou avec des orphelins mineurs d'un autre lit. — Orphelins mineurs de la femme fonctionnaire. — Veuves et orphelins de militaires.
Pensions concédées antérieurement au 14 Avril 1924. — Révision. — Mesures transitoires : application du coefficient. — Conditions d'attribution. — Montant du coefficient. — Application par les comptables. — Décompte du rappel. — Imputation. — Cas exceptionnels de renvoi à la Dette. — Cas où il n'y a pas lieu d'appliquer le coefficient.

La réforme du régime des pensions civiles et militaires était annoncée par les lois du 25 Mars 1920 et du 12 Avril 1922 .Elle fut réalisée par la loi du 14 Avril 1924 (1).

Bénéficiaires. — Cette loi s'applique « aux fonction-« naires civils et aux employés appartenant au codre « permanent de l'Administration ou des établissements « de l'Etat, aux militaires et marins de tous grades des

____

(1) V J. O du 15 Avril 1924. V. en outre .èglement d'Administration publique du 2 Septembre 1924. J. O. du 10 Septembre 1924 et l'Instruction du Ministère des Finances du 12 Octobre 1924. J O. du 12 Octobre 1924.

« armées de terre et de mer, au personnel civil admis
« au bénéfice de la législation des pensions militaires,
« ainsi qu'à leurs veuves et à leurs orphelins » (1). Sont
donc exclus du bénéfice de la loi les employés qui
n'appartiennent pas au cadre permanent des administrations publiques (2) et qui restent affiliés à la Caisse
nationale des retraites pour la vieillesse, — les fonctionnaires et agents qui ne peuvent prétendre à une
pension payée sur le budget de l'Etat, fonctionnaires
des départements, des communes, des établissements
publics, des services locaux, des colonies et des pays de
protectorat (3), le personnel ouvrier des établissements
de l'Etat qui continue à être soumis à un régime spécial de retraite (4), les titulaires de pensions d'invalidité
des lois du 31 Mars 1919 et du 24 Juin 1919, à l'exception des bénéficiaires des articles 59 et 60 de la loi du
31 Mars 1919 (5) et les titulaires de pensions militaires
d'invalidité d'avant-guerre bonifiées ou non en vertu
de la loi du 18 Juillet 1922.

Nature du droit à pension. — Aux bénéficiaires de la
loi ainsi définis, il est reconnu un véritable droit à
pension sanctionné par une action en justice, conférant à son titulaire, lorsqu'il en remplit les conditions
d'exercice, non pas une simple faculté d'obtenir la
liquidation de sa retraite subordonnée à l'agrément du
Ministre, mais un pouvoir inconditionné (sous la réserve d'un préavis de six mois). Ce nouveau principe
est l'aboutissement d'une complète évolution juridique
partie de la notion de « grâce viagère ». Cette notion qui
avait trouvé son expression première dans l'art. 7 de la
déclaration du 7 Janvier 1779 avait été conservée en partie par la loi du 9 Juin 1853. Cette ancienne législation
conférait à l'Administration le pouvoir discrétionnaire
de décider des mises à la retraite. Toutefois les lois

---

(1). Article 1er de la loi.

(2). Un règlement d'Administration publique déterminera
quels sont ces employés. Art. 69 de la loi du 14 Avril 1924.

(3). Sauf pour les Agents des Colonies l'exception prévue à
l'art 7? de la loi du 14 Avril 1924.

(4) Celui de la loi du 31 Octobre 1919 modifié par la loi du 14
Avril 1924 et qui continue à être assuré par la Caisse des Retraites pour la vieillesse.

(5). Art. 73 de la loi du 14 Avril 1924.

des 11 et 18 Avril 1831 avaient déjà concédé aux militaires un droit absolu à pension dès qu'ils avaient accompli le temps de service prescrit. La loi du 14 Avril 1924 accorde ce même droit aux fonctionnaires civils et établit ainsi l'égalité entre les pensionnés civils et les pensionnés militaires (1).

Dispositions communes aux pensions civiles et militaires. — D'ailleurs bien que la loi du 14 Avril 1924 ne se soit pas exprimée explicitement sur ce point, il ressort à la fois du fait qu'elle a statué fréquemment par un même texte en même temps pour les civils et pour les militaires, des dispositions prises dans les articles 1 à 7, aux titres III, IV. V et VI, ainsi que des travaux préparatoires, que l'intention du législateur a été d'unifier, toutes les fois que l'assimilation était possible, les pensions civiles et les pensions militaires. Les principales mesures communes ainsi adoptées sont les suivantes.

Taux des pensions d'ancienneté. Minima. Annuités d'accroissement. Avantages pour charges de famille. Maxima. — La quotité des pensions d'ancienneté est déterminée d'une manière uniforme. Alors que d'après l'art. 6 de la loi du 9 Juin 1853, le taux de la pension était calculée sur la moyenne du traitement des six dernières années de service, l'art. 10 de la loi du 11 Avril 1831 stipulait que la pension d'ancienneté se réglait sur le grade. Selon l'art. 2 de la loi du 14 Avril 1924, toutes les pensions « sont basées sur la moyenne « des traitements, soldes et émoluments de toute na- « ture, soumis à retenue, dont l'ayant-droit a joui pen- « dant les trois dernières années d'activité. » Les relèvements des traitements et des soldes accordés pendant ces dernières années, aboutissent, en conséquence, à un relèvement parallèle du taux des pensions. Ce relèvement toutefois oscille entre des maxima et des minima.

La loi fixe d'abord pour la pension un minimum qui est de moitié du traitement moyen ou de la solde moyenne, pour les traitements ou les soldes supérieures à 8.000 frs par an, et des trois quarts, sans pouvoir dépasser 4.000 frs, quand le traitement est inférieur

____

(1). Art. II.

à 8.000 frs. A ce minimum s'ajoutent 1° *les annuités d'accroissement* calculées à raison d'un soixantième pour chaque année de services sédentaires ou d'un cinquantième pour chaque année de service actif ou aux armées. 2° *des avantages pour charges de famille.* « La « pension est majorée de 10 0/0 pour tous les titulaires « ayant élevé trois enfants jusqu'à l'âge de 16 ans. » Des majorations supplémentaires de 5 0/0 sont accordées pour chaque enfant au-delà du troisième (1). De plus, lorsque le pensionnaire avait, au moment où il a cessé ses fonctions, des enfants de moins de 16 ans, il conserve les indemnités de charges de famille accessoires de son traitement ou de sa solde.

Enfin la loi relève les maxima fixés par la législation antérieure (2) et les réduit à deux : « Le montant des « pensions ne peut dépasser les trois quarts du traite- « ment moyen ou de la solde moyenne, — ni excéder « 18.000 frs. » (3).

Retenues. — Le droit à une pension calculée d'après les règles ci-dessus reste subordonné, comme dans l'ancienne législation, au versement de retenues effectuées pendant l'activité sur le traitement ou sur la solde et leurs accessoires « constituant un émolument « personnel faisant corps avec le traitement ou la « solde » (4). Le taux de ces retenues est élevé à 6 0/0 (5). Indépendamment de cette retenue sont prélevées le cas échéant, comme par le passé, les retenues pour cause de congé ou d'absence ou par mesure disciplinaires. En revanche, il n'est plus perçu de retenue du

---

(1) Art. 2 § VI.
(2) V. Lois des 11 et 18 Avril 1831, du 9 Juin 1853 et du 25 Mars 1920.
(3) Art. 2 § VIII. Sous réserve de l'application de l'art. 34 qui permet aux militaires non officiers d'obtenir 15 années supplémentaires et fixe les maxima à 2.550 fr. pour les caporaux et à 2.220 pour les soldats, et de l'art. 80 qui accorde aux bénéficiaires d'annuités acquises au titre des bénéfices de campagnes pendant la guerre de 1914-1919 la faculté d'accroître le taux de leur pension de 15 années supplémentaires.
(4) Art. 3.
(5) Toutefois, à titre transitoire, « jusqu'à révision géné- « rale des traitements, soldes et indemnités de toutes na- « tures, prévue par l'art. 39 de la loi du 30 Avril 1921, les « retenues sur la solde des militaires et marins demeurent « fixées par la législation en vigueur. » Art. 5 de la loi du 14 Avril 1924.

douzième lors de la première nomination et du douzième de toute augmentation ultérieure. L'art. 7 de la
loi stipule en principe (1) « que les retenues légale-
« ment perçues ne peuvent être répétées. » Par exception toutefois, elles sont restituées dans deux cas :

1° lorsqu'elles ont été irrégulièrement prélevées. Le
remboursement a alors lieu sans intérêt (2) et sans ouvrir le droit à pension.

2° lorsque les fonctionnaires civils quittent leurs
fonctions pour quelque cause que ce soit, avant d'avoir
droit à la retraite. En ce cas le montant des retenues
accrues de leurs intérêts sont versées à la Caisse Nationale d'Assurances en cas de décès, pour constituer un
capital dont le paiement est différé pendant un délai de
5 ans à compter de la cessation des fonctions (3).

Les principes qui viennent d'être exposés se trouvent contenus dans le préambule de la loi sous le titre
« Dispositions générales ». Ils renferment les principales innovations légales mais ne sont pas les seuls
qui s'appliquent à toutes les pensions. Dans ses titres
II, IV et V, la loi statue généralement. Le titre III intitulé : « Dispositions communes aux pensions civiles et
militaires », édicte les règles qui s'appliquent à l'insaisissabilité, énumère les causes de suspension ou de
déchéance, règlemente à nouveau les prohibitions de
cumul. Ces règles ont été étudiées ou seront étudiées
plus loin. Les dispositions du titre IV quoique qualifiées de spéciales concernent également toutes les pensions : elles sont relatives soit à la liquidation, soit aux
recours. Enfin le titre V établit le nouveau régime financier des pensions. Il contient une série de mesures
destinées à assurer l'application de la loi et institue
notamment une caisse des pensions. Il s'agit d'une nouvelle méthode d'emploi des crédits budgétaires dont
l'exposé ne rentre pas dans le cadre de cette étude.

Pensions civiles d'ancienneté. — La loi du 9 Juin 1853
allouait aux anciens fonctionnaires de l'Etat des pensions d'ancienneté et des pensions d'invalidité, — ces
dernières se distinguant en pensions exceptionnelles

---

(1) Cf. art. 3 de la loi du 9 Juin 1853.
(2) Art. 7 de la loi du 14 Avril 1924.
(3) Art. 17 de la même loi.

pour acte de dévouement ou pour lutte ou combat soutenu dans l'exercice des fonctions et en pensions pour invalidité contractée à la suite d'un accident grave ou pour infirmités graves résultant de l'exercice des fonctions. La législation nouvelle comporte également l'attribution de pensions d'ancienneté et de pensions d'invalidité.

Pour les premières elle maintient les conditions d'acquisition du droit à pension stipulées par l'art. 5 de la loi, du 9 Juin 1853 : soixante ans d'âge et 30 années de service. Les 30 années de service sont comptées à partir de 18 ans et dans le décompte sont inclus les services militaires suivant les règles données par les art. 12 et 13 de la loi. Les principaux avantages de la nouvelle législation des pensions civiles ne se trouvent pas dans ces dispositions, ils sont communs avec ceux dont bénéficient les militaires et résultent de l'élévation du maximum et dans l'attribution de bonifications pour charges de famille.

Bénéfices de campagne et bonifications pour services aériens. — Les pensions civiles sont assimiliées aux militaires non seulement au point de vue des avantages généraux mais encore, en ce qui concerne les fonctionnaires mobilisés, au point de vue *des bénéfices de campagne*. Ces bénéfices sont attribués, en vertu de l'art. 14, sous la forme d'annuités supplémentaires concédées, suivant les cas, à raison du double, de la totalité ou de la moitié des services effectivement rendus, aux fonctionnaires anciens combattants (1), dans les mêmes conditions qu'aux militaires, comme il est dit aux articles 36 et 37 de la loi. « Ces bénéfices de campagne sont liquidés sur la base d'un cinquantième du traitement moyen » (2). Il en est de même des bonifications auxquelles donnent droit *les services aériens* en conformité de l'art. 37 de la loi. Ces bonifications peuvent aller jusqu'au double de la durée des services sans pouvoir

---

(1) La nomenclature des fonctionnaires et agents qui doivent être considérés comme combattants figure dans le tableau annexé à la loi du 18 Avril 1824.

(2) Art. 14 § III.

le dépasser et ne sont pas cumulables avec les bonifications obtenues pour d'autres causes.

Pensions civiles d'invalidité. — La loi du 9 Juin 1853
(1) n'accordait de pensions d'invalidité que dans les cas
suivants : à titre exceptionnel, aux fonctionnaires hors
d'état de continuer leur service soit par suite d'un *acte
de dévouement*, soit par suite de *lutte ou combat* soutenu dans l'exercice de leurs fonctions, — à ceux qu'un
accident grave ou que des *infirmités* graves résultant
de l'exercice des fonctions mettaient dans l'impossibilité de les continuer, et, au cas d'infirmités, à condition
de compter 50 ans d'âge et 20 ans de service dans la partie active. Elle ne reconnaissait pas le droit à pension
de l'invalide dont l'infirmité n'avait pas été contractée
au service.

La loi du 14 avril 1924 accorde aux fonctionnaires invalides des pensions exceptionnelles, — des pensions
pour invalidité provoquée par l'accomplissement des
fonctions, — pour invalidité dont l'origine est étrangère
au service.

Pensions exceptionnelles. — Les pensions exceptionnelles sont maintenues par l'art. 19 de la loi nouvelle
qui reproduit presque littéralement le texte de l'art. 11
§ 1er de la loi du 9 Juin 1853. Mais au lieu de rester fixé
à la moitié du dernier traitement d'activité, comme il
était dit à l'art. 11 de la loi de 1853, le taux de la pension
est élevé aux trois quarts. Il ne peut toutefois excéder
18.000 Frs. par an. (2).

**Pensions pour invalidité résultant de l'exercice des
fonctions.** — L'invalidité contractée à la suite de maladies, de blessures ou d'infirmités graves dûment constatées par une commission de réforme ouvre le droit
à pension, qu'elle résulte ou non de l'exercice des fonctions. Toutefois, *dans le premier cas*, la pension est du
tiers du dernier traitement d'activité (3). Il n'est pas
distingué, comme dans la loi de 1853, entre l'accident
de service et l'infirmité grave résultant des fonctions.

---

(1) Articles 11 et 12.
(2) Par application de l'art. 2 in fine de la loi du 14 Avril
1924.
(3) Art. 21.

Pensions pour invalidité ne résultant pas des fonctions. — Lorsque l'invalidité ne résulte pas de l'exercice des fonctions, la pension est calculée sur la base du soixantième du traitement moyen des trois dernières années de service et par année de service. Si le fonctionnaire invalide n'a pas 15 ans de services lors de sa mise à la retraite, les retenues augmentées des intérêts sont versées à la Caisse des Retraites pour la vieillesse pour constituer une rente viagère. A cette rente s'ajoute une subvention égale au montant du capital des retenues et payée sous forme de rente viagère à capital aliéné (1).

Femmes fonctionnaires. — Les règles qui précèdent s'appliquent dans leur généralité aux femmes fonctionnaires. Les femmes célibataires reçoivent une pension calculée au même taux et concédée dans les mêmes conditions d'âge de service que les fonctionnaires mâles célibataires. Mais les femmes mariées et les mères de famille se voient accorder des avantages supplémentaires. Les femmes « mariées ou mères de famille qui « auront accompli 15 années au moins de services ef- « fectifs, ont droit à une pension de retraite calculée, « pour chaque année de service, à raison d'un cinquan- « tième ou d'un soixantième du traitement moyen des « trois dernières années de service. La jouissance de « la pension n'est cependant pas immédiate : elle est « différée jusqu'à l'époque où les intéressés auraient « acquis le droit à une pension d'ancienneté » (2).

De plus les mères de famille peuvent 1° lorsqu'elles ont trois enfants vivants et au cas où elles quittent leurs fonctions sans avoir droit à pension « demander le « remboursement immédiat de leurs retenues boni- « fiées de leurs intérêts » (3) ; 2° si elles accomplissent leur service jusqu'à l'âge de la retraite, « bénéficier « d'une bonification d'âge et de service d'une année « pour chacun des enfants qu'elle auront eus » (4).

Pensions militaires d'ancienneté. — La législation nouvelle s'applique à tous les militaires, qu'ils relèvent.

---

(1) Art. 21.
(2) Art. 17 de la loi.
(3) Art. 17.
(4) Art. 18.

de la Guerre ou de la Marine ; elle leur accorde des pensions d'ancienneté, des pensions proportionnelles et des pensions de réforme. Elle ne touche pas à la législation existante en ce qui concerne les pensions d'invalidité : ces dernières restent régies par la loi du 31 Mars 1919 (1).

Le droit à la pension d'ancienneté reste acquis *sans condition d'âge* à trente ans accomplis de services effectifs, comme sous l'empire de la loi du 11 Avril 1831 (2). Le temps est réduit à vingt-cinq ans pour les officiers comptant six ans de services accomplis hors d'Europe ou en navigation, ou quatre ans de services aériens, ou, pour les officiers placés en non activité pour infirmités temporaires et reconnus par un conseil d'enquête non susceptibles d'être rappelés à l'activité (3). Les services sont comptés à partir de l'âge de 16 ans (4).

Le taux des pensions militaires d'ancienneté est calculé comme celui des pensions civiles. Il est compris dans les mêmes limites. Au minimum de ce taux s'ajoutent les annuités d'accroissement sur la base d'un cinquantième de la solde moyenne par année de service supplémentaire, les avantages pour charges de famille, les bénéfices de campagnes et les bonifications pour services aériens. Les bénéfices de campagne sont attribués en sus de la durée effective des services et décomptés à raison du double, de la totalité ou de la moitié en sus, selon leur nature (5). Les services aériens exécutés en dehors des opérations de guerre, donnent droit, dans des conditions déterminées par décret, à des bonifications dans la limite maxima du double de la durée des services effectifs (6).

Pensions proportionnelles. — Les sous-officiers et les soldats conservent le droit à une pension proportion-

---

(1) Art. 47 de la loi du 14 Avril 1924.

(2) Pour les sous-officiers et les soldats, le droit est acquis à 25 ans de services effectifs.

(3) Art. 30 de la loi du 14 Avril 1924. Cet article stipule en outre que, pour les officiers des troupes coloniales, le temps passe « entre le 2 Août 1914 et le 11 Novembre 1918 sur l'un quelconque des théâtres d'opérations autre que les colonies sera compté, pour la moitié de sa durée effective, comme temps de séjour aux Colonies ».

(4) Art. 31 Cf. art. 2 Loi du 18 Avril 1831.

(5) Art. 36 de la loi du 14 Avril 1924.

(6) Art. 37.

nelle à 15 ans de service accomplis, à condition d'avoir l'âge de 38 ans. Ce droit est étendu aux officiers, dans les limites fixées par la loi de Finances qui détermine chaque année le nombre de pensions proportionnelles qui peuvent être concédées aux officiers. Toutefois alors que la jouissance des pensions proportionnelles est immédiate pour les sous-officiers et les soldats elle est différée pour les officiers au jour où ils auraient acquis la pension d'ancienneté. Le taux des pensions proportionnelles est calculé sur la base de la pension à laquelle aurait droit le pensionnaire s'il était admis à la retraite en raison de l'ancienneté de ses services. Il comporte, pour chaque année de service effectif, autant de vingt-cinquième de la pension d'ancienneté pour les soldats, les sous-officiers et les officiers ayant six ans de service hors d'Europe ou en navigation, — ou autant de trentième pour les officiers ne remplissant pas ces deux dernières conditions (1).

Pensions de réforme. — Les officiers peuvent être mis en réforme pour infirmités incurables ne résultant pas du service ou par mesure disciplinaire (2) et ont droit à une pension s'ils ont plus de 15 ans de service (3). Dans le premier cas, il leur est alloué une pension proportionnelle à jouissance immédiate, calculée ainsi qu'il vient d'être dit, et augmentée, s'il y a lieu, des bénéfices de campagne (4). Dans le second cas, la pension est calculée suivant les mêmes règles, mais les officiers réformés par mesure disciplinaire perdent le bénéfice de leurs campagnes (5).

---

(1) Art. 44 de la loi du 14 Avril 1924.
(2) Loi du 19 Mai 1834.
(3) S'ils n'ont pas 15 ans de service, ils reçoivent pendant une période de temps égale à la moitié des services, une solde de réforme qui s'élève aux trois quarts de la pension d'ancienneté, dans le cas de réforme pour infirmités, et à la moitié, dans le cas de réforme par mesure disciplinaire.
(4) C'est-à-dre conformément à l'art. 44 de la loi du 14 Avril 1924.
(5) Loi du 21 Mars 1905 art. 65.
Les sous-officiers et les soldats n'ont pas de pensions de réforme. Il leur est alloué une solde de réforme si après avoir servi 5 ans comme rengagés, ils sont réformés avant d'avoir acquis des droits soit à une pension de réforme, soit à une pension d'invalidité.

Pensions des veuves et des orphelins. Conditions du droit à pension. — Sous l'empire de l'ancienne législation, le droit à pension de réversion des veuves et des orphelins, était, sauf exception (1), subordonné au droit du mari ou du père. Les ayants cause d'un militaire ou d'un fonctionnaire décédé ne pouvaient obtenir une pension que si le militaire ou le fonctionnaire était retraité ou en possession de droits à la retraite, c'est-à-dire s'il pouvait faire valoir au moins vingt-cinq ans de service. Le droit à pension reconnu par la loi du 14 Avril 1924 à la veuve et aux enfants est indépendant de la durée des services accomplis par le mari ou par le père. Il n'est plus soumis qu'à la condition ci-après : le mariage doit être antérieur à l'évènement qui ouvre le droit à pension de réversion. Cette condition si elle est remplie, suffit lorsque le mari pouvait prétendre à une pension d'invalidité, ou lorsqu'un ou plusieurs enfants sont issus du mariage. Toutefois, au cas où il n'existe pas d'enfants et où la veuve prétend obtenir une pension de réversion correspondant à l'ancienneté des services du mari, le mariage doit avoir été contracté deux ans avant la cessation de l'activité (2).

Taux. — Le taux de la pension de la veuve était du tiers de celui de la pension du mari. Il est fixé maintenant à la moitié.

Femme séparée de corps ou divorcée. — Aux termes des lois de 1831 et de 1853, la femme divorcée n'avait aucun droit à pension, et la femme séparée de corps ne se voyait reconnaître ce droit qu'au cas où la séparation avait été prononcée à son profit. L'article 26 de la loi du 14 Avril 1924 supprime la distinction faite antérieurement entre la femme divorcée et la femme séparée. La pension n'est refusée que lorsque le divorce ou la séparation ont été prononcés contre elles (3). Au cas, où après divorce, le mari s'est remarié et laisse une veuve, la pension est partagée entre la veuve et la femme di-

---

(1) V. les art. 19 des lois 11 et 18 Avril 1831 et 14 de la loi du 9 juin 1853.

(2) Art. 24 de la loi du 14 Avrli 1924.

(3) Ces dispositions n'ont d'ailleurs pas d'effet rétroactif. et ne s'appliquent qu'au cas où le divorce est postérieur à la loi du 14 Avril 1924.

vorcée. « Au décès de l'une, sa part accroîtra à l'autre, sauf réversion de droits au profit d'enfants mineurs. » (1).

Veuve remariée. — Lorsque la veuve se remarie, en vertu d'une disposition (2) inspirée par l'article 18 de la loi du 31 Mars 1919, elle peut, après le délai d'un an de remariage, renoncer à sa pension en échange d'un capital. Ce capital est fixé au montant des trois années d'arrérages.

Cumul. — Il était admis, sous l'ancienne législation, que la veuve plusieurs fois remariée, pouvait cumuler plusieurs pensions de réversion du chef de ses maris défunts. Ce cumul est interdit par l'art. 62 § III.

Orphelins. — Du vivant de sa mère, chaque orphelin mineur de 21 ans, a droit, aux termes de l'art. 23, « à une pension temporaire égale à 10 0/0 de la retraite d'ancienneté ou d'invalidité » du père (3). Si la mère est décédée, ou inhabile à obtenir une pension, ou déchue de ses droits, la pension de réversion à laquelle elle pourrait prétendre, est transmise indivisément aux orphelins mineurs issus de son mariage avec le fonctionnaire ou le militaire défunt, et chaque enfant mineur, à partir du deuxième, conserve sa pension temporaire de 10 0/0 (4). Une pension calculée d'après les mêmes bases est accordée aux enfants naturels reconnus, qui, d'après l'art. 23 § V de la loi, « sont assimilés aux orphelins de père et de mère. »

Concours des orphelins d'un premier lit avec une veuve et les enfants mineurs d'un autre lit. — Lorsque

---

(1) Art. 26 de la loi du 14 Avril 1924.
(2) Art. 27 de la loi du 14 Avril 1924.
(3) Sans toutefois que le cumul de la pension de la mère « et de celle des orphelins puisse excéder le montant de la « pension attribuée ou qui aurait été attribuée au père. » (Art. 23 § III).
(4) Toutefois la pension des orphelins augmentée des majorations ne peut dépasser celle qui aurait été attribuée au père.
Cf. la loi du 31 Mars 1919 art. 16 et art. 19 in fine. Remarquer que la pension temporaire de l'orphelin est accordée, en vertu de la loi du 14 Avril 1924, jusqu'à l'âge de 21 ans, tanids que les majorations ppur enfants de la loi du 31 Mars 1919 s'éteignent à 18 ans (Art. 13 de la loi du 31 Mars 1919).

les orphelins d'un premier lit viennent en concours avec une veuve et des orphelins mineurs d'un autre lit, la loi règle les droits de chacun d'eux ainsi qu'il suit : les droits de la veuve ne sont pas diminués, « sa pension est maintenue au taux de 50 0/0 » et les orphelins reçoivent chacun, indistinctement, une pension temporaire de 10 0/0 (1). Si la veuve est décédée et si les orphelins mineurs du premier lit ne viennent en concours qu'avec ceux du second lit, ou, pour employer les termes légaux, si « les orphelins mineurs des deux lits « sont orphelins de père et de mère, la pension de la « veuve est partagée par parts égales entre chaque « groupe d'orphelins. » (2)

Orphelins mineurs de la femme fonctionnaire. — Les orphelins mineurs de la femme fonctionnaire ont droit :

1° Au cas de décès du père et de la mère, à une pension du taux de la pension de veuve augmentée de majorations de 10 0/0 par orphelin, à partir du deuxième ;

2° Au cas de décès de la mère seulement, à une pension temporaire pour chacun d'eux, s'élevant au dixième de la pension qui aurait été attribuée à la mère.

Veuves et orphelins de militaires. — L'article 48 de la loi du 14 Avril 1924 renvoie, en ce qui concerne les pensions des veuves et des orphelins de militaires au chapitre III du titre 1er : il accorde en conséquence aux ayants cause des militaires les droits dont bénéficient les veuves et les orphelins des fonctionnaires civils. L'assimilation toutefois des veuves et des orphelins n'est faite que sous réserve des particularités ci-après :

Le taux de la pension des veuves de maréchaux est élevée à 18.000 Frs. Le droit à pension est reconnu au profit des veuves de titulaires de retraites proportionnelles ou des militaires pouvant prétendre à une pension de cette nature. Enfin un droit d'option est accordé aux ayants cause d'un militaire décédé en service entre la pension d'ancienneté et la pension d'invalidité Dans le cas d'option pour la pension basée sur la durée

---

(1) Art. 24 qui ajoute : « dans les conditions prévues au 3e alinéa de l'article 23.

(2) Art. 24 § II.

des services, celle-ci est augmentée d'une pension d'invalidité du taux de la pension de veuve de soldat (1). Lorsque les ayants cause ne peuvent prétendre à une pension fondée sur la durée des services, il est tenu compte de l'ancienneté du militaire. La pension qui est dévolue à ses ayants droit ne peut être inférieure à la pension de réversion minima d'ancienneté du grade augmentée des annuités pour campagnes.

Pensions concédées avant le 14 Avril 1924. — Les règles qui précèdent s'appliquent à la liquidation des pensions concédées après la promulgation de la loi du 14 Avril 1924. Le paiement des premiers arrérages doit s'effectuer d'après les principes ordinaires telles qu'ils ont été définis au chapitre 1er de la IIe partie de cette étude, les paiements des trimestres suivant selon les règles exposées à la première partie. Tous ces paiements ne présenteront aucune difficulté particulière. Mais la loi du 14 Avril 1924 s'applique également aux pensions concédées antérieurement. Les pensions anciennes doivent être révisées. Cette révision sera opérée dans les conditions prévues à l'art. 94 de la loi.

Révision. — C'est par l'intermédiaire des administrations d'origine saisies des demandes des pensionnés que s'effectuera la révision. Les administrations procèderont à la liquidation des pensions qui seront concédées en remplacement des anciennes suivant les règles édictées par la loi nouvelle et sur la base des soldes ou des traitements moyens des trois dernières années de service, évalués d'après les tarifs en vigueur au 14 Avril 1924. Ces traitements seront fixés, pour les pensionnés dont les emplois ont été supprimés, par une assimilation entre les anciens et les nouveaux grades établis par des décrets règlementaires (2). Les retraités dont les dossiers individuels ont été détruits verront leurs droits déterminés par le Conseil d'Etat. La révision ainsi opérée ne saurait rendre pire la situation du pensionné. Au cas où la pension révisée serait inférieure à la pension ancienne multipliée par le coefficient prévu à l'art. 93 de la loi (3), le pensionné conserve les avantages que

---

(1) Art. 48 à 51.
(2) Ces règlements non encore élaborés doivent être rendus dans un avenir prochain.
(3) V. ci-après.

lui procure l'application de ce coefficient. D'autre part, par suite de la révision, et par application du coefficient, l'indemnité de cherté de vie disparaît, mais au cas où la pension nouvellement liquidée est inférieure à la pension ancienne augmentée de l'indemnité de cherté de vie, le pensionné reçoit un complément calculé de telle sorte que sa situation ne soit pas modifiée.

Par contre, la révision ne confère aux pensionnés aucun droit nouveau. Ils ne peuvent prétendre en conséquence, ni aux indemnités pour charges de famille ni aux majorations pour enfants.

Le paiement de la pension révisée sera effectué suivant les principes déjà exposés (1) sur production du nouveau titre et de l'ancien et sous déduction des sommes perçues sur la pension affectée du cœfficient, sans qu'il y ait lieu de produire en outre, ni certificat de non-avances, ni ordre de reversement. Les pensionnés en effet, restent en possession de leur titre ancien jusqu'au jour où ils reçoivent le nouveau et ne perçoivent d'autres avances que les suppléments attribués, au titre du coefficient, en vertu de l'article 93 de la loi du 14 Avril 1924.

Mesures transitoires. Application du coefficient. Conditions d'attribution. — En prévision des difficultés que ne manquerait pas de soulever la révision et des délais qu'elle demanderait, la loi du 14 Avril 1924 a accordé aux pensionnés (2), à titre provisoire, un relèvement de leurs pensions dans les conditions déterminées par les articles 93 et 95 (3).

L'article 93 stipule que la pension principale sera affectée d'un coefficient dégressif, variable suivant le taux de la pension.

Le coefficient ne s'applique qu'à la pension principale Les pensions d'ancienneté, en effet, ainsi qu'il a été dit

---

(1) V. le chapitre 1er de la présente IIe partie.

(2) Art. 92. Il y a lieu de rappeler que la loi du 14 Avril 1924 ne s'applique qu'aux pensions d'ancienneté, à l'exclusion des pensions d'invalidité de la loi du 31 Mars 1919 et des pensions d'invalidté d'avant-guerre, bonifiées ou non. Elle est toutefois applicable aux titulaires des pensions délivrées en vertu des articles 59 et 60 de la loi du 31 Mars 1919 (partie services).

(3) V. Circ. de la Comptabilité publique du 3 Mai 1924.

(1) comportent le paiement d'accessoires (majorations de la loi du 25 Mars 1920, suppléments, indemnités de cherté de vie). Ces accessoires n'entrent pas en ligne de compte : « Il ne sera pas fait état, dit l'art. 93 pré-« cité, pour l'application de ces coefficients, de l'indem-« nité temporaire de cherté de vie allouée par la loi du « 12 Avril 1922, ni de tous suppléments, majorations « ou compléments de pension acquis par application « de la loi du 25 Mars 1920 ». Ainsi donc le relèvement de pension résultant de l'application du coefficient ne peut se cumuler ni avec la majoration, ni avec d'indem-nité de cherté de vie : il les exclut. L'indemnité de cherté de vie cesse d'être payée. Cependant la loi nou-velle n'a pas pour objet de rendre plus mauvaise la si-tuation du pensionné. C'est pourquoi elle ajoute, dans son article 95 en ce qui concerne l'indemnité de cherté de vie, les dispositions ci-après : « Toutefois les titulai-« res de pension qui bénéficiaient de cette indemnité « avant la promulgation de la présente loi, et pour les-« quels la pension principale augmentée du supplé-« ment (multipliée par le coefficient) n'atteindrait pas « le montant de leur ancienne pension augmentée de « l'indemnité recevront un supplément de pension suf-« fisant pour que leur situation ne soit pas modifiée. »

Lorsque le pensionné est titulaire de plusieurs pen-sions, il est fait masse, suivant la règle déjà formulée pour les majorations de la loi du 25 Mars 1920, des pensions principales pour l'application du coefficient. « Le coefficient est déterminé, dit l'art. 93, d'après le « total des pensions. »

Enfin il doit être observé qu'en aucun cas l'applica-tion du coefficient ne permet d'élever la pension au-delà du maximum prévu par l'article 2 de la loi, soit au-delà de 18.000 Frs.

Montant du coefficient. — Sous ces réserves, il est fait application à la pension principale, lorsqu'elle n'est pas supérieure à 900 Frs. du coefficient 3, lorsqu'elle est comprise entre 901 et 1.500, 1.501 et 2.500, 2.501 et 6.000, des coefficients 2.50, 2.25 et 2. Au-dessus

---

(1) V. le chapitre précédent (II° partie, Chapitre III).

de 6.000 Frs. la première fraction seule est doublée. La loi ajoute que « le chiffre produit par l'application du « coefficient sera majoré, le cas échéant de telle sorte « que la pension soit au moins égale à une pension de « la catégorie inférieure affectée d'un coefficient plus « élevé. » (1).

Ces données aboutissent au résultat suivant : (2)

Montant de l'ancienne pension (pension principale)	Coefficient	Nouvelle pension
Jusqu'à 899 frs	3	Chiffre résultant de l'application du coefficient à la pension principale.
de 900 à 1.080 frs		Chiffre uniforme de 2.700 frs.
de 1.081 à 1.499 frs	2,5	Chiffre résultant de l'application du coefficient à la pension principale.
de 1.500 à 1.666 frs		Chiffre uniforme de 3.750 frs.
de 1.667 à 2.499 frs	2,25	Chiffre résultant de l'application du coefficient à la pension principale.
de 2.500 à 2.812 frs		Chiffre uniforme de 5.625 frs.
de 2.813 à 5.999 frs	2	Chiffre résultant de l'application du coefficient à la pension principale.
Au-dessus de 6.000 fr		Il est ajouté 6.000 frs à la pension principale.

Le chiffre obtenu de la manière qu'il vient d'être dit est ensuite comparé au montant total de l'ancienne pension, accessoires compris. Ce chiffre est acquis au pensionné s'il est supérieur à l'ancien taux. S'il est inférieur, l'ancien taux est maintenu (3).

---

(1) Article 93 § II.

(2) Ce tableau se trouve dans la circulaire de la Comptabilité publique du 3 Mai 1924, page 4.

(3) La situation du pensionné en effet, ainsi qu'il vient d'être expliqué, ne doit pas être rendue pire par l'application du coefficient.

Il suit de là que pour les veuves âgées de plus de 55 ans titulaires d'une pension majorée et bénéficiaires de l'allocation trimestrielle accordée par la loi du 25 Mars 1920, il doit

Application par les comptables. — En raison de son caractère provisoire, le régime des coefficients a été appliqué, en principe, directement par les comptables ; sans intervention ni de la Dette ni des services liquidateurs.

Pour les titres de l'ancien modèle, l'application a été faite, soit par le Trésorier général, soit par le Receveur des Finances, et les titres frappés, par ces comptables, soit du timbre : « Nouveau taux suivant coefficient... Arrérages trimestriels... » soit, au cas où la pension principale affectée du coefficient se trouverait inférieure au taux de la pension ancienne, accessoires compris, du timbre. « Ancien taux maintenu au total général de... y compris l'indemnité de cherté de vie. Arrérages trimestriels... »

En ce qui concerne les pensions payables selon le mode institué par la loi du 5 Septembre 1919, les livrets ont été retirés par les comptables assignataires (Receveurs des Finances, Percepteurs et Receveurs des Postes) et transmis à la Trésorerie générale avec les fiches de paiement correspondantes. (Les Receveurs des Postes ont joint à cet envoi l'avis spécial concernant le paiement de l'indemnité de cherté de vie). La Trésorerie générale procéda seule à la modification des livrets et la mention : « Nouveaux taux suivant coefficient... » ou des fiches. Elle porta sur les livrets, en première page, « Ancien taux maintenu au total général de... » Elle liquida ensuite le supplément correspondant à la période du 15 Avril 1924 jusqu'à la veille de la première échéance et annota en conséquence le coupon correspondant à cette échéance, puis indiqua sur le coupon suivant les arrérages à payer trimestriellement et modifia enfin les deux fiches de paiement A et B, puis fit retour de la fiche B au comptable assignataire.

Décompte du rappel pour la période du 15 Avril 1924 jusqu'à la date d'échéance de la pension. — Il doit être observé qu'au cas d'application du nouveau taux (cas

---

être tenu compte, dans la comparaison entre le nouveau taux donné par l'application du coefficient et le montant total de l'ancienne pension, de cette allocation trimestrielle qui doit être considérée comme intégrée dans la majoration. (Lettre commune de la Comptabilité publique n° 11945 du 17 Mai 1924).

le plus général d'ailleurs), un rappel d'arrérages était dû au pensionné. En ce cas, en effet, le taux de la nouvelle pension était supérieur au montant de la pension ancienne augmentée de ses accessoires. Le pensionné devait donc bénéficier d'un rappel d'arrérages égal à la différence des taux des deux pensions pendant la période qui courait du 15 Avril 1924, date de promulgation de la loi, jusqu'au jour exclu de l'échéance de la pension (1).

Imputation. — Pour toutes les échéances postérieures au 15 Avril 1924, le montant des arrérages payés doit être imputé au chapitre de la pension principale. Aucune imputation ne peut plus en effet, sous l'empire de la nouvelle loi, figurer aux chapitres de la majoration et du complément de la loi du 25 Mars 1920 et de l'indemnité de cherté de vie qui disparaissent.

Renvoi à la Dette. — A titre exceptionnel, l'application du coefficient fut faite, non par les comptables, mais par la Dette inscrite (Bureau de la liquidation des pensions) dans les deux cas ci-après :

1. — Au cas où le pensionné est titulaire de plusieurs pensions.

2. — Au cas où il y a incertitude pour reconnaître le montant de la pension principale en raison de la nature particulière de la pension.

Il y avait incertitude notamment pour les pensions militaires augmentées des compléments, suppléments et allocations des lois des 18 Avril 1881, 20 Janvier 1892 et du 8 Avril 1910 (2).

La Dette, après examen de ces cas spéciaux, renvoya aux comptables les titres revêtus des mentions : « An-

---

(1) Les rappels se calculaient d'après la formule $D \times J : 360$, dans laquelle D désigne la différence annuelle du taux des pensions, J. le nombre de jours et les mois sont comptés pour 30 jours, conformément à la règle générale.

(2) Les suppléments de la loi du 18 Avril 1881 ne sont pas cumulables avec un bureau de tabac. Il devait être tenu compte de la prohibition de cumul dans l'application du coefficient et il fallait déduire les suppléments non cumulables de la pension calculée au nouveau taux.

Au surplus, voir la lettre commune de la Compt. publ. du 21 Juin 1924 n° 14398 (C. P. P.).

cien taux maintenu... ou Nouveau taux suivant coefficient... ».

Cas où il n'y a pas lieu d'appliquer le coefficient. — Les règles qui viennent d'être exposées ne s'appliquent pas, malgré leur généralité, à toutes les pensions indistinctement. Elles ne régissent que les cas où le pensionné peut prétendre à une pension fondée sur les dispositions de la loi du 14 Avril 1924. Or il est des cas exceptionnels où le titulaire d'une pension concédée en raison de la durée de ses services ou de ceux de son auteur ne peut invoquer le bénéfice de cette loi. Tels sont le cas des officiers destitués et celui des veuves titulaires de plusieurs pensions de réversion (1). Si l'officier destitué ne pouvait obtenir, en raison de l'interdiction formulée par les codes de justice militaire (2) et maritime (3) une pension basée sur ses services, il conservait, en vertu de la jurisprudence, la jouissance d'une pension concédée antérieurement à la décision judiciaire prononçant la destitution. Or ce droit de jouissance est enlevé à l'officier destitué par l'article 56 de la loi du 14 Avril 1924 qui stipule que « le droit à l'ob- « tention ou à la jouissance de la pension est suspendu « par la condamnation à la destitution prononcée par « application du code de justice militaire ou mari- « time ». En conséquence, l'officier mis à la retraite après le 14 Avril 1924 et destitué, ne peut bénéficier d'aucune pension, mais l'officier retraité sous l'empire de la législation antérieure, puis destitué, ne peut être privé de la jouissance de sa pension, puisque les lois ne rétroagissent pas. Toutefois cette pension ne saurait être affectée du coefficient prévu à l'art. 93 de la loi nouvelle.

Identique est la situation des veuves titulaires de plusieurs pensions de réversion. Ces veuves pouvaient les cumuler sous l'empire de la législation ancienne. L'art. 62 de la loi du 14 Avril interdit formellement ce cumul.

---

(1) V lettre commune de la Compt. pub. (C P P) n° 16669 du 15 Juillet 1924.
(2). **Article 192.**
(3) Article 244

En conséquence, les veuves ne pourront continuer à cumuler qu'à condition de ne pas demander l'application du coefficient pour l'une quelconque des pensions dont elles sont titulaires (1).

---

(1). Une solution analogue était intervenue pour l'application de la loi du 18 Juillet 1922 aux veuves d'invalides d'avant-guerre titulaires de plusieurs pensions de réversion. Ces veuves durent renoncer au cumul de ces pensions pour obtenir la bonification de l'une d'elles.

TROISIÈME PARTIE

DES CAS OU IL Y A LIEU DE NE PAS PAYER

CHAPITRE PREMIER

CAUSES DE SUSPENSION

LEGISLATION ANTERIEURE A LA LOI DU 14 AVRIL 1924. — **Causes de suspension générales.** — **I. Perte de la qualité de français.** — **II. Cumul.**

Cumul permis. — Autorisations données par les lois spéciales. — Pensions militaires proportionnelles et pensions pour blessures ou infirmités équivalant à la perte de l'usage d'un membre. — Pensions de la loi du 31 Mars 1919. — Pensions bonifiées de la loi du 18 Juillet 1922.

Interdictions absolues. — Cumul entre plusieurs pensions acquises dans l'exercice d'un même emploi. — Cumul entre la pension et la solde ou le traitement afférents à un même emploi. — Pensionnaires civils : effet de la renonciation à l'acquisition de nouveaux droits à la retraite. — Pensionnaires militaires. — Loi de Fructidor an VII. — Extension de la prohibition 1° aux pensions militaires acquises en tenant compte des services civils. 2° aux suppléments de la loi de 1881. — Interdictions spéciales aux pensions militaires d'invalidité. — Application de la loi de Fructidor an VII et de l'article 40 de la loi du 30 Décembre 1913. — Textes spéciaux. — Allocations militaires (Loi du 9 Avril 1915). — Demi-solde et demi-traitement (Lois des 30 Mars 1914, 10 Avril 1915 et 17 Mars 1915). — Indemnités pour charges de famille. — Interdiction de cumul de deux pensions de veuves au titre de la loi du 31 Mars 1919. — Cumul de la pension d'invalidité et d'une pension d'ancienneté (pensions mixtes). — Interdiction de cumul avec une rente-accident. — Pensions bonifiées. — Interdiction de cumul applicable aux majorations de la loi du 25 Mars 1920. — Interdiction de cumul avec l'allocation aux petits retraités. — Interdiction de cumul de plusieurs majorations. — Interdiction de cumul avec l'indemnité de cherté de vie accessoire du traitement.

Cumul autorisé dans certaines limites. — Cumul d'une pension et d'un traitement. — Loi du 30 Décembre 1913. — Définition du traitement. — Limite portée à 10.000 frs (Loi du 31 Juillet 1920. Article 76). — Cumul de plusieurs pensions. — Décompte des sommes non cumulables : 1° ma-

jorations de la loi du 25 Mars 1920. — 2° part rémunérant les services des pensions mixtes de l'article 60. — Application des règles du cumul. — Loi du 5 Septembre 1919.
Causes de suspension spéciales aux pensions militaires. — I. Condamnation à une peine afflictive ou infamante. — II. Résidence hors de France. — III. Entrée aux Invalides. — IV. Admission dans un hôpital.
LOI DU 14 AVRIL 1924. — **Causes de suspension générales.** — I. Perte de la qualité de français. — II. Condamnation à une peine afflictive ou infamante. — III. Déchéance de la puissance paternelle pour les veuves et les femmes divorcées. — Effet de la suspension prononcée pour les causes ci-dessus. — IV. **Cumul.** — Cumul permis. — Interdictions absolues de cumul. — Cumul des pensions des veuves et des orphelins. — Cumul dans certaines limites. — Cumul d'une pension et d'un traitement. — Détermination du traitement. — Application de la règle de la loi du 5 Septembre 1919. — Cumul de plusieurs pensions. — Classification des pensions au point de vue du cumul.
Causes de suspension spéciales aux pensions militaires. — Destitution. — Effet de la suspension prononcée pour destitution à l'égard de la femme et des enfants mineurs.
Procédure de suspension. — Certificats de suspension. — Leur valeur.
Remise en paiement.

Les deux premières parties de cette étude contiennent l'exposé des règles générales et particulières qui président au paiement des arrérages des pensions. Si ces règles sont respectées, le payeur ne peut, en principe, formuler aucun refus de paiement. Si, au contraire, les règles ne sont pas observées, le refus de paiement doit être opposé. Mais il n'est que provisoire. Le droit à pension est présumé intact, l'obstacle vient de ce qu'il n'est pas justifié et le paiement n'est différé que jusqu'au moment où la régularisation est obtenue.

Mais, en dehors des cas d'inobservation des règles, il est d'autres cas où le droit du pensionné, bien que reconnu et inscrit, se trouve atteint dans son existence même et où survient un empêchement absolu au paiement de la pension. Le fait se produit lorsque la pension est suspendue ou lorsqu'elle est éteinte. Dans la première hypothèse, la pension reste inscrite au Grand-Livre de la Dette (1) mais les arrérages *cessent d'être*

-----

(1). Ce principe est vrai théoriquement et d'une façon générale. Toutefois exceptionnellement, pour des raisons pratiques, la Direction de la Dette inscrite procède à la radiation des pensions susperdues pour condamnation ou pour perte de la qualité de français.

payés tant que subsiste la cause de suspension. Elle est remise en paiement lorsque cette cause a disparu. Dans la deuxième hypothèse, la pension est définitivement radiée des livres du Trésor. Elle ne peut être *rétablie* que dans des cas d'exception. Ce sont les causes de suspension et d'extinction des pensions qui vont être étudiées dans cette troisième partie. Les causes de suspension vont faire l'objet d'un premier chapitre.

Les principes admis jusqu'alors en la matière ont été modifiés par la loi du 14 Avril 1924. Néanmoins ce texte est loin d'avoir fait table rase de toutes les règles anciennes. Il convient donc d'étudier, pour en retenir ce qui subsiste, la législation antérieure. (1)

Législation antérieure à la loi du 14 Avril 1924. Causes de suspension générales et causes spéciales aux pensions militaires. — Cette législation comporte les causes de suspension qui vont être énumérées, les unes communes à toutes les pensions, les autres spéciales aux pensions militaires. Les causes de suspension communes étaient au nombre de deux : le cumul soit d'une pension et d'un traitement, ou d'une solde, soit de plusieurs pensions, et les « circonstances qui font perdre la qualité de citoyen français ». A ces causes s'ajoutaient pour les pensions militaires seulement, la condamnation à une peine afflictive ou infamante (2), la résidence hors de France sans l'autorisation du gouvernement, l'admission dans un hôpital et l'entrée aux Invalides.

Perte de la qualité de français. — C'est l'un des principes généraux dominant la législation des pensions qu'aucune pension ne puisse être inscrite au Grand-Livre au nom d'un sujet étranger. L'exclusion des étrangers s'explique aisément par cette considération que les pensions ne s'acquièrent que par l'exercice de fonctions soit civiles, soit militaires auxquelles n'ont accès que les nationaux français. Le principe ne com-

---

(1) Remarquons en outre que cette législation ancienne subsiste entièrement en ce qui concerne les pensions de la loi du 31 mars 1919, la loi du 14 avril 1924 ne s'appliquant qu'aux pensions militaires d'ancienneté.

(2) Pour les pensions civiles, la condamnation à une peine afflictive ou infamante était jusqu'en 1924 non pas seulement une cause de suspension mais une cause d'extinction (Art. 27 de la loi du 9 Juillet 1853).

porte d'exception qu'en faveur de très rares pensionnaires civils (1), des militaires de la Légion étrangère, des mères de militaires morts pour la France pendant la Guerre 1914-1918 (2) et ayant perdu par mariage la qualité de françaises et des ayants droit de militaires étrangers des armées alliées tués dans les opérations de guerre contre l'ennemi commun (3). Sous ces réserves, le principe entraîne, par voie de conséquence, la perte de la jouissance de la pension pour tout pensionnaire français qui vient à perdre sa nationalité. « Les circonstances qui font perdre la qualité de français » sont définies aux articles 17 et 19 (4) du Oode civil. Comme la perte de la qualité de français peut n'être que temporaire, la pension n'est pas définitivement radiée, elle n'est que suspendue. Lorsque le pensionné recouvre la nationalité française, la jouissance de la pension est rétablie à partir de la date du décret de réintégration. Aucun rappel d'arrérages n'est dû pour la période antérieure. Telle est la règle qui a trouvé son expression, pour les pensions militaires, dans l'article 26 de la loi du 11 Avril 1831 et l'article 28 de la loi du 18 Avril 1831 et pour les pensions civiles, dans l'article 29 de la loi du 9 Juin 1853 (5)

II. Cumul. — Parmi toutes les causes de suspension, le cumul soit d'un traitement ou d'une solde avec une pension, soit de plusieurs pensions est de beaucoup la plus fréquente.

Cumul permis. Autorisations données par des lois spéciales. — C'est le principe de non-cumul qui domine la législation. Le cumul d'une pension et d'un traitement ou d'une solde, ou de plusieurs pensions n'est autorisé que dans des cas exceptionnels, en vertu de dispositions législatives formelles et spéciales. Sont

---

(1) Anciens membres de l'enseignement pour la plupart.
(2) Loi du 31 Mars 1919. Article 28.
(3) Loi du 2 Août 1921.
(4) L'article 19 s'applique aux femmes.
(5). Cete règle a été conservée par la loi du 14 Avril 1924. Art. 56 Pcur permettre au comptable de l'appliquer le certificat de vie produit par un pensionné résidant à l'étranger et délivré par un consul doit contenir la déclaration que ce pensionné n'a pas perdu la nationalité française.

ainsi affranches des prohibitions de cumul les traitements des membres de l'Institut et du bureau des Longitudes, des membres de l'Ordre de la Légion d'Honneur et des médaillés militaires (1), les pensions des donataires dépossédés (2), les pensions concédées à titre de récompense nationale par la loi du 13 Juin 1850 (3), les dotations sur les canaux d'Orléans et du Loing (4), les indemnités viagères aux victimes du coup d'Etat du 2 Décembre 1851 (5), les pensions allouées aux blessés de Février 1848 (6). A ces pensions il y a lieu d'ajouter les pensions militaires d'invalidité et les pensions militaires proportionnelles.

Pensions militaires proportionnelles et pensions pour blessures ou infirmités équivalant à la perte de l'usage d'un membre. — Si en principe toutes les pensions militaires ne pouvaient être cumulées avec un traitement *militaire* d'activité, rien ne s'opposait jusqu'en 1890 à leur cumul avec un traitement *civil* d'activité. L'article 31 de la loi de Finances du 26 Décembre 1890 a modifié la législation en ce qui cncerne le cumul des pensions militaires des officiers et assimilés. Elle n'autorise plus le cumul des pensions d'ancienneté que dans certaines limites (7). Mais elle n'interdit pas le cumul in infinitum avec un traitement civil des pensions accordées aux sous-officiers et autorisa expressément celui des pensions concédées aux officiers ou assimilés pour blessures ou infirmités équivalant à la perte d'un mem-

---

(1) L'article 37 de la loi du 30 Décembre 1913 § IV stipule en effet que : « Les dispositions restrictives du cumul ne sont pas « applicables 1º aux membres de l'Institut et du bureau des Lon- « gitudes ; 2º aux membres de l'ordre national et la Légion d'hon- « neur et aux médaillés militaires pour les traitements viagers « qu'ils reçoivent en cette qualité ».

(2) Loi du 26 Juillet 1821. Article 6.

(3) Article 9.

(4) Loi du 20 Mai 1863.

(5) Loi du 30 Juillet 1881. Article 12.

(6) Loi du 18 Avril 1888.

(7) Le cumul était permis « dans le cas oû le total du traite- « ment civil et de ls penaion militaire serait inférieur au mon- « tant de la solde, sans les accessoires, dont jouissait le titulaire « au moment de son admission à la retraite ».

bre (1). La législation postérieure confirma ces principes en les précisant. La loi du 30 Décembre 1913 maintint la faculté de cumul avec un traitement (2) ou avec plusieurs autres pensions (3) laissée « aux titulaires « de pensions militaires proportionnelles ou de pen- « sions militaires pour blessures ou infirmités équiva- « lant au moins à la perte de l'usage d'un membre. »

Pensions de la loi du 31 Mars 1919. — La logique conduisait à assimiler les pensions de la loi du 31 Mars 1919 aux pensions militaires d'invalidité concédées antérieurement pour blessures ou infirmités équivalant à la perte d'un membre. Si donc elles ne peuvent être cumulées avec un traitement militaire d'activité (4), rien n'empêche, sous quelques réserves toutefois, qu'elles soient cumulées sans limites avec un traitement civil ou avec une ou plusieurs pensions. Tel est le sens qu'il convient de donner aux dispositions de l'article 58 de la loi du 31 Mars 1919 ainsi conçu : « Les « pensions définitives ou temporaires, majorations et « allocations concédées conformément à la présente loi « demeurent soumises à toutes les règles relatives au « cumul édictées pour les pensions militaires par les « lois et règlements en vigueur. *Toutefois les disposi-* « *tions restrictives édictées par la loi du 22 Décembre* « *1910 et l'article 37 de la loi du 30 Décembre 1913 ne* « *sont pas applicables aux pensions définitives et tem-* « *poraires, majorations ou allocations concédées en* « *vertu de la présente loi. Il en sera de même de la dis-* « *position restrictive édictée par l'article 40 § 1*er *de la* « *loi du 30 Décembre 1913 qui ne sera pas applicable* « *aux pensions définitives ou temporaires concédées* « *en vertu de la présente loi pour une invalidité supé-*

---

(1). Paragraphe 6 de l'article 31 de la loi du 26 Décembre 1890 précitée

(2) Article 37.

(3). Article 40

(4) Et par là il faut entendre non seulement une solde mensuelle ou journalière touchée par le militaire, mais encore toute allocation militaire (Circ. de la C. P. du 21 Mai 1920 § VI et du 11 Avril 1922) et y ajouter les arrérages d'une pension ancienne, l'allocation aux petits retraités, l'allocation provisoire d'attente, et pour leurs ayants-droits, l'allocation militaire de soutien de famille. la délégation de demi-traitement ou de demi-solde, les indemnités pour charges defamille. les avances sur pension, l'acompte spécial, etc... ainsi qu'il sera expliqué plus loin.

« *rieure à 60 0/0* » (1). Ainsi l'assimilation des pensions de la loi du 31 Mars 1919 aux pensions anciennes d'invalidité ressort nettement des deux dernières phrases du texte cité. Par le rapprochement de ce texte avec la législation postérieure, l'assimilation apparaît encore davantage.

Pensions bonifiées. — Les pensions accordées en effet pour blessures et infirmités ont fait l'objet de la loi du 18 Juillet 1922 qui a eu pour but, ainsi qu'il a été expliqué plus haut, de donner aux militaires réformés d'avant-guerre les avantages de la loi du 31 Mars 1919. Elle a été ainsi conduite à assimiler les infirmités comprises dans les deux premières classes de l'ancien tarif, aux invalidités de 100 0 0 — les infirmités comprises dans les 3e et 4e classes aux invalidités de 80 0/0 — et les infirmités comprises dans la 5e classe (ce sont celles qui équivalent à la perte d'un membre) aux invalidités de 60 0/0. En outre, une loi du 26 Juillet 1923 stipule formellement que l'article 58 de la loi du 31 Mars 1919 sera appliqué aux militaires bénéficiaires de la loi du 18 Juillet 1922 (2).

Ainsi donc les mêmes exemptions des prohibitions de cumul sont accordées à toutes les pensions militaires d'invalidité, qu'elles soient concédées en vertu de la loi du 31 Mars 1919 ou qu'elles bénéficient des avantages attribués postérieurement par la loi du 18 Juillet 1922.

---

(1) V. Circulaire de la Comptabilité publique du 25 Mars 1920 § VIII et sq. Il doit être souligné que le cumul n'est permis que si la pension est supérieure à 60 0/0. Pour les pensions inférieures à ce taux, le cumul n'est autorisé que dans certaines limites. V ci-après.

(2) D'après la loi du 26 Juillet 1923, article unique « les articles « 58, 59 et 60 de la loi du 31 Mars 1919 seront appliqués à dater du « 1er Juillet 1923 aux militaires et marins bénéficiaires de la « loi du 18 Juillet 1922, même à ceux qui n'ont pas repris de « service depuis le 2 Août 1914. »
Ce texte a modifié l'interprétation donnée originairement à la loi du 18 Juillet 1922 par l'instruction interministérielle du 11 Octobre 1922 qui considérait (page 33) qu'à « défaut de dispositions « spéciales étendant aux pensions majorées en vertu de la loi du « 18 Juillet 1922, la faculté illimitée de cumul résultant de l'arti- « cle 58 de la loi du 31 Mars 1919, les dites pensions restaient sou- « mises aux restrictions qui leur étaient applicables en matière « de cumul sous le régime antérieur. »

Toutefois il y a lieu de remarquer que ces pensions sont soumises à certaines prohibitions de cumul spéciales. Ces prohibitions sont absolues. L'étude de ces divers cas conduit à l'examen abordé dans le paragraphe ci-après des interdictions absolues de cumul.

Interdictions absolues de cumul. Cumul entre plusieurs pensions acquises dans l'exercice d'un même emploi. — L'interdiction de ce genre la plus générale vise le cumul entre plusieurs pensions acquises dans l'exercice d'un même emploi. Les mêmes services ne peuvent être rémunérés par deux pensions. Au cas où le pensionnaire peut invoquer le bénéfice de plusieurs régimes de retraite, il a un droit d'option pour le régime qui lui est le plus favorable (1). Ce droit d'option suppose l'interdiction de cumul. Il paraissait, semble-t-il, superflu de formuler cette interdiction dans la loi. Le principe a néanmoins trouvé son expression dans l'article 40 de la loi du 30 Décembre 1913 (2).

Cumul entre la pension et le traitement ou la solde afférents à un même emploi. — La même règle est applicable au cumul d'une pension et d'un traitement ou d'une solde. Les mêmes services ne peuvent être rémunérés *simultanément* par une pension et par un traitement. La pension en effet est la récompense des services passés ; le traitement ou la solde, la rémunération des services actuels (3). L'application de cette règle comporte toutefois quelques observations.

Pensionnaires civils. Renonciation à l'acquisition de nouveaux droits à la retraite. — Une distinction doit être faite entre les services et les pensions civiles d'une

---

(1). Ce droit d'option a été formulé par certains textes.

(2). Paragraphe 2.

(3). C'est en vertu de cette règle de non-cumul qu'il est réclamé lors du paiement des premiers arrérages d'une pension civile ou militaire, un certificat de cessation de paiement du traitement ou de la solde. V. IIe partie Ch I. Le droit à pension est considéré comme suspendu tant que le pensionné touche son traitement ou sa solde. La règle s'applique même lorsque le traitement est continué sous la forme d'un salaire journalier. Ainsi en décide la Circulaire de la C. P. du 11 Avril 1922 § VIII en ce qui concerne les receveurs des postes retraités et maintenus en fonctions.

part et les services et les pensions militaires d'autre part. La raison qui met obstacle au cumul de la pension et du traitement, c'est que le pensionné continue à percevoir s'il est maintenu dans ses fonctions, ou, s'il est remis en activité, perçoit à nouveau, des émoluments soumis à retenues et par là ne cesse pas d'acquérir de nouveaux droits à une pension de retraite. Or les fonctionnaires civils ont la faculté lorsqu'ils sont remis en activité de renoncer à acquérir ces nouveaux droits. Ils perçoivent alors leurs traitements sans retenues et peuvent le cumuler, au moins dans certaines limites (1), avec leur pension. La renonciation ne se présume pas ce qui confirme la règle. Elle doit être expresse et faite dans les huit jours de la notification de la remise en activité (2).

Pensionnaires militaires. Loi de Fructidor an VII. — Toute différente est la situation du pensionné militaire rappelé à l'activité. Celui-ci n'a pas la faculté de renoncer à l'acqusition de nouveaux droits à la retraite et, pour lui, le versement de retenues n'est pas une des conditions requises pour l'acquisition du droit à pension (3). Aussi l'interdiction du cumul est-elle plus absolue pour le pensionné militaire que pour le pensionné civil. Elle ne peut comporter l'exception importante visée plus haut en faveur des pensionnés ayant renoncé à acquérir de nouveaux droits à la retraite. Elle a été formulée par l'article 4 de la loi du 28 Fructidor an VII qui dispose, en termes absolus et généraux que « nul ne peut à la fois jouir de la solde de retraite et de

---

(1). V. ci-après.

(2) L'article 37 de la loi du 30 Décembre 1913 in fine (§ V et VI) contient les dispositions suivantes : « En ce qui touche les pen- « sionnaires civils, la faculté de cumul prévu au Ier alinéa (cumul « dans certaines limites) comporte affranchisement des retenues « mais fait obstacle à l'acquisition de nouveaux droits à la re- « traite. La renonciation à cette faculté de cumul, en vue de l'ac- « quisition de nouveaux droits à pension, devra être expresse « et faite dans les huit jours de la notification aux intéressés « de leur remise en activité ».

(3). Avis du Conseil d'Etat du 30 Novembre 1880. V. Griolet, Vergé et Robinet. Traité des pensions civiles et militaires n° 2.970.

« celle d'activité pour un service permanent » (1). L'interdiction vise toutes les soldes aussi bien celles des sous-officiers et des soldats que celles des officiers.

Extension 1° aux pensions militaires acquises en tenant compte des services civils. — La prohibition de cumul a même été étendue aux titulaires de pensions militaires acquises en tenant compte des services civils. Les pensions de cette nature, d'après l'article 27 de la loi du 11 Avril 1831 et l'article 29 de la loi du 18 Avril 1831, ne sont pas cumulables avec un traitement civil d'activité. Comme d'autre part, ces pensions restent soumises aux dispositions de la loi du 28 Fructidor an VII qui sont générales et s'appliquent à toutes les pensions militaires, elles sont incompatibles, soit avec un traitement civil, soit avec une solde militaire d'activité (2).

2° aux suppléments de la loi de 1881. — La même interdiction a été édictée par la loi du 18 Août 1881 qui alloue des suppléments de pension aux pensionnés militaires retraités sous l'empire des lois antérieures à celles des 5 et 18 Août 1879 ou à leurs veuves. La loi de 1881 (3) décida que le paiement de ces suppléments « se- « rait suspendu pour les pensionnés de toute catégo- « rie pourvu d'emplois civils rétribués par l'Etat, les « départements et les communes ou de débits de ta- « bac. »

---

(1) L'article 5 de la même loi stipule qu'au contraire « la solde « de la retraite n'est pas incompatible avec les traitemnts atta- « chés aux fonctions civiles ».

L'interdiction de l'article 4 a été levée, pour la durée de la Guerre, par le Décret du 12 Août 1914 en ce qui concerne les militaires à solde journalière. Ce Décret, valable pour le temps de guerre, a cessé d'être appliqué depuis le 23 Octobre 1919, date du Décret qui constate la fin des hostilités.

(2). En vue de l'application de cette règle de non-cumul, les titres de pensions dans la liquidation desquelles ont été compris les services civils portent une mention apposée par la Dette inscrite.

(3) Article 1er § VI. Cette disposition n'a plus guère aujourd'hui qu'un intérêt historique.

Interdictions spéciales aux pensions militaires d'invalidté. Application de la loi du 28 Fructidor an VII et de l'article 40 de la loi du 30 Décembre 1913. — A ces prohibitions absolues de cumul sont venues s'ajouter des interdictions péciales aux pensions militaires d'invalidité.

Sous le régime antérieur à la loi du 31 Mars 1919, les pensions militaires d'invalidité concédées par application des lois des 11 et 18 Avril 1831 étaient soumises aux prohibitions absolues de cumul édictées pour toutes les pensions militaires .Ces prohibitions de cumul, ce sont celles qui résultent de l'application de l'article 4 de la loi du 30 Décembre 1913. Elles restent applicabls aux pensionnés de la loi du 31 Mars 1919 qui vise implicitement les textes ci-dessus dans la première phrase de son article 58 sous cette réserve contenue également implicitement dans la suite de l'article ainsi que dans les articles 59 et 60 de la même loi, en ce qui concerne l'article 40 de la loi du 30 Décembre 1913, que le cumul d'une pension d'ancienneté et d'une pension d'invalidité est autorisé sous la forme de pensions mixtes. C'est ainsi qu'étaient précomptés sur les premiers arrérages payés aux invalides de la loi du 31 Mars 1919, par application de la loi de Fructidor an VII, la solde mensuelle et la solde journalière, et, par application de l'article 40 de la loi du 30 Décembre 1913, les arrérages d'une pension liquidée à l'ancien taux, l'allocation aux petits retraités et l'allocation provisoire d'attente. De même, c'est en vertu de la loi du 30 Décembre 1913, que les veuves, orphelins et ascendants des militaires décédés en possession de droits à une pension de la loi du 31 Mars 1919 subissent sur les premiers arrérages de leur pension, le précompte des arrérages d'une pension ancienne, de l'allocation aux petits retraités, des avances sur la pension nouvelle, de l'acompte spécial et de l'allocation provisoire d'attente (1).

Textes spéciaux. Allocation militaire (Loi du 9 Avril 1915). — En outre des textes spéciaux interdirent le cumul pour les ayants-droits des militaires décédés de l'allocation militaire, du demi-traitement et de la demi-

____

(1). V. IIe Partie, Chap. II,

solde. La loi du 9 Avril 1915 stipulait, dans son article 2, que « dans le cas de décès et au cas où ce décès « ou- « vrirait droit à une pension à la charge de l'Etat, des « départements, colonies ou pays de protectorat, com- « munes ou établissements publics, au profit de mem- « bres de la famille, ceux-ci ne pourront cumuler le « bénéfice de ladite pension et celui de l'allocation ac- « quise en vertu. soit de la loi du 5 Août 1914, soit de « la présent loi. — Le droit à pension sera ouvert et la « pension liquidée à compter du lendemain du décès. « Mais la jouissance des arrérages sera suspendue jus- « qu'à la cessation du régime des allocations. » Le cumul n'était admis que pour les veuves remariées pensionnées du chef de leur mari décédé et qui percevaient l'allocation du chef de leur nouveau mari. Il était admis dans ce cas que la loi ne s'opposait pas au cumul en raison du fait que l'allocation et la pension bénéficiaient à deux familles distinctes (1). Il doit être remarqué de plus que l'interdiction de cumul visait les allocations instituées par les lois des 5 Août 1914 et 9 Avril 1915 mais non pas celles qui avaient été accordées par la loi du 7 Août 1913. D'autre part, la loi du 9 Avril 1915 n'avait pas d'effet rétroactif. L'interdiction de cumul concernait les seules allocations perçues cumulativement avec une pension après le 9 Avril 1915 et non celles qui avaient été touchées antérieurement (2).

Demi-solde et demi-traitement. (Lois des 30 Mars 1915, 10 Avril 1915 et 17 Mars 1915). — Quant à l'interdiction de cumul de la pension et de la demi-solde, elle résultait des décrets des 9 et 26 Octobre 1914 auxquels des textes législatifs en date du 30 Mars 1915 eu du 10 Avril 1915 donnèrent force de loi. Ces textes furent modifiés par la loi du 25 Juillet 1915 mais seulement en ce qui concerne le point de départ de la pension qui fut ramené, conformément à la règle générale, au lendemain du décès. Ils furent. en outre, étendus aux militaires de la gendarmerie et des troupes coloniales par le décret du 23 Novembre 1914 converti en loi le 30 Mars 1915 (3). Ces textes accordent aux veuves et descendants

___

(1). V. Circ. de la C. P. du 28 Mai 1920 § VI et du 2 Février 1921 § VII

(2). V. Circ de la C. P. du 11 Avril 1922 § VI.

(3). V. Circ. de la C. P. du22 Octobre 1915 § 1er.

de militaires à solde mensuelle un droit d'option entre la pension et la demi-solde qui pourra être perçue jusqu'à la cessation des hostilités. Il en fut de même pour le demi-traitement alloué aux veuves de fonctionnaires, et dont le cumul avec la pension fut prohibé par le décret du 24 Octobre 1914 ratifié par la loi du 17 Mars 1915 (1).

Indemnités pour charges de famille. — Etait encore prohibé en vertu de la loi du 18 Octobre 1919, le cumul des indemnités annuelles pour charges de famille avec les majorations pour enfants. L'article 11 de cette loi stipulait en effet que ces indemnités « ne sont acquises « aux bénéficiaires des articles 13 et 19 de la loi du 31 « Mars 1919... que dans la mesure où elles excèdent « le montant des majorations pour enfants prévues par « ladite loi » (2). Ce texte est resté en vigueur jusqu'à la loi du 20 Juillet qui l'abroge (avec effet rétroactif du 1er Janvier 1922).

Interdictions formulées par la loi du 31 Mars 1919. — Indépendamment des interdictions absolues qui viennent d'être énumérées et qui ont été formulées soit par des textes généraux applicables à toutes les pensions militaires, soit par des textes spéciaux, il existe une dernière catégorie de prohibition absolues de cumul dont la source se trouve dans les dispositions de la loi du 31 Mars 1919 (3).

Cumul de deux pensions de veuve de la loi du 31 Mars 1919. — C'est ainsi que le dernier alinéa de l'article 58 a prononcé une interdiction formelle pour la veuve de cumuler sur sa tête deux pensions au titre de

---

(1). V. la même circulaire. Le bénéfice du décret a été étendu aux veuves et orphelins de fonctionnaires rétribués sur les budgets généraux, locaux ou spéciaux des colonies par la loi du 11 Août 1915. V. en outre la loi du 6 Avril 1918 qui ouvre une nouvelle option au profit des veuves et orphelins qui désiraient bénéficier du relèvement des soldes et des traiteemnts (Cir. du 27 Déc. 1918 § I). En cas d'option pour la demi-solde ou le demi-traitement, la Dette établissait un certificat de suspension de la pension. Le régime des demi-soldes et des demi-traitements a pris fin à compter du 15 Nov. 1919. (Circ. de la C. P. du 26 Novembre § V.)

(2) V. Circ. de la C. P. du 15 Mars 1921 § V et du 2 Février 1921 § VIII

(3). V. Circ. de la C. P. précitée du 25 Mars 1920 § VIII,, IX et X.

cette loi « en aucun cas et pour quelque cause que ce « soit » (1). Une incomptabilité semblable avait été d'ailleurs été édictée par la loi du 14 Mars 1915 entre la pension civile exceptionnelle qu'elle allouait aux fonctionnaires civils mobilisés atteints de blessures ou infirmités ouvrant droit à une pension militaire et cette pension militaire. La prohibition de cumul avait été étendue à leurs veuves et à leurs orphelins (2).

Cumul de la pension d'invalidité et d'une pension d'ancienneté. (Pensions mixtes). — Il résultait d'autre part des articles 59 et 60 que les militaires de carrière pouvaient cumuler soit une pension militaire proportionnelle, soit une pension d'ancienneté avec une pension d'invalidité au titre de la loi du 31 Mars 1919, ce qui constituait une pension mixte (3). Mais la pension d'invalidité consistait, pour tous les grades, en une majoration uniforme dont le taux ne pouvait dépasser celui des pensions allouées aux soldats atteints de la même invalidité. Cette règle s'appliquait également à la pension de réversion de la veuve ou des orphelins (4).

Cumul avec une rente-accident. — Enfin, des articles 50, 51 et 52 découlait une interdiction de cumul entre les pensions de la loi du 31 Mars 1919 et les indemnités allouées en vertu de la législation sur les accidents de travail (Loi du 9 Avril 1898) ou les pension accordées par les compagnies de chemins de fer aux mobilisés affectés dans les établissements travaillant pour la défense nationale, aux exploitations agricoles ou aux agents mobilisés des compagnies de chemins de fer.

---

(1). Toutefois l'interdiction de cumul ne s'applique pas au cumul d'une pension de **veuve** de guerre et d'une **allocation d'ascendant.**

V Circ. de la C. P. du 2 Février 1921 § VI.

(2). Article 2 de la loi du 14 Mars 1915. La loi donnait aux fonctionnaires et à leurs veuves ou orphelins un droit d'option entre les deux pensions. L'option comportait implicitement la prohibition de cumul.

(3) V. IIᵉ Partie, Chap. II. Ici encore l'interdiction de cumul est édictée sous la forme d'une option.

(4) A noter cependant que rien n'empêchait le cumul de la pension civile de réversion attribuée à la veuve ou aux orphelins d'un fonctionnaire mobilisé avec la pension de la loi du 31 Mars 1919.

Lorsqu'à raison d'un même fait ces mobilisés spéciaux peuvent prétendre à la fois à une pension définitive ou temporaire de la loi du 31 Mars 1919 et à une rente-accident ou à une indemnité ou pension payée par une conpagnie de chemins de fer « ils n'ont droit au cumul « que dans la limite de la somme représentée par la « différence entre la plus forte et la plus faible des deux « allocations » (1). La pension servie par l'Etat est suspendue en partie ou en totalité. Dans le calcul de la différence entre la plus forte et la plus faible des deux allocations, il doit être tenu compte des allocations et majorations temporaires instituées en faveur de certaines victimes d'accident de travail par la loi du 15 Juillet 1922 (2). Toutes ces disponibilités sont applicables aux veuves et aux orphelins des mobilisés spéciaux.

Pensions bonifiées. — La loi du 26 Juillet 1923 a assimilé, ainsi qu'il a été dit plus haut, les pensions bonifiées en vertu de la loi du 18 Juillet 1922, aux pensions de la loi du 31 Mars 1919 en ce qui concerne l'application des règles du cumul. L'assimilation est complète : elle porte non seulement sur les exemptions mais aussi sur les interdictions. Les règles qui viennent d'être exposées leur sont donc applicables. En outre, il doit être remarqué que les pensions bonifiées « ne peuvent pas « plus que celles de la loi du 31 Mars 1919 ou de la loi « du 24 Juin 1919 (3) donner, en aucun cas, ouverture « à l'allocation temporaire aux petits retraités (Loi du « 23 Février 1919) ni à l'indemnité temporaire de cherté « de vie aux petits retraités (Loi du 12 Avril 1922). » (4)

Interdictions de cumul applicables aux majorations de la loi du 25 Mars 1920. Cumul avec l'allocation aux petits retraités. — Il convient enfin de rappeler, pour terminer cet exposé des interdictions absolues de cu-

----

(1) Art. 52 de la loi du 31 Mars 1919.
(2) V. Circ. de la C. P. du 21 Décembre 1922 § X.
(3) Cette loi concerne **les victimes civiles de la guerre.** Les pensions allouées aux victimes civiles sont soumises aux mêmes règles de cumul que les pensions de la loi du 31 Mars 1919. V. IIe Partie, Chap. III,
(4) Instruction interministérielle du 11 Octobre 1922 § XXI, p. 33, Cf Circ. de la C. P. du 27 Mai 1923 § XI. En ce qui concerne le cumul des bonifications et de l'allocation temporaire, V. IIe Partie, Chap. III,

mul, que les règles d'attribution des majorations de la loi du 25 Mars 1920 s'opposaient à certains cumuls. D'abord, en vertu de l'article 1ᵉʳ de la loi du 25 Mars 1920 la majoration était incompatible avec l'allocation aux petits retraités.

Cumul de plusieurs majorations. — De plus, par interprétation de la loi du 25 Mars 1920, il avait été décidé qu'au cas où un même pensionné serait titulaire de plusieurs pensions majorées, il serait fait masse de ces pensions pour l'attribution d'une majoration unique calculée sur leur montant global. Il n'était donc pas permis au retraité de cumuler autant de majorations qu'il avait de pensions considérées isolément. La même règle s'appliquait aux pensionnés qui bénéficiaient à la fois d'une pension de l'Etat et d'une ou de plusieurs autres pensions servies par les départements, les communes ou les établissements publics (1). En ce cas, le paiement de la majoration afférente à la pension de l'Etat était suspendue en partie ou en totalité. La responsabilité des comptables chargés du paiement des pensions des départements, des communes ou des établissements publics garantissait l'application de ces principes (2).

Interdiction de cumul avec l'indemnité de cherté de vie accessoire du traitement. — Enfin le Décret du 29 Juin 1920 stipulait, dans son article 5, 4°, que l'indemnité de cherté de vie accordée aux fonctionnaires, comme accessoire de leur traitement ne pouvait être attribuée « aux bénéficiaires de la loi du 25 Mars 1920 ». Une exception était faite toutefois en faveur des veuves de moins de 55 ans qui ne percevaient pas l'allocation trimestrielle de l'article 3 de la loi précitée, des orphelins et des titulaires de pensions proportionnelles qui pouvaient recevoir, dans les conditions fixées au décret, une indemnité exceptionnelle ne dépassant pas 360 Frs. par an (3). Cette prohibition visait tout cumul entre la majoration et l'indemnité de cherté de vie accessoire de traitement. Elle s'appliquait non seulement au cumul

---

(1). V. Circ. de la C. P. du 16 Février 1921 § II.
(2). V. 2 Partie. Chap. III, p. 214 et la note (2).
(3). V. Circ. de la C. P. du 15 Mars 1921 § V.

des pensions majorées et des indemnités de cherté de vie payées sur le budget de l'Etat, mais encore au cumul de toutes pensions majorées servies soit par l'Etat, soit par les départements, les communes ou les établissements publics, avec les indemnités accessoires de traitements alloué soit par l'Etat, soit par les collectivités.

Cumul autorisé dans certaines limites. — Les règles qui viennent d'être définies et qui comportent, soit une faculté illimitée, soit une prohibition absolue de cumul, ne concernent que des cas particuliers. Il convient d'aborder maintenant la législation qui s'applique, hors ces cas d'exception, à toutes les pensions civiles ou militaires. Le principe dominant de cette législation est le principe de non-cumul, mais ce principe est tempéré par une faculté de cumul dans certaines limites. Deux hypothèses peuvent se présenter qui vont être examinées successivement :

1° cumul d'une pension (civile ou militaire) avec un traitement ;

2° cumul de plusieurs pensions.

Il doit être remarqué tout d'abord qu'il y a lieu d'écarter l'hypothèse d'un cumul autorisé dans certaines limites entre une pension et une solde. Le cumul d'une pension militaire en effet et d'une solde est absolument interdit (1) et celui d'une pension civile et d'une solde, bien que théoriquement permis, en l'absence de tout texte prohibitif, est irréalisable en fait, puisque les pen-

---

(1). A titre exceptionnel cependant sont autorisés à cumuler leur pension militaire 1° avec leur scolde, les militaires de la réserve et de l'armée territoriale accomplissant une période d'exercice (Loi du 1er Juin 1878. Art 1 r) 2° avec l'indemnité qui leur est allouée à raison de l'exercice de fonctions militaires (Art. 38 de la loi du 30 Décembre 1913) les officiers de recrutement, — les capitaines d'habillement dans les corps de troupe d'infanterie, d'artillerie et du génie, et les capitaines trésoriers dans tous les corps de troupe, — les officiers employés dans les écoles militaires, — les officiers membres du parquet ou des greffes des conseils de guerre ou des tribunaux maritimes, — les officiers employés dans l'armée territoriale, dans les établissements pénitentiaires ou dans les services de la Guerre. Toutefois, pour toute cette deuxième catégorie de retraités, le cumul ne peut dépasser les limites fixées pour le cumul des pensions et des traitements et il s'oppose à l'acquisition de nouveaux droits à la retraite.

sionnés civils ont dépassé l'âge du service militaire ou y sont inaptes.

Quant au cumul d'une pension militaire et d'un traitement il fut tout d'abord prohibé par les lois des 11 et 18 Avril 1831 qui stipulaient que les pensions militaires ne pourraient « en aucun cas être cumulées avec un « traitement civil d'activité » (1). D'autre part, les maxima apparaissaient avec la loi du 9 Juin 1853, qui autorisait, pour les pensions civiles, le cumul de la pension et du traitement jusqu'à concurrence de 1.500 Frs. (2). La loi du 22 Décembre 1910 permit aux veuves et orphelins de fonctionnaires civils et militaires de cumuler dans la limite de 6.000 Frs. leurs pensions avec les traitements ou indemnités quelconque payés par l'Etat, les départements, les colonies, les communes et les établissemens publics. Puis la loi du 30 Décembre 1913 étendit le bénéfice de ces dispositions à tous les pensionnés. Cette loi, dans son titre III, sous la rubrique « Dispositions communes aux pensions civiles et militaires », autorisait à l'article 37, le cumul dans les termes ci-après : « Les titulaires de pensions civiles ou militaires « nommées à un emploi civil rétribué, soit par l'Etat, « soit par les départements, colonies, ou pays de pro-« tectorat, communes ou établissements publics ne « peuvent cumuler leur pension (y compris, le cas « échéant, les suppléments, compléments ou alloca-« tions créés par des lois spéciales) avec le traitement « attaché à cet emploi qu'autant que le total n'excédera « pas 6.000 Frs., ou, s'il était supérieur à ce chiffre, le « montant de leur dernier traitement d'activité, sans « les accessoires. »

Définition du traitement. — La loi prenait en outre le soin de définir ce qu'il fallait entendre par le mot de « traitement ». « Pour l'application de cet article sont « considérés comme traitement les sommes allouées « sous quelque dénomination que ce soit, à raison de

---

(1). Loi du 11 Avril 1831. Art. 27. Loi du 18 Avril 1831. Art. 29.

(2). « Lorsque le pensionnaire est remis en activité dans un « même service, disait laloi de 1853, sa pension est suspendue. « Lorsqu'il est remis en activité dans un service différent, il ne « peut cumuler sa pension et son traitement que jusqu'à con-« currence de 1.500 francs ». (Art. 28).

« services rémunérés au mois ou à l'année ». Toutefois, il n'était pas fait état de celles qui sont attribuées « à titre de supplément colonial, ni de celles ayant le « caractère de remboursement de dépenses ». Il y avait lieu d'exclure en outre, les indemnités pour charges de famille, l'indemnité de cherté de vie et l'indemnité de résidence qui ne sont pas soumises à retenues (1).

Limite reportée à 10.000 Frs. (Loi du 31 Juillet 1920. Art. 76.) — La limite du cumul était enfin portée à 10.000 Frs. par l'art. 76 de la loi du 31 Juillet 1920 (2) avec effet à compter du 1er Août 1920. La nouvelle limite s'appliquait non seulement au cumul avec un traitement des pensions des fonctionnaires civils ou militaires mais à celui des pensions de veuves ou d'orphelins. Afin de permettre aux pensionnés retraités avant le 1er juillet 1919, de bénéficier des relèvements de traitements, la loi du 31 Juillet 1920 décidait, en établissant un forfait, que « dans les cas où la limite serait fixée, « par application de l'art. 37 de la loi du 30 Décembre « 1913, au dernier traitement d'activité, cette limite, « pour les fonctionnaires admis à pension antérieure- « ment au 1er Juillet 1919 serait majorée de 50 0/0 » (3).

Cumul de plusieurs pensions. — Les mêmes limites étaient applicables au cumul de deux ou de plusieurs pensions entre elles. L'art. 40 de la loi du 30 Décembre 1913 disposait que « le cumul de plusieurs pensions « servies à leurs anciens agents par l'Etat, les départe- « ments, les colonies ou pays de protectorat, les com- « munes ou les établissements publics est autorisé dans « la limite de 6.000 Frs. » Cette limite était portée par l'art. 76 de la loi du 31 Juillet 1920 à 10.000 Frs. dans tous les cas de cumul d'une pension et d'un traitement

---

(1) Par contre devaient entrer en ligne de compte pour le calcul du chiffre du traitement cumulable les indemnités faisant corps avec le traitement comme les indemnités de fonctions allouées par la loi du 30 Avril 1921. Art. 57.

(2). « Dans tous les cas où la limite du cumul d'une pension « et d'un traitement, ou dl deux pensions serait fixée à 6.000 « francs par application de l'article unique de la loi du 22 Dé- « cembre 1910 et des articles 37 et 40 de la loi du 30 Décembre « 1913 cette limite sera portée à 10.000 francs ». (Art. 76 de la loi du 31 Juillet 1920).

(3). V. Circ. de la C. P. des 27 Août 1920 § III et 15 Mars 1921 § VI.

ou de deux pensions visés par les lois des 22 Décembre 1910 et du 30 Décembre 1913.

Décompte des sommes non cumulables : 1° majorations de la loi du 25 Mars 1920. — Il doit être noté que pour l'application des règles du cumul, qu'il s'agisse de cumul d'une pension et d'un traitement, ou de cumuls de plusieurs pensions, il est fait état des majorations de la loi du 25 Mars 1920. L'art. 76 de la loi du 31 Juillet 1920, in fine, en effet abrogeait l'art. 14 de la loi du 25 Mars 1920 qui permettait le cumul in infinitum des majorations.

2° Part rémunérant les services des pensions mixtes de l'art. 60. — Il doit être observé en outre que n'échappaient pas aux règles de limitation de cumul les pensions mixtes de l'art. 60 de la loi du 31 Mars 1919 en ce qui concernait la part rémunérant l'ancienneté des services. Le titre afférent à cette part était d'ailleurs reconnaissable à une mention relative au cumul apposée par la Dette inscrite. En revanche les pensions mixtes de l'art. 59, pour lesquelles la part correspondant aux services est constituée, soit par une pension proportionnelle du taux normal ou du taux spécial aux pensions de l'espèce, soit par une pension de réforme, continuaient à bénéficier de la faculté illimitée de cumul accordée aux pensions de la loi du 31 Mars 1919.

Application des règles du cumul. Loi du 5 Septembre 1919. — Les prohibitions absolues de cumul entraînaient ipso facto la suspension de la pension. En était-il de même lorsque le cumul était autorisé dans certaines limites ? La réponse à cette question était affirmative avant la promulgation de la loi du 5 Septembre 1919. L'art. 37 de la loi du 30 Décembre 1913 prévoyant le cumul d'une pension et d'un traitement contenait dans son paragraphe 1er, in fine, la disposition suivante : « Au cas où cette limite (de 6.000 Frs.) serait dé- « passée, l'excédent sera retenu sur la pension. » Ainsi, d'après ce texte, la pension était suspendue en tout ou en partie et le traitement était payé intégralement.

---

(1). V. Circ. de la C. P. du 13 Juin 1921 § VII.

L'art. 40 de la même loi stipulait, en ce qui concerne le cumul de plusieurs pensions qu'au « cas où la limite (instituée) serait dépassée, l'excédent sera retenu sur la « pension servie par l'Etat. » Cette dernière règle a été conservée, mais la première a été modifiée par la loi du 5 Septembre 1919 (1). L'art. 4 de cette loi dans son deuxième paragraphe, disposait bien, dans les termes ci-après, qu'au « cas d'interdiction de cumul de plu- « sieurs pensions ou d'une pension avec le produit d'un « bureau de tabac, le Ministre des Finances ne met en « paiement les pensions que pour la somme nette, dé- « duction faite de la portion non susceptible d'être cu- mulée et mention en est faite sur le titre » (2). Mais il contenait d'autre part dans son premier paragraphe, la prescription suivante : « Les retenues à exercer en cas « d'interdiction totale ou partielle de cumul d'une pen- « sion avec un traitement ou une allocation quelconque « sont opérées sur le traitement ou sur l'allocation en « vertu d'une liquidation de l'ordonnateur et le mon- « tant en est versé au Trésor, toutes les fois que le trai- « tement ou l'allocation sont mandatés sur un budget « autre que celui de l'Etat ». Il semblerait a priori que ce texte ait supprimé la cause de suspension des pensions qui résulte du cumul d'une pension avec un traitement. Il faut se garder d'une interprétation aussi absolue. Lorsqu'un pensionné perçoit un traitement, ce traite- ment est réduit, par les soins de l'ordonnateur, *à partir du moment où le cumul est constaté*, à la portion cu- mulable et le surplus fait l'objet de retenues dont le montant est reversé au Trésor toutes les fois que le pen- sionné est rétribué sur le budget d'un département, d'une commune, d'une colonie ou d'un éablissement public. Dès lors, la prohibition de cumul disparaît avec sa cause et la situation du pensionné se trouve ainsi ré- gularisée pour l'avenir.

---

(1). Loi instituant un mode nouveau de paiement des pen- sions

V Iʳᵉ partie Chap. 1ᵉʳ,

(2). Pour l'application de ce texte, la Direction de la Dette inscrite indique au moyen d'une mention apposée sur les ti- tres, le montant net des arrérages à payer en cas de cumul V la Circ. de la P. C. du 8 Novembre 1921 § IV qui rappelle la règle et insiste sur la responsabilité qu'elle entraîne pour les comptables.

Mais pour le passé, pour la période antérieure au moment où le cumul a été constaté, il n'en est pas moins vrai que le pensionné a dépassé les limites permises du cumul. Pour toute cette période, la pension doit être suspendue. Elle fait l'objet d'un certificat de suspension en vertu duquel sont récupérées sur la pension les sommes indûment cumulées. En résumé, antérieurement à la loi du 5 Septembre 1919, le traitement était perçu intégralement, la pension était ramenée à la portion cumulable et saisie, à concurrence du cinquième, pour solder le débet ayant sa cause dans le cumul. En vertu de la loi du 5 Septembre 1919, c'est le traitement qui est réduit à la portion cumulable, mais la pension est suspendue pour la période où elle a été cumulée indûment avec le traitement, et saisie, à concurrence du cinquième, pour solder le débet qui a son origine dans le cumul.

Causes de suspension spéciales aux pensions militaires. Condamnation à une peine afflictive ou infamante. — La perte de la qualité de français et le cumul, causes de suspension qui viennent d'être étudiées, constituaient dans la législation antérieure à la loi du 14 Avril 1924, les causes de suspension communes à toutes les pensions. Cette législation comportait encore les causes de suspension spéciales aux pensions militaires ci-après : la condamnation à une peine afflictive ou infamante (1), la résidence hors de France sans l'autorisation du gouvernement (2), l'entrée à l'hôtel des Invalides (3), et l'admission dans un hôpital (4). La première de ces causes de suspension spéciales aux pensions militaires subsiste seule dans la législation actuelle ; les trois dernières ont en partie disparu.

---

(1). Loi du 11 Avril 1831, Art. 26. Loi du 18 Avril 1831, Art. 28. La pension était suspendue pendant la durée de la peine et à partir du jour où la condamnation était devenue définitive. Pour les pensions civiles la condamnation était un cause de déchéance (Art 27 de la loi du 9 Juin 1853).

(2). Loi du 11 Avril 1831, Art. 26 § IV. Loi du 18 Avril 1831. Art 28 § IV. Loi du 23 Mai 1834, Art. 13.

(3). Décret du 21 Décembre 1911, Art. 5.

(4). Règlement su le serrvice de Santé de la Guerre du 25 Nov. 1899, sur le Service de Santé de la Marine du 13 Septembre 1910

Résidence hors de France. — Les autorisations de résidence à l'étranger étaient demandées au Ministère de l'Intérieur. La loi du 13 Juillet 1923 décida que « les « pensionnés militaires français pouvaient sans au- « cune autorisation résider à l'étranger sans perdre la « jouissance de leur pension ». Toutefois cette loi nouvelle laisse subsister l'obligation de résider en France qui est imposé aux ascendants étrangers titulaires d'une pension de la loi du 31 Mars 1919 (1) et aux pensionnés militaires d'Alsace-Lorraine (2).

Entrée aux Invalides. — L'entrée d'un pensionné militaire, aux Invalides et son admission dans un hôpital avait pour effet, non plus en vertu de textes législatifs, mais en vertu de dispositions règlementaires, d'entraîner la suspension des pensions militaires. La première de ces deux causes de suspension doit être considérée comme abrogée. Les pensions des invalides sont touchées intégralement par le gestionnaire de l'Etablissement. Il en reverse le montant aux titulaires sous déduction des frais d'hospitalisation qui s'élèvent à 1.000 frs par an pour les sous-officiers et les soldats, à 1.200 frs pour les officiers subalternes et à 1.500 pour les officiers supérieurs (3).

Admission dans un hôpital. — Les pensions militaires d'autre part continuent à être suspendues pour admission dans un hôpital. Mais la suspension n'est prononcée qu'au cas où les retraités ne peuvent invoquer le bénéfice de l'article 64 de la loi du 31 Mars 1919, c'est-à-dire que lorsqu'ils sont titulaires de pensions de réforme d'avant guerre ou de pensions d'ancienneté. En fait l'application de l'article 64 sus-visé a limité considérablement le nombre de pensionnés dont la pension fait l'objet d'une mesure de suspension et cette dernière

----

(1) Loi du 28 Juillet 1921.

(2). Loi du 17 Avril 1923. V. au surplus la Circ. de la Compt. pub du 9 Août 1923 § IV.

(3). Décrets des 17 Septembre 1920, article 8. 12 Janvier 1921 et 10 Avril 1921

cause de suspension n'a plus qu'un intérêt théorique. (1).

Loi du 14 Avril 1924. — Tel était l'état de la législation à laquelle étaient soumises les causes de suspension des pensions avant la loi du 14 Avril 1924. Ce texte n'a pas bouleversé toute la matière : il a respecté les principes généraux antérieurement admis. Il y a cependant apporté d'importantes modifications qu'il convient maintenant d'examiner.

Causes de suspension générales. Perte de la qualité de français. — Au premier rang des causes de suspension générale communes à toutes les pensions, la loi du 14 Avril 1924 maintient, dans les conditions où elle était admise par la législation antérieure, la perte de la qualité de français « durant la privation de cette qualité. » (2).

Condamnation à une peine afflictive ou infamante. — La législation ancienne considérait la condamnation à une peine afflictive ou infamante comme une cause de suspension spéciale aux pensions militaires. Pour les pensions civiles elle était une cause de déchéance. L'article 56 (alinéa 2) de la nouvelle loi unifie sur ce point la législation des pensions civiles et des pensions militaires et fait de la condamnation à une peine afflictive ou infamante une cause de suspension limitée à la durée de la peine et commune à toutes les pensions.

Déchéance de la puissance paternelle pour les veuves et les divorcées. — A ces causes s'ajoute, en vertu du même article 56 (alinéa 4), la déchéance de la puissance paternelle lorsqu'elle est prononcée par les tribunaux

---

(1) Les entrées des retraités qui ne bénéficient pas de la gratuité des soins sont signalées par les gestionnaires des hôpitaux à la Direction de la Dette Inscrite qui, dès réception du bulletin d'admission, établit des certificats de suspension et les adresse aux comptables assignataires.

(2). Loi du 14 Avril 1924. Article 56 § III.

contre les veuves et les femmes divorcées titulaires de
pensions de réversion civiles et militaires (1).

**Effet de la suspension prononcée pour les causes ci-
dessus.** — La suspension de la pension, sous l'empire
de l'ancienne législation, était toujours opposable aux
créanciers du pensionné même privilégiés et notamment à sa femme et à ses enfants mineurs qui, conformément aux principes généraux du droit civil ne pouvant invoquer à l'égard du Trésor que les droits de leur
auteur se trouvaient hors d'état de prétendre aux arrérages de la pension suspendue. L'article 57 de la loi du
14 Avril 1924 décide néanmoins qu'au cas où la suspension de la pension a été prononcée pour les causes énumérées à l'article précédent (perte de la qualité de français, condamnation à une peine afflictive ou infamante
et, pour les veuves et les femmes divorcées, déchéance
de la puissance paternelle), cette « suspension n'est que
« partielle si le pensionnaire a une femme ou des en-
« fants mineurs ; en ce cas, la femme ou les enfants
« mineurs reçoivent, pendant la durée de la suspen-
« sion, la pension à laquelle ils auraient droit si le
« pensionnaire était décédé ». L'article 57 ne se borne
d'ailleurs pas à instituer de nouveaux droits au profit
de la femme et des enfants mineurs. Reconnaissant à
ces droits un caractère alimentaire, il leur accorde une
préférence sur les frais de justice. « Les frais de justice,
« ajoute l'article, résultant de la condamnation du pen-
« sionnaire ne peuvent être prélevés sur la portion des
« arrérages ainsi réservés au profit de la femme et des
« enfants ».

Cumul. — Enfin, bien qu'il ne soit pas compris dans
l'énumération (2) de l'article 56 de la loi, le cumul qui
fait l'objet des dispositions des articles 59 à 62, reste une

------

(1). Doit-on admettre en présence des termes généraux de l'article, que la déchéance suspend la pension concédée directement à une veuve ou à une divorcée ancien fonctionnaire ? Il
semble que te''e n'ait pas été l'intention du législateur, l'indignité de la femme ne pouvant en ce cas lui enlever les droits
qu'elle a acquis elle-même, pas plus qu'elle ne les ôte au
fonctionnaire mâle civil ou militaire. Les déchéances sont de
droit étroit, elles doivent être interprétées stricto sensu.

(2) Cette énumération n'est pas limitative.

cause de suspension générale applicable à toutes les
pensions. Toutefois, en la matière, la loi nouvelle contient des innovations.

Cumul permis. — La loi du 14 Avril 1924 n'apporte
aucun changement aux autorisations de cumul accordées par les lois antérieures. Elle les confirme expressément dans l'article 59, § 4, qui rappelle que, « les dis-
« positions restrictives du cumul ne sont pas applica-
« bles aux membres de l'Institut et du bureau des Lon-
« gitudes, aux membres de l'ordre national de la Légion
« d'Honneur et aux médailles militaires pour les trai-
« tements viagers qu'ils reçoivent en cette qualité, ni
« aux titulaires de pensions proportionnelles », — dans
l'article 60 ainsi conçu : « Les militaires ou marins de
« la réserve ou de la territoriale cumulent en temps de
« paix, pendant les exercices ou manœuvres auxquels
« ils sont convoqués, la pension militaire dont ils jouis-
« sent, avec la solde et les prestations militaires affé-
« rentes à leur grade, mais le temps passé sous les
« drapeaux dans ces conditions n'entre pas dans la sup-
« putation des services militaires donnant droit à pen-
« sion ou à révision de pension », — dans l'article 62
§ 4, ainsi rédigé : « Les dispositions (restrictives de cu-
« mul) du présent article ne sont pas applicables aux
« pensions que les lois antérieures ont affranchi des
« prohibitions de cumul, ni aux pensions militaires
« pour blessures ou nfirmiités pour lesquelles aucune
« modification n'est apportée aux dispositions en vi-
« guèur ». De ce dernier texte, il est permis d'induire
que reste en vigueur toute la législation antérieure accordant une faculté illimitée de cumul aux pensions ou
aux traitements ou émoluments visés par des lois spéciales, aux pensions militaires proportionnelles ou aux
pensions militaires d'invalidité (pensions de la loi du
31 Mars 1919 et pensions bonifiées).

Interdictions absolues de cumul. — Il en est de
même des interdictions absolues de cumul. Ici encore
la législation nouvelle est essentiellement conserva-
trice. L'article 62 renouvelle de façon expresse et formelle l'interdiction de cumul des pensions acquises
dans l'exercice d'un même emploi. Par contre la loi du
14 Avril 1924 ne fait aucune allusion à la prohibition

de cumul entre la pension et la solde ou le traitement
afférent à un même emploi non plus qu'à la règle instituée par la loi de fructidor an VII. Mais il s'agit là
d'un ensemble de dispositions qui régissent non seulement le paiement mais encore la liquidation des pensions et qui sont trop importantes pour que le silence
de la loi puisse être considéré cmme une abrogation.
Quant aux interdictions spéciales aux pensions militaires d'invalidité, il ressort de l'article 62 in fine, que la
loi du 14 Avril 1924 n'a pas entendu toucher à leur régime spécial : pour ces pensions « aucune modification
« n'est apportée aux dispositions en vigueur ». Enfin il
y a lieu de remarquer que la Loi du 14 Avril 1924 n'avait
pas à envisager les interdictions applicables aux majorations de la loi du 25 Mars 1920, les pensions majorées devant toutes, en vertu de la loi nouvelle, faire l'ob
jet d'une révision.

Cumul des pensions des veuves et des orphelins. —
Cependant la loi du 14 Avril 1924 contient une prohibition nuvelle. L'article 62, § 3, s'exprime ainsi : « En
« aucun cas et pour quelque cause que ce soit, une
« veuve ne pourra cumuler sur sa tête deux pensions
« de réversion au titre de la présente loi. Il en est de
« même des orphelins ». Cette disposition est inspirée
de l'article 58 de la loi du 31 Mars 1919.

**Cumul dans certaines limites. Cumul d'une pension
et d'un traitement.** — La loi nouvelle conserve le principe de la prohibition de cumul d'une pension et d'un
traitement tempérée par une faculté de cumul dans
certaines limites, telle qu'elle résultait de la législation
antérieure. La principale nouveauté de la loi de 1924 a
été de porter cette limite à 18.000 frs. L'article 59 dispose en effet que « les titulaires de pensions civiles et
« militaires d'ancienneté nommés à un emploi civil
« rétribué, soit par l'Etat, soit par les départements,
« colonies ou pays de protectorat, communes ou éta-
« blissements publics, ne peuvent cumuler leurs pen-
« sions avec le traitement attaché à cet emploi qu'au-
« tant que le total n'excède pas 18.000 frs. »
Au cas où le montant annuel de la pension et du traitement dépasserait 18.000 frs, le cumul serait encore
autorisé mais dans la limite, soit du dernier traitement

ou de la dernière solde d'activité, conformément à la règle inaugurée par l'article 37 de la loi du 30 Décembre 1913, soit du montant du traitement correspondant à l'emploi occupé.

Détermination du traitement. — Pour la détermination du maximum cumulable dans ces deux derniers cas, ne sont comprises dans le traitement, ainsi qu'il en éait déjà décidé dans la législation antérieure, ni les sommes attribuées à titre de supplément colonial, ni celles ayant le caractère d'un remboursement de dépenses. A ces sommes la loi nouvelle ajoute les allocations personnelles imposeés par la fonction. S'inspirant encore de la législation antérieure, l'article 61 dispose, pour les militaires retraités admis à exercer certaines fonctions militaires, que les indemnités qui leur sont allouées à ce titre « sont cumulables avec la pension « dans les limites fixées à l'article 59, mais les services « qu'elles rémunérent ne peuvent en aucun cas ouvrir « de nouveaux droits à la retraite ou à la révision de la « pension ».

Mais d'autre part, pour la détermination du maximum du cumul lorsque la limite considérée est le dernier traitement d'activité, ce traitement doit être augmenté, contrairement aux prescriptions de la loi du 13 Décembre 1913, de ses accessoires.

Application de la règle instituée par la loi du 5 Septembre 1919. — Lorsque la limite ainsi fixée est dépassée, la loi du 14 Avril 1924 consacre la règle instituée par la loi du 5 Septembre 1919 : « la réduction porte sur « le traitement attaché à l'emploi et non sur la pen- « sion (1). Cette règle doit être interprétée comme il a été dit plus haut. Toutefois la réduction ne porte pas sur les indemnités accessoires du traitement « ayant « un caractère temporaire ou représentatives de dépen- « ses personnelles occasionnées par la résidence » (2), qui sont cumulables in infinitum avec la pension.

Cumul de plusieurs pensions. — Enfin les règles anciennes n'étaient pas modifiées en ce qui concerne le

---

(1). Article 59, § 3.
(2) Article 59, § 3 précité.

cumul de plusieurs pensions (1). La limite du cumul était simplement portée à 18.000 frs (2).

Classification des pensions au point de vue du cumul. — En définitive, l'application des règles du cumul aboutit à une classification des pensions. Les pensions en effet peuvent être réparties dans les trois catégories particulières ci-après, qui sont chacune soumises à un régime de cumul différent :

1°. — Pensions exemptées par des lois spéciales des prohibitions de cumul.

2°. — Pensions militaires d'invalidité qui bénéficient d'une faculté générale illimitée de cumul mais qui, par contre, sont assujetties à des prohibitions spéciales.

3°. — Pensions civiles et militaires d'ancienneté qui sont soumises au principe général de non-cumul sous réserve de la faculté de cumuler, dans la limite de 18.000 frs. par an, soit plusieurs pensions soit une pension et un traitement.

Causes de suspension spéciales aux pensions militaires. — La loi du 14 Avril 1924 ne contient aucune innovation relative aux causes de suspension spéciales aux pensions militaires motivées par la résidence hors de France, l'entrée aux Invalides et l'admission dans un hôpital. Ces causes de suspension restent en vigueur dans la mesure où elles l'étaient en vertu de la législation antérieure.

D'autre part il a été expliqué plus haut que la nouvelle loi avait généralisé et rendu commune à toutes les pensions et notamment aux pensions civiles les dispositions législatives antérieures applicables jusqu'alors aux pensions militaires en ce qui concernait la condamnation à une peine afflictive ou infamante.

Destitution. — Aux causes de suspension spéciales aux pensions militaires, la loi de 1924 ajoute la destitu-

---

(1) Sauf le cas examiné plus haut du cumul des pensions de veuves et d'orphelins

(2) L'article 62 stipulait : « Le cumul de plusieurs pensions « servies par l'Etat, les départemnts, colonies ou pays de pro- « tectorat. les communes ou établissements publics est autori- « sé dans la limite de 18.000 francs. Au cas où cette limite est « dépassée. l'excédent sera retenu sur la pension servie par « l'Etat ».

tion. En vertu de la législation antérieure, l'officier destitué par application des articles 192 du code de justice militaire pour l'armée de terre et 244 du code de justice militaire pour l'armée de mer, ne pouvait obtenir ni pension ni récompense à raison de ses services antérieurs. Mais la jurisprudence admettait qu'il conservait la jouissance d'une pension concédée antérieurement au jugement prononçant la destitution (1).

L'article 56 de la loi du 14 Avril 1924, dans son paragraphe premier, dispose que « le droit à l'obtention ou « à la jouissance de la pension est suspendu par la condamnation à la destitution prononcée par appli-« cation du code de justice militaire ou maritime. »

Effet de la suspension pour destitution à l'égard de la femme ou des enfants mineurs. — Comme la suspension prononcée pour perte de la qualité de français, pour déchéance paternelle ou pour condamnation à une peine afflictive ou infamante, la suspension encourue pour la destitution « n'est que partielle si le pen-« sionnaire a une femme ou des enfants mineurs» et ceux-ci « reçoivent la pension à laquelle ils auraient « droit si le pensionnaire était décédé ». La part ainsi réservée à la femme ou aux enfants ne peut être saisie pour solder les frais de justice.

Procédure de suspension. — Les causes de suspension peuvent se révéler au cours des opérations de la liquidation des pensions. Il appartient alors aux services liquidateurs de veiller à l'observation de la loi. Mais, le plus souvent, c'est lorsque les pensions sont liquidées et déjà inscrites que les titulaires n'en remplissent plus les conditions de jouissance. Diverses mesures ont été prises pour assurer, en l'hypothèse, l'exécution des dispositions légales. C'est ainsi que les diverses administrations publiques ont l'obligation de notifier à l'administration des Finances toutes les remises en activité : « Lorsqu'un pensionnaire est remis en ac-« tivité, il en est immédiatement donné avis par le « Ministre compétent au Ministre des Finances pour

---

(1) V. 'ettre commune de la Direction de la Compt. pub. (C C P.) du 15 Juillet 1924.

« que le paiement de la pension soit suspendu » (1). C'est ainsi également que, pour les pensions de la loi du 31 Mars 1919, les causes de suspension qui résultent des faits indiqués dans les réponses au questionnaire, font l'objet d'inscriptions sur la feuille de décompte. Mais dans la grande généralité des cas, c'est au comptable qu'il importe de mettre en mouvement la procédure de suspension. Ces cas peuvent être dévoilés par la comparaison des fiches de paiement des pensions ou des états d'arrérages avec les états des traitements ou des soldes. Ils sont révélés le plus souvent par les déclarations auxquelles sont astreints les pensionnés sur les certificats de vie ou sur les coupons.

Certificats de suspension. — Lorsqu'une cause de suspension apparaît, le comptable surseoit provisoirement au paiement des arrérages de la pension et, dans le cas de cumul prohibé d'une pension et d'un traitement, invite le pensionnaire à produire un certificat administratif indiquant la date de l'entrée en fonctions (2). Puis il avise la Direction de la Dette inscrite qui statue par voie de décision ministérielle. Ce service émet ensuite un certificat de suspension qu'il adresse au comptable.

Leur valeur. — Les certificats de suspension n'ont pas simplement pour objet d'ordonner la cessation du paiement des arrérages de la pension suspendue. Ce sont des titres de recouvrement, analogues aux ordres de reversement délivrés par les ordonnateurs, des sommes indûment payées au pensionné depuis l'époque à laquelle remonte la suspension. Les comptables doivent donc, au vu du certificat de suspension, établir le décompte de ces sommes et en poursuivre le recouvrement par tous les moyens en leur possession. Les reversements ainsi obtenus sont imputés au compte : Recettes accidentelles à différents titres (3).

Cette règle ne souffre d'exception qu'en faveur des ascendants titulaires d'allocations concédées en vertu

---

(1). Décret du 9 Novembre 1853, article 44
(2). V. Circ. de la Compt. pub. du 23 Mars 1882 § Ier
(3) V. Circ. de la Compt. pub. du 11 Avril 1922 § IX et du 9 Juillet 1924, Dispositions d'ordre général § Ier.

de la loi du 31 Mars 1919. Lorsque les ascendants n'en remplissent plus les conditions prescrites par l'article 28 de la loi, l'allocation est suspendue jusqu'à ce qu'intervienne une décision définitive de rejet, mais le certificat de suspension a pour effet, dans ce cas particulier, de prescrire la cessation de paiement des arrérages de l'allocation sans autoriser le recouvrement des sommes indûment perçues.

Remise en paiement. — Lorsque la cause en vertu de laquelle a été prononcée la suspension est disparue, soit que le pensionnaire ait recouvré la nationalité française, soit que le cumul ait cessé, soit que le pensionnaire ait purgé sa peine ou qu'il ait été réhabilité, la pension est remise en paiement par la Direction de la Dette Inscrite qui avise le comptable assignataire de la décision intervenue au moyen d'un certificat de levée de suspension. Les arrérages de la pension sont payés de nouveau à partir de la date indiquée par le certificat, mais, ainsi qu'il est prescrit à l'article 54 de la loi du 14 Avril 1924 in fine (§ V), « aucun rappel pour les ar-« rérages antérieurs n'est dû ».

CHAPITRE II

CAUSES D'EXTINCTION

Causes d'extinction motivées par l'indignité du pensionnaire. — Détournement de deniers publics. — Malversations. — Démission d'emploi à prix d'argent. — Fausses déclarations. — Décret de radiation.

Causes d'extinction fondées sur la nature du droit à pension. — Expiration. — Décès. — Expiration de droit. — Déchéance triennale. — Point de départ. — Effet. — Interruption. — Certificat de non-déchéance. — Effet du certificat de non-déchéance. — Prescripton quinquennale.

Effet de la radiation à l'égard de la femme et des enfants mineurs.

Procédure de radiation. — Radiation par expiration. — Certificat de décès. — Radiation par prescription. — Certificat de dernier paiement. — Radiation à la suite de détournements, malversations, démission d'emploi et fausses déclarations. — Certificats de rejet. — Leur valeur.

Rétablissement. — Des cas où les pensions peuvent être rétablies. — Effet du rétablissement. — Paiement des premiers arrérages après rétablissement.

Les pensions sont éteintes, par suite radiées des livres du Trésor, et leurs arrérages ne peuvent plus sous aucun prétexte, faire l'objet d'aucun paiement, en vertu de deux catégories de causes d'extinction. Certaines causes sont motivées par l'indignité (1) du pensionnaire : elles découlent d'une faute qui lui est imputable et sont la sanction d'actes délictueux graves que la loi considère comme incompatibles avec le maintien du droit à pension. Les autres causes découlent de la nature même du droit à pension qui est viager.

Détournement de deniers publics, malversations, démission d'emploi à prix d'argent. — La première catégorie de causes d'extinction comprend le détournement de deniers publics, les malversations, la démission d'emploi à prix d'argent et les fausses déclarations.

____

(1) Au sens large du mot et non au sens spécial du code civil notamment dans son article 727.

Originairement. ainsi qu'il a été expliqué au chapitre précédent. la législation des pensions décidait que toute condamnation. pour les pensionnaires civils, aux peines des travaux forcés, de la déportation, de la détention ou de la réclusion entraînait la perte définitive de la pension. La loi du 14 Avril 1924, atténuant la sévérité de la règle a transformé cette cause d'extinction en une simple cause de suspension des pensions, mais elle a conservé les principes antérieurement admis dans les cas très graves où la faute imputable au retraité non seulement violait les droits des administrés et des particuliers et troublait ainsi l'ordre public, mais encore compromettait la gestion même des affaires publiques et la conservation du patrimoine de l'Etat. L'article 27 de la loi du 9 Juin 1853 stipulait que tout fonctionnaire « constitué en déficit pour détournement de « deniers ou de matières. ou convaincu de malversa- « tions, perd ses droits à la pension. lors même qu'elle « aurait été liquidée ou inscrite ». Il appliquait la même sanction « au fonctionnaire convaincu de s'être démis « de son emploi à prix d'argent ». Ces dispositions ont été reprises par l'article 28 de la loi du 14 Avril 1924, précisées et étendues à toutes les pensions civiles et militaires : « Tout bénéficiaire de la présente loi. dit cet « article, qui est constitué en déficit pour détournement « de deniers de l'Etat.des départements,des communes, « ou établissements publics, de dépôts de fonds parti- « culiers versés à sa caisse ou de matières reçues et « dont il doit compte. ou qui est convaincu de malver- « sations relatives à son service. perd ses droits à la « pension lors même qu'elle aurait été liquidée et ins- « crite. — La même disposition est applicable au fonc- « tionnaire ou militaire convaincu de s'être démis à « prix d'argent, ou à des conditions équivalant à une « rémunération en argent, ainsi qu'à son complice. » Le premier membre de phrase vise les comptables réguliers. qu'ils tiennent des comptabilités en deniers ou en matières. et qui peuvent être constitués en déficit pour détournements de deniers ou de matières. Il s'applique également aux comptables de fait et généralement à tous fonctionnaires qui se sont immiscés dans les fonctions de comptables et se sont rendus coupables de détournements commis dans leurs gestions occultes. Ensuite sont atteints les administrateurs ou ordonnateurs qui sans usurper les fonctions de comptables ont pu commettre, dans l'exercice de leurs fonctions des actes délictueux ou criminels que la loi désigne sous le terme général de malversations. Enfin le dernier paragraphe de l'article a pour objet d'empêcher le trafic des fonctions publiques. Il menace de la perte du droit à pension non seulement le titulaire d'un emploi qui serait tenté de le vendre mais encore celui qui serai incliné à l'acheter, son complice, aux termes de la loi, contrairement à la législation antérieure qui ne frappait que le fonctionnaire démissionnaire. Au rebours de la législation antérieure également, la rigueur de la loi poursuit non seulement le fonctionnaire mais encore le militaire.

Fausses déclarations. — Il restait à prévoir le cas où le pensionnaire aurait obtenu par fraude ou par dol soit la concession d'une pension, soit le paiement de ses arrérages. En pareil cas, l'une des conditions essentielles pour la validité de la concession ou du paiement faisait défaut, l'annulation s'ensuivait naturellement, ipso facto (1). Le principe a été consacré par l'article 15 de la loi du 15 Mai 1818, toujours en vigueur : « Ceux « qui, par de fausses déclarations ou de quelque ma- « nière que ce soit, auraient usurpé plusieurs pensions « ou un traitement avec une pension, seront rayés de « la liste des pensionnaires. Ils seront en outre pour- « suivis en restitution des sommes indûment perçues.» Ce texte paraît limiter la déchéance du droit à pension au cas où les fausses déclarations auraient eu pour objet de dissimuler le cumul de plusieurs pensions ou d'un traitement avec une pension. Mais la loi ne vise dans son texte que les cas les plus fréquents de fausses déclarations et il semble bien conforme à son esprit de décider que dans tous les cas où une pension aurait été liquidée ou payée sur la foi de fausses déclarations, l'annulation de la pension concédée ou payée à tort s'ensuivrait nécessairement. Les dispositions de la loi du 15 Mai 1818 ont été confirmées et complétées par l'article 5 de la loi du 5 Septembre 1919 ainsi conçu : « Qui- « conque aura touché ou tenté de toucher les arrérages

---

(1) Il n'y a là qu'une application des principes généraux du droit Cf. articles 1108 et 1109 et sq. du Code civil.

« d'une pension de l'Etat dont il n'est pas titulaire ou
« pour l'encaissement de laquelle il n'a pas une procu-
« ration du véritable titulaire ou un mandat légal, *qui-*
« conque aura fait une fausse déclaration pour obtenir
« *la concession ou le paiement d'une pension,* sera
« puni d'un emprisonnement de deux ans au moins,
« de cinq ans au plus et d'une amende qui ne pourra
« excéder le montant des arrérages d'une année, ni
« être inférieure à 100 frs, le tout sans préjudice du
« remboursement des arrérages indûment touchés · et
« de l'action civile des intéressés, et sans préjudice,
« soit de peines plus graves en cas de faux ou d'autres
« crimes prévus et punis par les lois en vigueur, *soit*
« *de la perte de la pension édictée par la loi du 15 Mai*
« *1818* en cas de fausses déclarations relatives au cu-
« mul. » Ainsi la loi du 5 Septembre 1919 édicte contre
l'auteur des fausses déclarations des peines redouta-
bles et, conformément à la jurisprudence antérieure,
prononce la radiation des listes des pensionnaires.

Décret de radiation. — Les détournements de deniers
publics, les malversations, la démission d'emploi à prix
d'argent, les fausses déclarations constituent généralement des faits réprimés par les lois pénales et qui
entraînent contre leurs auteurs des condamnations
prononcées par les tribunaux répressifs. Les juridictions de l'ordre judiciaire toutefois sont incompétentes
pour statuer sur la perte du droit à pension bien qu'elle
semble avoir été édictée comme une peine accessoire
de la condamnation principale qui résulte de leurs arrêts ou de leurs jugements. Les pensions sont en effet
concédées par des décrets ou des. arrêtés qui sont des
actes de puissance publique et qui échappent au contrôle de l'autorité judiciaire. Ces décrets ou ces arrêtés
ne sont annulables que par le Conseil d'Etat lorsqu'ils
sont illégaux ou entachés d'excès de pouvoir. Ils ne
peuvent être réformés par aucun tribunal. Il suit de là
que la perte du droit à pension doit être prononcée par
un nouveau décret ou par un nouvel. arrêté rendu dans
les mêmes formes que le décret ou l'arrêté de concession. Ce décret est rendu sur la proposition du Ministre
des Finances. Le décret du 9 Novembre 1853 exigeait
en outre (1), au cas de détournements, de malversa-

---

(1). Article 43.

tions et de démission à prix d'argent, que le décret ne fut rendu qu'après avis du Ministre liquidateur et de la section des finances du Conseil d'Etat. Le décret produit effet à compter de sa date.

Expiration. — Les causes d'extinction qui viennent d'être énumérées sont des causes exceptionnelles. La cause d'extinction la plus fréquente découle de la nature même du droit à pension. Par définition, en effet, les pensions sont viagères : elles s'éteignent au décès du titulaire. Le décès est constaté par l'acte de décès qui est produit par les héritiers au moment du paiemen du solde des arrérages restant dus à compter de la dernière échéance payée jusqu'au jour du décès (1).

Toutes les pensions s'éteignent par le décès du pensionnaire, mais certaines pensions cependant ne sont pas servies jusque-là et sont concédées pour une période fixée : telles sont les pensions temporaires de .l'article 3 de la loi du 31 Mars 1919 qui s'éteignent à l'expiration de la période de deux ans prévue par la loi (2). Telles sont les allocations d'escendants concédées en vertu de l'article 28 de la loi du 31 Mars 1919. Si l'une des quatre conditions énumérées à cet article vient à faire défaut, le droit à l'allocation s'éteint. Ces conditions sont contrôlées tous les ans, ainsi qu'il a été expliqué au chapitre II de la IIe partie, au moment du paiement des arrérages du 4e trimestre de l'allocation.

Déchéance ou prescription triennale. — Il se peut que les héritiers du pensionné restent inactifs, au moment du décès, ou qu'ils n'apportent pas l'acte qui constitue la preuve de ce décès, ou que, pour toute autre cause, le paiement des arrérages de la pension ne soit pas réclamé. Après trois ans de non-réclamation, l'article 30 de la loi du 9 Juin 1853, présumant le décès du titulaire de la pension, décide que celle-ci est

---

(1) V. 1re partie, chapitre V.
(2). Article 7 de la loi du 31 Mars 1919

rayée des livres du Trésor. Cette disposition est applicable aux pensions de toutes natures (1).

Point de départ. — Le point de départ du délai de trois ans imparti par la loi aux réclamants est la date à laquelle le plus ancien des trimestres non réclamés était exigible et non pas l'échéance du dernier paiement. Pendant tout le cours de ce trimestre, en effet, le pensionné ne pouvait rien réclamer, les pensions n'étant payables qu'à termes échus. Le pensionné peut donc se présenter pour toucher sa pension jusqu'à l'expiration du douzième trimestre échu et non payé. La déchéance ne lui est opposable qu'à partir du premier jour du trimestre suivant, soit lorsque se seront écoulés plus de treize trimestres après le paiement du dernier terme. Mais à partir du premier jour du trimestre suivant, la prescription est irrévocablement acquise, même au cas où le jour précédent serait férié et où, par suite, le pensionné aurait été dans l'impossibilité d'agir ce jour-là. En ce cas, la réclamation, pour produire effet utile, aurait dû intervenir la veille du jour féré (2). Pour les pensions nouvellement inscrites et qui n'ont encore donné lieu à aucun paiement, le point de départ du délai de trois ans est fixé au jour de la publication du décret ou de l'arrêté de concession au journal officiel (3).

Effet de la déchéance. — La déchéance a été établie dans l'intérêt de l'Etat, pour assurer sa libération. Elle est d'ordre public et par conséquent absolue (4). Elle

---

(1) Cette disposition, en effet, est placée sous l'intitulé : « Dispositions applicables aux pensions detoutes natures ». Elle fut appliquée par un arrêt du Conseil d'Etat du 5 Août 1911. (Affaire Campmartin). Peu importe que la pension soit payable sur titre de l'ancien modèle ou sur livret. V. Circ. de la C. P. du 9 Novembre 1920 § XI

(2) V. Circ. de la Direction de la Dette inscrite du 27 Juillet 1864.

(3) Avis du Conseil d'Etat du 14 Mars 1834 Loi du 16 Avril 1895, article 40. Loi du 31 Juillet 1911, article 76.

(4). Il y a une grande analogie entre la déchéance trionnale et la prescription de cinq ans édictée par l'article 2277 du Code civil qui stipule notamment que « les arrérages des rentes perpétuelles et viagèrs....., et prescrivent par cinq ans ». La jurisprudence de la Cour de Cassation considère que cette prescription est d'ordre public qu'elle constitue un mode spécial de libération indépendant du paiement et ne saurait être écartée

court, non seulement contre le pensionné majeur et
maître de ses droits, mais contre l'incapable, l'interdit
et le mineur, pourvu toutefois qu'ils soient dotés d'un
représentant légal, valablement désigné selon les règles de droit civil. Elle peut cependant être interrompue.

**Interruption de la déchéance triennale. Certificat de
non-déchéance.** — Le pensionné momentanément em-
pêché de produire les justifications qui lui permettront
d'obtenir le paiement des arrérages de sa pension, ou
ses héritiers peuvent avoir intérêt à interrompre le
cours de la prescription triennale. Il est nécessaire que
les démarches qu'ils accompliront dans ce but ne laissent aucun doute sur leurs intentions. Ces démarches
devront donc être accomplies dans les formes ci-après.
Leur demande expresse doit être rédigée sur timbre,
remise au comptable assignataire qui, après annotation
de ses registres et de ses fiches, en certifie la date, puis
transmise par lui à la Direction de la Dette Inscrite.
Ce service établit, si la prescription a été valablement
interrompue, un certificat de non-déchéance autorisant
le paiement des arrérages qui sont dûs.

**Effet du certificat de non-déchéance. Prescription
quinquennale.** — Le certificat de non-déchéance ainsi
délivré ne doit pas être considéré comme le point de
départ d'un nouveau délai de prescription de trois ans.
Si le pensionné ou ses héritiers ne perçoivent pas les
arrérages dûs au jour où la prescription triennale a été
interrompue, la prescription continue à courir. Mais la
démarche interruptive a eu pour effet de substituer à la
déchéance triennale la prescription quinquennale de la
loi du 29 Janvier 1831. Elle opère une sorte de novation
dans la créance du pensionné ou de ses héritiers contre
l'Etat. Les sommes dues par le Trésor ne constituent
plus qu'une créance ordinaire prescriptible selon les
règles communément applicables à toutes les créances
contre l'Etat. Ces règles sont formulées par l'article 9

---

par le serment du débiteur qu'il ne doit rien. Comme elle repose non sur une présomption de paiement mais sur une considération d'ordre public, elle doit être prononcée nonobstant
un aveu de non-paiement. (Colin, Code civil, article 2277).

de la loi du 29 Janvier 1831 qui dispose : « Sont pres-
« crites et définitivement éteintes au profit de l'Etat,
« sans préjudice des déchéances prononcées par les
« lois antérieures ou consenties par les marchés ou
« conventions, toutes créances qui, n'ayant pas été
« acquittées avant la clôture des crédits de l'exercice
« auquel elles appartiennent, n'auraient pu, à défaut
« de justifications suffisantes, être liquidée, ordonnan-
« cées ou payées dans un délai de cinq années à partir
« de l'ouverture de l'exercice, pour les créanciers do-
« miciliés en Europe et de six années pour les créan-
« ciers résidant hors du territoire européen ». La prescription quinquennale a les mêmes caractères que la
déchéance triennale. Elle est d'ordre public et édictée
dans l'intérêt du Trésor qui ne peut renoncer à s'en
prévaloir. En outre elle n'est susceptible d'être interrompue qu'au cas où le créancier de l'Etat aurait été
mis dans l'impossibilité d'agir par le fait de l'administra-
tration ou par suite de pourvoi devant le Conseïl
d'Etat.

**Effet de la radiation à l'égard de la femme ou des
enfants mineurs.** — En dehors des causes qui viennent
d'être étudiées il n'existe pas d'autre mode d'extinction
des pensions. Toutes les causes dextinction on un caractère commun : lorsque la radiation est effectuée en
vertu de l'une quelconque d'entre elles, cette radiation
est absolue. Elle est opposable non seulement au pensionné lui-même mais à tous les ayants-droits et à
tous ses créanciers et notamment à sa femme et à ses
enfants mineurs. Il n'a été pris en faveur de ces derniers aucune mesure analogue à celle qui a été édictée
par l'article 57 de la loi du 14 Avril 1924 dans les cas
où la suspension des pensions est prononcée pour condamnation à une peine afflictive ou infamante, pour
destitution, pour perte de la qualité de français ou pour
déchéance paternelle. Lorsque la pension est radiée par
expiration à la suite d'un décès, la femme et les enfants mineurs obtiennent une pension de réversion,
mais c'est une pension nouvelle qui est inscrite à leur
nom (1) et la pension de leur auteur est définitivement
annulée sur les livres du Trésor.

---

(1) Toutefois leurs intérêts n'ont pas été perdus de vue par
le législateur L'article 55 de la loi du 14 Avril 1924 leur accorde
une pension provisoire liquidée sur le taux de la pension de

Procédure de radiation. Expiration. Certificat de décès. — La cause normale d'extinction des pensions, la plus générale et la plus fréquente est celle qui résulte du décès des pensionnaires. Le Trésor a le plus grand intérêt à contrôler leur existence. Indépendamment du contrôle qui s'effectue nécessairement au moment du paiement des arrérages des pensions, certaines mesures ont été prises pour renforcer ce contrôle. Périodiquement les Trésoriers généraux doivent : 1° envoyer aux percepteurs des bulletins de renseignements auxquels ceux-ci doivent répondre en engageant leur responsabilité (1) ; 2° demander aux Maires de leur département de les informer de tous décès de pensionnaires survenus dans leurs communes (2). D'autre part les notaires doivent notifier aux comptables assignataires les décès des pensionnaires inscrits sur leurs registres qui depuis plus d'une échéance, n'ont pas réclamé leur certificat de vie (3). De même les receveurs de l'enregistrement sont tenus d'envoyer mensuellement, par l'intermédiaire de leurs Directeurs, aux Trésoriers généraux, la liste des pensionnaires dont le décès a été révélé par les déclarations de succession (4). Dès réception de ces renseignements, les Trésoriers généraux annotent, s'il y a lieu, leurs registres et adressent à la Direction de la Dette inscrite, des certificats de décès (5). Il est procédé de même lorsque le décès du pensionné est signalé et justifié par les héritiers du pensionné pour obtenir le paiement du prorata des arrérages restant dûs. La forme des certificats de décès à délivrer par les Trésoriers généraux a été réglementée

---

réversion lorsqu'un pensionnaire « a disparu de son domicile et que plus d'un an s'est écoulé sans qu'il ait réclamé les arrérages de sa pension ».

(1). Circ. de la C. P. du 20 Mars 1908 § VI, du 23 Avril 1904 § 1er.

(2) Circ. de la Dette inscrite du 5 Juillet 1831 et du 18 Avril 1885 § 1er.

(3) Décret du 21 Août 1806, article 6. Décision du Ministre des Finances du 26 Janvier 1836. Instruction du Ministre des Finances du 27 Juin 1839, art. 28 e 129.

(4). Décision du Ministre des Finances du 29 Décembre 1913. Circ de la C P. du 17 Janvier 1914 § III. Malheureusement ces diverses mesures ne sont pas appliquées rigoureusement.

(5) Circ de la P. C. du 17 Janvier 1914.

(1). En possession de ces certificats la Dette procède à la radiation de la pension. Originairement elle la confirmait ensuite, pour le comptable, en lui adressant un certificat de rejet.

Pour les pensions temporaires de la loi du 31 Mars 1919 et généralement pour toutes les pensions concédées pour une période déterminée à l'avance, la date d'expiration de la pension se trouve inscrite sur le titre et sur les fiches de paiement. Les comptables ainsi avertis doivent s'abstenir d'effectuer aucun paiement à partir de cette date et n'ont pas à prendre l'initiative des opérations de radiation. La Direction de la Dette inscrite les effectue proprio motu et les confirme par un certificat de rejet « pour expiration de droits ».

Radiation par prescription. Certificat de dernier paiement. — Lorsque les pensions sont radiées par application de la déchéance triennale de la loi du 9 Juin 1853, c'est-à-dire lorsque plus de treize trimestres se sont écoulés depuis le paiement du dernier terme, le comptable assignataire avise la Trésorerie générale et, pour les pensions payables sur livrets, lui retourne la fiche de paiement. Celle-ci établit, un *certificat de dernier paiement* conforme au modèle règlementaire (2) et l'adresse, en y joignant la fiche de paiement (3), s'il y a lieu, à la Direction de la Dette inscrite qui procède, sur ses livres, aux opérations de radiation et transmet au comptable un certificat de rejet. Les certificats de dernier paiement sont établis en fin de trimestre, et envoyés tous les trois mois à la Direction de la Dette inscrite.

Radiation à la suite de détournements, malversations, démission à prix d'argent et fausses déclarations. — Dans les cas d'extinction par décès ou par prescription, la procédure de radiation est mise en mouvement par le comptable. Lorsque la radiation intervient à la suite

---

(1) V. la Circ de la P C du 17 Janvier 1914 précitée, et, en outre la décision ministérielle du 12 Février 1828, l'instruction de la Dette inscrite du 30 Novembre 1833, l'ordonnance du 12 Novembre 1826 et la Circ. de la Dette inscrite du 29 Février 1828.

(2) Circ de la Dette inscrite en date des 6 Mai 1853 et 27 Juillet 1864.

(3) Cette fiche sera conservée par la Dette dans un classement en vue du rétablissement éventuel de la pension.

de détournements. de malversations. d'une démission
d'emploi à prix d'argent ou de fausses déclarations.
c'est à la Direction de la Dette inscrite qu'appartient
l'initiative de cette procédure. A la suite du décret ou
de l'arrêté d'annulation de la pension. cette Direction
adresse au comptable un certificat de rejet portant l'indication de la cause d'extinction et la date du décret ou
de l'arrêté d'annulation. C'est à cete date que doit re-
monter l'effet du rejet.

Certificats de rejet. Leur valeur. — Il se peut que depuis cette date des paiements aient été effectués sur la
pension rejetée au moment où le certificat de rejet arrive entre les mains du comptable assignataire. De
même que les certificats de suspension .les certificats
de rejet ne doivent pas être considérés par les comptables comme ayant simplement pour objet d'arrêter le
paiement des arrérages de la pension. Ce sont des ordres de reversement des sommes indûment perçues depuis la date à laquelle le rejet doit produire effet et les
comptables doivent poursuivre la récupération de ces
sommes par tous les moyens en leur pouvoir. Les reversements effectués par les redevables sont imputés au
compte « Recettes accidecntelles à différents titres »
(1). La recette sera justifiée par la production du certificat de rejet complété par le décompte de la somme
due (2).

**Rétablissement. Des cas où la pension peut être réta-
blie.** — Les pensions radiées ne peuvent être rétablies
que dans deux cas : 1° au cas où la radiation ayant été
effectuée à la suite de condamnation pour détournement de deniers publics. malversations ou fausse déclarations. intervient une réhabilitation ; 2° au cas où,
la radiation ayant été opérée par prescription. intervient une réclamation du pensionnaire en temps utile.
Dans le premier cas. un nouveau décret de concession
doit être pris et c'est en réalité. une nouvelle pension
qui est concédée au vu de l'arrêt de réhabilitation dont

---

(1) Circ de la C. P. en date du 11 Avril 1922 § IX et 9 Juillet
1924 § Ier.

(2) S'il s'agit d'un versement partiel, il est simplement donné copie du certificat de rejet.

la date constitue le point de départ de cette nouvelle pension. Dans la deuxième hypothèse, c'est une décision ministérielle qui prononce le rétablissement. La pension est réinscrite au Grand-Livre sous le même numéro que la pension radiée. Les arrérages en sont payés à compter du jour où le pensionné a formulé sa première réclamation qui doit être remise entre les mains du comptable assignataire avant que s'accomplisse, ainsi qu'il a été expliqué plus haut, la prescription quinquennale. A l'appui de la réclamation il est produit un certificat de vie du pensionné délivré par le Maire. Les arrérages antérieurs à la réclamation sont définitivement prescrits, aux termes de l'article 30 de la loi du 9 Juin 1853.

Paiement des premiers arrérages après rétablissement. — Le rétablissement autorise de nouveau le paiement des arrérages de la pension. Le premier paiement de ces arrérages s'effectue suivant des règles simplifiées sans que soient produites les pièces d'ordinaire exigibles en matière de premiers paiements et notamment les certificats de cessation de paiement et de non avances. La Direction de la Dette inscrite notifie la décision ministérielle de rétablissement qui porte l'indication de la date à partir de laquelle la pension est rétablie, au Trésorier Payeur général qui annote ses registres. Elle lui adresse l'ancienne fiche de paiement de la pension, dans le cas de rétablissement à la suite de prescription, ou une nouvelle fiche, si l'ancienne fiche était épuisée ou perdue, ou, si la radiation a été effectuée pour détournement, malversations ou tout autre cause. Si l'ancienne fiche est utilisée ,elle est mise à jour et les trimestres prescrits sont annulés par la Dette. Au cas où l'ancien livret de pension est représenté, les coupons prescrits sont annulés par le Trésorier général. Le nouveau point de départ est inscrit par ce comptable sur la fiche de paiement, dans la première case non annulée ,ainsi que le décompte des premiers arrérage. Ce même décompte est porté en marge du premier coupon à payer. S'il est établi une nouvelle fiche de paiement et un nouveau livret, il n'est pas dérogé aux règles d'usage prescrites pour constater les premiers paiements : la fiche de paiement et le livret doivent porter les indications règlementaires dans la case et en marge du premier coupon destinées à conserver la trace des opérations de paiement (1).

Aucun rétablissement ne peut être autorisé lorsque les pensions sont expirées ou définitivement prescrites.

____

(1) V Circ de la P. C. du 9 Novembre 1920 § XI.

CONCLUSION

Les deux méthodes. — Caractéristiques des anciennes rè-
    gles. — Leurs avantages. — Caractéristiques des princi-
    pes nouveaux. — Avantages et inconvénients des règles
    nouvelles.
Derniers conseils.

Il est maintenant nécessaire pour conclure d'exposer
quelques vues synthétiques et de formuler un jugement
d'ensemble sur les règles qui viennent d'être analysées.

A priori, de la succession rapide des textes et des diverses mesures adoptées, se dégage l'impression d'une
évolution continue et d'un état de perpétuel devenir. A
la réflexion cependant ,apparaissent deux méthodes de
paiement, deux systèmes, l'un ancien, l'autre nouveau,
le second s'insinuant peu à peu, sans fusion et sans
complète substitution.

Caractéristiques des anciennes règles. — Les anciennes règles de paiement s'étaient cristallisées dans une
formule définitive avant la Guerre. Elles formaient un
système complet dont les caractéristiques étaient les
suivantes. Les titres de pension étaient d'un modèle
presqu'identique à celui des inscriptions de rentes nominatives sur l'Etat. Les arrérages trimestriels étaient
acquittés aux échéances fixes des 1er Mars, 1er Juin,
1er Septembre et 1er Décembre de chaque année et assignés payables sur les Trésoriers généraux, justiciables
de la Cour des Comptes et entièrement responsables de
tous les paiements effectués par leurs subordonnés qui
ne payaient que pour leur compte. Le paiement des
trimestres courants s'effectuait, soit entre les mains du
pensionnaire lui-même, soit entre celles de son mandataire, sur production du certificat de vie dont les conditions de validité et de forme étaient rigoureusement
arrêtées. Le mécanisme des premiers paiements reposait sur des principes bien définis aboutissant à la détermination du point de départ de la jouissance de la
pension, à la déduction des avances et ne comportant,
comme variante, que le paiement des premiers arrérages des pensions révisées qui s'opérait sous déduction
des avances et des sommes perçues sur l'ancienne pen-

sion. Enfin le principe de l'insaisissabilité et celui de non-cumul apparaissaient après une lente évolution, fixés dans leurs règles essentielles.

Leurs avantages. — La méthode de paiement ainsi caractérisée était d'une simplicité remarquable. Elle constituait une œuvre de raison et de logique en totale harmonie avec les principes généraux de la comptabilité publique et du droit. Elle assurait, dans toute sa rigueur, sur les dépenses inscrites au budget de la Dette viagère, le double contrôle administratif et judiciaire exercé sur toutes les dépenses publiques par la Direction de la Comptabilité publique et la Cour des Comptes. Elle procurait aux opérations de paiement une sûreté, une sécurité presqu'absolues en leur donnant pour base le certificat de vie, acte authentique délivré par un officier public dans des conditions qui en faisait un instrument de preuve inégalable et un moyen de paiement d'une infinie souplesse, adapté à toutes les circonstances et permettant la solution des difficulés imprévues. Le système donnait ainsi au Trésor le maximum de garanties : il était d'une perfection, au moins théorique, qu'on ne peut qu'admirer.

Caractéristiques des principes nouveaux. — Il a dû néanmoins faire place, sous la pression des évènements, à un système nouveau inspiré par la préoccupation d'accélérer les paiements. Aux titres de l'ancien modèle sont substitués petit à petit, sauf pour les pensions temporaires, les livrets revêtus de la photographie du pensionnaire et permettant de s'assurer de son identité. Les échéances sont brisées et réparties sur toute l'année. Avec l'institution de l'Agent comptable contrôleur du paiement des pensions, comptable d'ordre, seul justiciable de la Cour des Comptes, chargé de la centralisation de tous les paiements réputés effectués pour son compte mais qui n'en effectue lui-même aucun, les règles de l'ordonnancement et de l'assignation du paiement des pensions sont profondément modifiées. Les Trésoriers généraux, amputés d'une partie de leurs attributions, restent conservateurs des oppositions et investis du contrôle et de la centralisation des paiements effectués dans le département mais partagent avec leurs subordonnés et avec les receveurs des postes le rôle de comptables assignataires. La comptabilité est modifiée, les registres permanents sont supprimés dans les trésoreries générales et remplacés par des fiches mobiles. Le paiement des trimestres courants est simplifié lorsqu'il est fait au titulaire de la pension lui-même : le certificat de vie n'est plus exigé, l'existence et l'identité du pensionnaire sont attestés au payeur qui apprécie par le livret photographique ou la carte d'identité règlementaire. Pour les paiements faits entre les mains d'un mandataire, il est produit soit un cerificat de vie conforme aux règles anciennes, soit un certificat de vie-procuration. Cette nouvelle formule de certificat de vie est minutieusement et rigoureusement règlementée par la loi : elle n'apporte pas grande simplification, ne peut servir dans tous les cas et n'offre guère d'autre avantage que de pouvoir être utilisée plusieurs fois et encore à la condition d'être mise à jour. Si, après avoir servi à obtenir un paiement, elle est rendue et si le pensionnaire vient à décéder, aucune justification du mandat ne reste au dossier du payeur. Dans l'hypothèse où le paiement viendrait à être contesté par les héritiers il n'est pas certain que le Trésor se trouve en excellente posture pour repousser une réclamation portée devant le Tribunal compétent. Un citoyen apportant dans ses affaires la diligence « d'un bon père de famille » ne se libérerait jamais dans ces conditions.

Les premiers paiements sur pensions nouvellement concédées et sur pensions révisées continuent à s'effectuer conformément à l'ancienne règlementation qui reposait sur des principes logiques et solidement établis. Toutefois un mode nouveau est introduit pour les paiements des premiers arrérages des pensions de la loi du 31 Mars 1919 et du 24 Juin 1919. Ce mode nouveau est caractérisé par l'intervention de l'ordonnateur dans la liquidation des premiers arrérages et l'institution de la feuille de décompte. Le décompte des premiers arrérages était particulièrement délicat et compliqué et la coopération du Ministère des Pensions et des services chargés du paiement ainsi que leur contrôle mutuel a évité des erreurs et sauvegardé les intérêts du Trésor mais la méthode employée a soulevé bien des réclamations de la part des pensionnés renvoyés d'un service à un autre et faisant queue dans les

bureaux du Ministère des Pensions, de la Dette Inscrite, des Sous-Intendances et aux guichets des services de vérification et de paiement des Trésoreries générales. Un mode spécial de paiement des premiers arrérages a encore été inauguré, en raison du caractère
provisoire ou forfaitaire des dispositions légales introduites, avec les majorations de la loi du 25 Mars 1920,
l'indemnité de cherté de vie allouée par la loi du 12
Avril 1922, les bonifications de la loi du 18 Juillet 1922
et les coefficients de la loi du 14 Avril 1924. La procédure habituelle de révision fut abandonnée, mais, au
rebours de ce qui avait été décidé pour les pensions de
la loi du 31 Mars 1919, le rôle du comptable fut élargi,
l'intervention du Ministère liquidateur fut supprimée,
et celle de la Direction de la Dette inscrite limitée à la
concession des majorations et des bonifications.

Enfin la loi du 14 Avril 1924 apportait peu de modifications au principe de l'insaisissabilité et au principe
de non-cumul. Elle conservait les grandes lignes de la
règlementation ancienne et son effort tendait surtout
à l'unificaion et à l'amélioraion des dispositions en vigueur.

Avantages et inconvénients des règles nouvelles. —
La méthode aboutit çà et là à quelques simplifications
dont la plus importante est la suppression du certificat
de vie qui n'est pas sans inconvénients pour le Trésor.
Néanmoins, dans son ensemble, cette méthode est plus
compliquée. Sa complexité tient, en grande partie, à
l'existence de deux formes de titres, les livrets et les
titres de l'ancien modèle. qui entraîne la dualité de la
procédure d'assignation et des modes de paiement. Il
faut renoncer à voir ces complications disparaître car
les titres de l'ancien modèle continueront à être délivrés aux titulaires de pensions temporaires et les titulaires d'allocations d'ascendants pourront refuser l'échéance de leurs titres anciens contre des livrets.

L'institution de l'Agent comptable contrôleur du
paiement des pensions n'échappe pas non plus à toute
critique. La création d'un important service avec son
Chef assisté d'un nombreux personnel à l'étroit dans
des locaux occupés jadis par un régiment d'infanterie,
se justifie-t-elle suffisamment par l'intérêt qu'il y avait
à établir, pour la bonne gestion des Finances publiques,
une situation d'ensemble de toutes les dépenses payées

au titre des pensions servies par l'Etat ? Cette situation n'aurait-elle pu être dressée sans recourir à la création d'un comptable nouveau ? L'institution se justifie-t-elle pour assurer un contrôle de ces dépenses qui aurait échappé au contrôle administratif précédemment exercé ?

Il y a lieu de remarquer enfin que le nouveau système de paiement est plus rigide que l'ancien. Ce défaut de souplesse résulte en grande partie de ce qu'un grand nombre de ses nouveautés ont été introduites par la loi qui s'est livrée à une minutieuse règlementation des détails notamment en ce qui concerne l'institution des livrets et leur mode de paiement. Il y a là un empiètement certain et que l'on peut qualifier d'abusif du pouvoir législatif sur le pouvoir règlementaire. Cette confusion de pouvoirs et de fonctions est d'ailleurs conforme à la tendance générale de la législation actuelle et ses effets sont de plus en plus fréquemment constatés non seulement dans le domaine du paiement des pensions mais dans tout le droit public. Cette règlementation par voie législative a de multiples inconvénients : elle constitue de véritables excès de pouvoir législatifs contre lesquels il n'y a pas de recours et qui jettent le trouble dans les organismes administratifs, elle aboutit à un formalisme rigoureux qui se traduit par des tracasseries involontaires mais inévitables à l'égard de ceux-là mêmes que le législateur avait en vue de protéger, elle rend plus difficile la solution des problèmes qui ne sont pas expressément résolus par les textes de loi, elle est difficilement perfectible, la moindre modification aux règles édictées nécessitant la mise en mouvement du lourd appareil parlementaire.

Il convient toutefois, au terme de cette étude, de rendre hommage aux efforts vers le mieux consacrés par les règles nouvelles, de ne pas considérer les réformés à venir comme impossibles et de ne pas s'abandonner au pessimisme...

PRINCIPAUX TEXTES LÉGISLATIFS CITÉS

22 Août 1790. — Proclamation du Roi sur les décrets de l'Assemblée nationale des 10, 16, 23, 26 et 31 Juillet 1790, concernant les pensions, gratifications et autres récompenses nationales.

22 Floréal an VII. — Loi contenant des mesures pour faciliter le paiement des rentes et pensions.

28 Fructidor an VII. — Loi sur la solde de retraite pour l'armée de terre.

15 Mai 1818. — Loi sur les Finances. Art. 15 Fausses déclarations.

26 Juillet 1821. — Loi concernant les donataires dépossédés.

29 Janvier 1831. — Loi portant règlement du budget de l'exercice 1828. Art. 9 et 10. Prescription quinquennale.

11 Avril 1831. — Loi sur les pensions de l'armée de terre.

18 Avril 1831. — Loi sur les pensions de l'armée de mer.

24 Avril 1833. — Art. 5 Loi relative aux formes et au contrôle des récépissés et autres titres qui engagent le Trésor public.

13 Juin 1850. — Loi concernant les citoyens qui ont reçu des blessures dans les journées de Mai et de Juin 1848.

9 Juin 1853. — Loi sur les pensions civiles.

26 Avril 1855. — Loi relative à la création de la caisse des —dotations de l'armée.

26 Avril 1856. — Loi relative aux pensions de veuves de militaires et marins tués sur le champ de bataille.

17 Juillet 1856. — Loi relative aux pensions des grands fonctionnaires de l'Empire.

25 Juin 1861. — Loi modifiant celle du 11 Avril 1831, sur les pensions de l'armée de terre.

10 Avril 1869. — Loi modifiant celle du 18 Avril 1831, sur les pensions de l'armée de mer.

27 Novembre 1872. — Loi relative aux pensions à accorder aux militaires blessés ou amputés.

10 Juillet 1874. — Loi sur le rengagement des sous-officiers.

13 Mars 1875. — Loi relative à la constitution des cadres et des effectifs de l'armée active et de l'armée territoriale.

12 Août 1876. — Loi portant fixation du budget général de l'exercice 1876. Art. 13 (Echéance).

22 Juin 1878. — Loi relative aux pensions de retraite des officiers de l'armée de terre.

5 Août 1879. — Loi sur les pensions du personnel des départements de la Marine et des Colonies.

18 Août 1879. — Loi sur les pensions des sous-officiers, caporaux ou brigadiers et soldats de l'armée de terre.

23 Juillet 1881. — Loi relative au rengagement des sous-officiers.

30 Juillet 1881. — Loi relative aux indemnités à accorder aux victimes du coup d'Etat du 2 Décembre 1851.

18 Août 1881. — Loi relative aux pensions des anciens militaires et marins et de leurs veuves (suppléments).

16 Mars 1882. — Loi sur l'administration de l'armée.

30 Août 1883. — Loi sur la réforme de l'organisation judiciaire.

27 Juin 1885. — Loi relative au personnel des facultés de théologie catholique.

18 Avril 1888. — Loi ayant pour objet d'assurer, à titre de récompense nationale des pensions viagères aux survivants des blessés de 1848.

15 Juillet 1889. — Sur le recrutement de l'armée. — Ar. 63. Pensions proportionnelles.

26 Janvier 1892. — Loi portant fixation du budget général de l'exercice 1892. Art. 49. Allocations supplémentaires aux pensionnaires militaires.

8 Juillet 1899. — Loi unifiant les pensions proportionnelles des sous-officiers, caporaux et soldats rengagés et commissionnés.

21 Mars 1905. — Loi modifiant celle du 15 Juillet 1889 sur le recrutement de l'armée de terre.

9 Décembre 1905. — Loi concernant la séparation des Eglises et de l'Etat. (Art. II).

30 Janvier 1907. — Loi portant fixation du budget général de l'exercice 1907. (Art. 41 Caisse des retraites ecclésiastiques).

22 Décembre 1910. — Loi ayant pour objet de régler le cumul des pensions de veuves et d'orphelins avec des traitements ou indemnités d'activité.

13 Juillet 1911. — Loi portant fixation du budget général pour l'exercice 1911. (Art. 74 Certificats délivrés par les Maires).

30 Décembre 1913. — Loi sur les pensions (Art 37 et 40. Cumul).

17 Mars 1915. — Loi portant conversion en lois de décrets pris en matière financière du 12 Août au 16 Septembre 1914. (Cumul des soldes).

30 Mars 1915. — Loi portant rectification de décrets réglant diverses mesures d'organisation militaire. (Cumul des soldes).

9 Avril 1915. — Loi ayant pour objet : 1° d'étendre aux familles des victimes civiles de la guerre le bénéfice des allocations instituées par la loi du 5 Août 1914 ; 2° de régler la situation des allocataires qui peuvent prétendre à pension.

10 Avril 1915. — Loi portant rectification du décret du 17 Décembre 1914 accordant aux veuves des officiers des différents corps de la Marine et des officiers mariniers, quartiers-maîtres et marins des équipages de la flotte décédés sous les drapeaux, la moitié des allocations de solde, et, s'il y a lieu, de haute paie d'ancienneté de leurs maris.

31 Décembre 1915. — Loi relative à la fixation des dates d'échéance des pensions.

26 Juillet 1917. — Loi relative à l'interdiction des prêts sur pensions et à l'institution d'un système d'avances sur pension.

18 Octobre 1917. — Loi concernant l'attribution d'une allocation temporaire aux petits retraités de l'Etat.

30 Avril 1918. — Loi modifiant la loi du 18 Octobre 1917 et relevant l'allocation temporaire accordée aux petits retraités de l'Etat.

23 Février 1919. — Loi modifiant la loi du 30 Avril 1918 et relevant l'indemnité temporaire accordée aux petits retraités de l'Etat.

31 Mars 1919. — Loi modifiant la législation des pensions des armées de terre et de mer, en ce qui concerne les décès survenus, les blessures reçues et les maladies contractées ou aggravées en service.

24 Juin 1919. — Loi sur les réparations à accorder aux victimes civiles de la guerre.

5 Septembre 1919. — Loi modifiant le mode de paiement des arrérages des pensions inscrites au Grand-Livre de la Dette viagère.

21 Octobre 1919. — Loi fixant la durée d'application de la loi du 23 Février 1919 et accordant l'allocation temporaire aux militaires retraités proportionnels.

25 Mars 1920. — Loi attribuant des majorations aux titulaires de pensions civiles ou de pensions militaires d'ancienneté liquidées ou à liquider.

12 Avril 1922. — Loi concernant l'attribution d'une indemnité temporaire de cherté de vie aux petits retraités et pensionnés de l'Etat.

18 Juillet 1922. — Loi accordant le bénéfice des pensions de la loi du 31 Mars 1919 aux anciens militaires et marins réformés antérieurement au 2 Août 1914 pour blessures ou infirmités et à leurs enfants, veuves ou ascendants.

28 Décembre 1922. — Loi portant, au titre du budget général et du budget spécial des dépenses recouvrables en exécution des traités de paix : 1° régularisation des crédits ouverts par décrets au titre de l'exercice 1922 ; 2° ouverture et annulation de crédits sur l'exercice 1922. Art. 26. Dérogation aux prescriptions de l'art. 217 du Code civil en faveur des femmes mariées titulaires d'une pension.)

13 Juillet 1923. — Loi permettant aux pensionnés militaires de la Guerre et de la Marine de résider à l'étranger sans autorisation.

14 Avril 1924. — Loi portant réforme du régime des pensions civiles et militaires.

---

1. Recueils de Textes

Ministère des Finances. — Bulletin de statistique et de législation comparée.
Paris. Imprimerie nationale.

Ministère des Finances. — Circulaires de la Direction de la Comptabilité publique à MM. les Trésoriers-Payeurs généraux, Receveurs des Finances, etc...

Ministère des Finances. — Direction de la Dette Inscrite. Circulaires et annexes.

Ministère des Finances. — Direction de la Dette Inscrite. Lois et décrets concernant le service des pensions à la charge du Trésor public.
Paris, Imprimerie nationale. 1911.

Ministère des Finances. — Recueil mensuel des lois, décrets et arrêtés concernant l'Administration des Finances.
Paris. Imprimerie nationale.

Ministère de la Guerre. — Bulletin officiel. Manuel du service des pensions.
15 Mars 1897.

Ministère des Pensions. — Recueil des documents officiels intéressant la législation des pensions. (3 volumes).
G. Voguet. — Réglement général sur la Comptabilité publique. Décret du 31 Mai 1862 et actes modificatifs.
Berger-Levrault. 1911

---

2. Études Doctrinales

Edgard Allix. — Traité élémentaire de Sciences des Finances et de législation financière française.
Arthur Rousseau, 4e édi 1921.

Adrien Bavelier. — Traité des pensions civiles et militaires. Tome I. Pensions civiles. Tome II. Pensions militaires.
Arthur Rousseau. 1896.

Paul Binet et Robert Franceschi. — Traité des pensions militaires suivi des textes annotés.   Dalloz. 1920.

Joseph Blanchon. — Le paiement des pensions de l'Etat.
Berger-Levrault. 1914.

Fournier et Neveu. — Traité d'administration de la Marine. Administration de la Caisse des Invalides de la Marine et législation des pensions de l'armée de mer.   1897,

Gaston Griolet, Charles Verge et Louis Robinet. — Traité des pensions civiles et militaires. (Extrait du code des lois politiques et administratives annotées de la collection Dalloz).
1900-1905.

Gaston Jèze. — Cours élémentaire de science des finances et de la législation financière française.   Giard 1922.

Lassuderie-Duchêne. — Les pensions d'après la loi du 31 Mars 1919.
1919.

Marcé. — Comptabilité publique.
Extrait du code des lois publiques et administratives. Dalloz.
1904-1905.

Ch. de Marcillac. — La Caisse Centrale du Trésor public.
Berger-Levrault. 1890.

Georges Michel. — La loi du 14 Avril 1924 et la réforme du régime des pensions de retraite.
Librairie du Recueil Sirey. 1925.

Eugène Ourry. — Dictionnaire des pensions inscrites au Trésor public.
Librairie militaire de J. Dumaine. 1874.

E. Perriquet. — Etat des fonctionnaires et Pensions civiles.
1896.

Charles Rabany. — Les pensions civiles de l'Etat.
Berger-Levrault. 1916.

R. Saint-Paul et J. Audibert. — Le nouveau régime des retraites.
Publication de l'Indicateur Universel
des P. T. T. 1924.

J. Saumur. — Pensions et secours.   1895,

J. Tardieu. — Traité théorique et pratique de la législation des pensions. (Extrait du répertoire de Droit administratif). 19
1906.

Charles Valentino. — Les pensions militaires de la loi du 31 Mars 1919. 2e édition.   1921.

APPENDICE

SUPPLÉMENTS SPÉCIAUX TEMPORAIRES AUX PENSIONS MILITAIRES D'INVALIDITÉ ET AUX PENSIONS DES VICTIMES CIVILES

La loi du 13 juillet 1925 (1) portant fixation du budget général de l'exercice 1925, dans ses articles 194 à 197, concède aux pensionnés des lois du 31 mars 1919 et du 24 juin 1919 des suppléments de pension dits « suppléments spéciaux temporaires ».

Bénéficiaires. — Ont droit à ces suppléments : les titulaires d'une pension de la loi du 31 mars 1919, les veuves, ascendants et orphelins, y compris les militaires en service, concessionnaires, en vertu de la loi du 30 avril 1920, d'une pension d'invalidité du taux de celle de soldat, — les victimes civiles, titulaires d'une pension de la loi du 24 juin 1919, leurs veuves et ascendants, — les titulaires de pensions boni_fiées en vertu de la loi du 18 juillet 1922 ou leurs ayants droit et ascendants, — les victimes de la guerre alsaciennes ou lorraines pensionnées en vertu de la loi du 17 avril 1923 et les titulaires de gratifications de réforme majorées en vertu des lois du 18 juillet 1922 et 26 juillet 1923. En revanche les suppléments spéciaux ne sont pas attribués aux militaires indigènes des colonies, — aux militaires titulaires d'anciennes pensions non bonifiées, — aux militaires invalides qui, pouvant invoquer le bénéfice de la loi du 31 mars 1919,

---

1. Pour l'application de la loi, v. Circulaire de la comptabilité publique du 24 juillet 1925.

ont opté, conformément à l'article 65 de cette loi, pour une
pension à l'ancien taux, aux titulaires de pensions d'invalidité dont le montant a été élevé conformément à l'article 47
de la loi du 14 avril 1924, au minimum de la pension
d'ancienneté de leur grade augmenté des bénéfices de campagne.

Taux. — Le montant des suppléments est déterminé, pour
les invalides, leurs veuves ou leurs orphelins sans égard au
grade. C'est la pension de soldat qui sert de base au calcul
de ces suppléments qui ne varient qu'en raison du taux de
l'invalidité. Pour les invalides, le supplément annuel est de
80 o/o de la pension due, en vertu de la loi du 31 mars 1919,
à un soldat atteint de la même invalidité. Il est calculé non
seulement sur la pension principale, mais encore sur la
majoration pour tierce personne de l'article 10 de la loi du
31 mars 1919, et sur le complément alloué par l'article 12
en cas d'infirmités multiples. Pour les veuves et les orphelins, il est de 80 o/o de la pension due à une veuve de soldat du taux exceptionnel ou du taux normal (soit 800 fr.) ou
du taux de réversion (soit 500 fr.). Pour les ascendants il
est de 80 o/o de l'allocation.

Le supplément est attribué non seulement à la pension
principale mais aux majorations pour enfants. Le supplément de majoration est fixé à 240 francs pour les veuves,
les orphelins et les invalides de 100 o/o et au-dessus, à
228 francs pour les invalides de 65 o/o, 216 francs pour les
invalides de 90 o/o, 204 francs pour les invalides de 85 o/o
et à 80 o/o du tarif des majorations accordées en 1919, pour
les invalides de 10 à 80 o/o.

Veuves remariées. Leur exclusion. — Aucun supplément
n'est dû à la veuve remariée sur sa pension principale,
même au cas où cette pension est divisée et fait l'objet,
lorsque la veuve ne conserve pas sa tutelle, d'un titre séparé
délivré au tuteur des orphelins. Il s'agit là, en effet, d'une
part déléguée, aux termes de l'article 18 de la loi du 31 mars

1919, et non de droits nouveaux inscrits au profit des orphelins. Par contre les suppléments afférents aux majorations d'enfants correspondantes sont alloués dans tous les cas, que la veuve conserve ou non la tutelle et que sa pension soit ou non divisée.

Lorsqu'une veuve remariée est redevenue veuve, elle ne peut obtenir le supplément spécial que du chef de son second mari. Elle ne pourrait recevoir le supplément spécial qu'après avoir opté pour la pension qui lui serait allouée du chef de ce second mari et obtenu de la Dette inscrite la délivrance d'un nouveau titre.

Concours de la veuve avec des orphelins d'un autre lit. — Au cas prévu par l'article 20 de la loi du 31 mars 1919, du partage de la pension principale de la veuve avec les orphelins d'un autre lit, la part de la veuve qui s'élève au minimum au taux de la pension de veuve de soldat, reçoit le supplément intégral de 800 francs alloué à toutes les veuves. Mais le supplément attribué aux orphelins est proportionnel au montant de leur part : il est de 320 francs pour le taux normal et exceptionnel et de 200 francs pour le taux de réversion. Au cas de pluralité de mariages, le supplément des orphelins se trouverait encore réduit.

Point de départ. — Les suppléments afférents à la pension principale sont dus à compter du 1er janvier 1925, pour les pensionnés en possession de droits à pension à cette date, ou à compter du point de départ de la pension pour ceux dont les droits sont nés postérieurement. Il en est de même pour les suppléments des majorations correspondant aux pensions d'invalidité d'un taux inférieur à 85 o/o. En revanche, pour les majorations correspondant à des pensions d'invalidité supérieures à ce taux ainsi que pour celles qui sont afférentes aux pensions des veuves et des orphelins, la loi stipule, dans son article 195, que le supplément de majoration ne sera payé qu'à compter de sa promulgation (16 juillet 1925).

Insaisissabilité. Cumul. — Les suppléments spéciaux temporaires sont soumis aux mêmes règles générales de paiement que les pensions principales. Ils sont incessibles et insaisissables conformément aux mêmes principes généraux et sont soumis aux mêmes causes de suspension et d'extinction, aux mêmes règles de cumul. Toutefois, en vertu du paragraphe 5 de l'article 194 de la loi, au cas où un pensionné serait titulaire de pensions ou allocations ouvrant droit chacune à un supplément, ces suppléments ne peuvent se cumuler entre eux.

Paiement. — Tant que les pensions ne sont pas encore inscrites, les sous-intendants tiennent compte des suppléments dans leur liquidation. Les titres d'allocation provisoire d'attente sont établis au nouveau taux et comprennent, s'il y a lieu, un rappel correspondant aux coupons déjà payés sur les titres d'allocation déjà émis qui sont échangés contre les nouveaux. Ces nouveaux titres ne sont payables que dix jours après leur date d'émission.

Concessions nouvelles. — Les titres établis à l'avenir par la Dette porteront, quelle que soit leur forme (livrets ou titres de l'ancien modèle) une mention relative au droit au supplément spécial temporaire.

Les sous-intendants établissent la feuille de décompte en tenant compte des suppléments et en inscrivant, au débit, les suppléments perçus sur l'allocation provisoire d'attente et, au crédit, les suppléments dus depuis la date de jouissance de la pension.

Le paiement des suppléments spéciaux sur les titres définitifs nouvellement émis s'effectue en deux fois : paiement des premiers arrérages trimestriels augmentés des suppléments spéciaux et paiement des rappels de supplément. Si, pendant la liquidation de la feuille de décompte, le livret ou le brevet de pension se trouve déjà en la possession du pensionné, les premiers arrérages trimestriels augmentés des suppléments sont payés suivant les règles ordinaires.

exposées ci-après applicables aux pensions anciennement concédées. Le rappel du supplément sera payé sur une quittance spéciale, conformément aux mêmes règles, mais, en vue d'être compensé avec le débit de la feuille de décompte, cette quittance ne sera payée qu'après présentation de la feuille de décompte. — Si le titre n'a pas encore été délivré au pensionnaire, il sera communiqué à la Trésorerie générale, ainsi que les titres de majoration et les fiches de paiement. La Trésorerie prendra note et renverra les titres à la Sous-Intendance en les annotant de la mention : rappel de supplément spécial payable sur feuille de décompte, afin d'éviter l'établissement d'une quittance spéciale qui provoquerait un double paiement.

Paiement sur pensions inscrites et en cours de paiement. — Pour ces pensions, la liquidation des suppléments et leur paiement est entièrement l'œuvre des comptables. Le paiement comprend deux séries d'opérations : 1º les trimestres d'arrérages échus après le 3o juin 1925 sont acquittés avec les suppléments. Si ces arrérages ont déjà été payés, le paiement des suppléments est effectué avec le trimestre suivant ; 2º les rappels de suppléments du 1er janvier 1925, ou depuis la date de jouissance jusqu'à la veille de l'échéance acquittée au nouveau taux ou jusqu'à la date d'expiration sont payés sur quittance spéciale, dans des conditions particulières.

Paiement des premiers suppléments trimestriels d'arrérages. — Pour les paiements *sur livrets*, le montant du supplément est liquidé et payé par le *comptable assignataire* dans les cas simples, c'est-à-dire pour les pensions de soldat ou au taux de soldat (pensions cumulées avec une solde ou une pension d'ancienneté), — les pensions de veuves ou d'orphelins (non divisées), — les pensions mixtes (pour la partie concernant l'invalidité qui comporte seule l'attribution du supplément) des invalides ou des veuves et orphelins (au cas où ces dernières ne sont pas divisées), — les allocations d'ascendants, — les majorations d'enfants, — les pensions, majorations et allocations des victimes civiles. Les comptables assignataires inscrivent au-dessus du montant de chaque coupon, en marge du coupon et sur la fiche de paiement A en leur possession, le montant des suppléments trimestriels entiers pour les allocations et les pensions et majorations d'enfant correspondant à un taux d'invalidité inférieur à 85 o/o ou le montant du prorata acquis depuis le 16 juillet 1925 pour les pensions supérieures à ce taux, les majorations correspondantes et les pensions de veuves et d'orphelins.

Dans les autres cas, c'est au trésorier-payeur général qu'il appartient de liquider les suppléments. Ces comptables supérieurs interviennent donc pour les pensions des militaires gradés (sauf pour les mixtes), pour les pensions de veuves et d'orphelins divisées, et généralement dans tous les cas où en vertu des règlements en vigueur, leur intervention est prescrite. Le trésorier général détermine, en considération du montant de la pension et du grade, le taux d'invalidité et, pour les pensions de veuves ou d'orphelins, le taux de réversion, le taux normal ou le taux exceptionnel. Il applique ensuite à ces taux les suppléments correspondants.

Pensions bonifiées. — Pour la détermination des suppléments correspondant aux pensions bonifiées, la méthode suivante est appliquée. Ces pensions comportent pour les invalides (v. p. 173 et sq.) : 1° le montant de l'ancienne pension ; 2° la bonification ; 3° le cas échéant, la majoration pour tierce personne, 4° le supplément temporaire. Les pensions des veuves comportent : 1ᶜ le montant de l'ancienne pension. 2° la bonification ; 3° le supplément temporaire. Il n'y a pas de difficulté lorsqu'il n'existe pas de supplément temporaire. Pour les pensions comportant ce supplément temporaire, le supplément spécial de la loi du 13 juillet 1925 est déterminé en considération de la pension principale augmentée de la bonification et, s'il y a lieu, de la majoration de l'article 10, auquel s'ajoute le supplément spécial concernant les majorations pour enfants. Le total des suppléments spéciaux est comparé au supplément temporaire de la loi du 18 juillet 1922. Si le total des suppléments spéciaux est supérieur au supplément temporaire, ce dernier disparaît. Mais pour éviter la modification du titre, il a été décidé qu'on allouerait au pensionné l'excédent du supplément de la loi du 13 juillet 1925. Mention de cet excédent est porté sur le titre. Si les suppléments spéciaux totalisés sont inférieurs au supplément temporaire, la situation du pensionné n'est pas modifiée. Aucun supplément spécial n'est attribué et mention en est portée sur le titre.

Les suppléments spéciaux ainsi déterminés sont annotés sur les fiches de paiement B conservées à la Trésorerie générale et notifiés aux comptables assignataires qui les reportent sur les fiches A.

Au moment de l'émargement des coupons, les trésoriers généraux contrôlent les suppléments déterminés par les comptables assignataires et annotent les fiches de paiement B.

Pour *les brevets de l'ancien modèle*, le montant des suppléments spéciaux est déterminé par les Trésoriers généraux ou les Receveurs des finances, conformément aux règles ci-dessus. Le comptable supérieur arrête la quittance, annote ses registres permanents et les brevets et indique, dans la case d'estampillage du trimestre, le montant du supplément. Cette mention servira pour la rédaction des quittances des trimestres à échoir.

Rappels. — Pour obtenir le paiement des rappels des échéances antérieures au 1er juillet 1925 sur pensions en cours ou sur pensions expirées ou suspendues, les pensionnés doivent souscrire une *déclaration*. Cette déclaration est vérifiée et transmise par le comptable assignataire au Trésorier général qui procède seul à la liquidation du rappel.

La déclaration a pour objet d'établir la situation du pensionné. Cette situation doit n'avoir pas changé depuis le 1er janvier 1925 pour que l'intéressé ait droit depuis cette date au supplément spécial correspondant à sa pension actuelle et à ses majorations pour enfants. En conséquence, la pensionné est astreint à désigner la pension dont il est actuellement titulaire et à certifier si antérieurement au point de départ de cette pension, il a bénéficié d'une autre pension. Il déclare en outre les majorations d'enfants qui lui ont été accordées et atteste l'existence des enfants qui en font l'objet. Enfin le pensionné déclare ne pas cumuler, au titre de la loi du 31 mars 1919, une autre pension avec celle pour laquelle il demande l'attribution des suppléments spéciaux. Cette déclaration est souscrite par le tuteur au nom des orphelins. Les veuves, de même que les ascendantes doivent certifier en outre si elles sont ou non remariées.

La déclaration doit être contrôlée par le Trésorier général. Son contrôle porte principalement sur les majorations d'enfants qui ne devront être ni expirées ni concédées antérieurement à la date de naissance, — sur les déclarations de non remmariage des ascendantes veuves, — sur les certifications de non-cumul.

A l'aide des renseignements fournis par la déclaration, le Trésorier général reconstitue la situation du pensionné depuis le 1ᵉʳ janvier 1925. Pour les pensionnés dont les droits auraient, depuis cette date, fait l'objet de pensions successives, le Trésorier s'assure de l'exatitude des renseignements donnés en recourant au besoin aux Sous-Intendants ou à la Dette Inscrite.

Puis la situation ainsi établie et vérifiée, le rappel fait l'objet d'une quittance spéciale, quelle que soit la forme du titre (livret ou brevet de l'ancien modèle). Le montant du rappel est porté sur les registres permanents, sur les fiches de paiement et sur les titres.

Le paiement est effectué en principe à l'échéance qui suit celle du paiement des premiers suppléments trimestriels. Si le pensionné est débiteur du Trésor, ce paiement est fait sous déduction du précompte qui peut absorber l'intégralité du rappel. Les rappels sont toujours payés pour le compte du Trésorier général du département d'assignation actuelle.

Pensions payables par avances mensuelles. — Le montant total trimestriel des suppléments spéciaux est payé avec le solde trimestriel afférent à la première échéance postérieure au 3o juin 1925. Le rappel de supplément sera payé, sur quittance spéciale, lors du paiement du second solde trimestriel liquidé au nouveau taux. Pour effectuer ces paiements, les receveurs des postes ou les caissiers des caisses d'épargne envoient à la Trésorerie générale les fiches dites n° 2. Celle-ci indique le montant des suppléments sur ses registres permanents ou sur les fiches B en sa possession, inscrit sur les fiches n° 2 les sommes à payer au titre du supplément spécial et renvoie ces dernières aux comptables assignataires. Ceux-ci inscrivent les suppléments sur les fiches A et lors du paiement, annotent les titres. Lors du paiement de chaque avance, les fiches n° 2 sont émargés dans les conditions habituelles sans distinguer le supplément de la pension principale.

Pensions expirées par décès. — Les héritiers d'un pensionnaire décédé ont droit au supplément jusqu'au jour du décès. Pour la période du 3o juin au jour du décès, le paiement est effectué d'office. Pour la période antérieure, les héritiers sont astreints à la déclaration et touchent sur quittance spéciale.

Pensions payées à l'étranger. — Pour ces pensions les payeurs d'armées et les consuls envoient les brevets ou les livrets à la Caisse centrale du Trésor en les accompagnant de la déclaration et des fiches. La Caisse centrale procède à la liquidation des suppléments.

Titulaires d'une rente accident. — Les titulaires d'une rente-accident ont droit au supplément spécial correspondant au montant intégral de la pension de l'Etat qu'ils devraient recevoir (sans déduction de la rente-accident). Le supplément est déterminé par le Trésorier général. Si la rente-accident est supérieure à la pension qu'ils devraient recevoir de l'Etat, les pensionnés ont droit également au supplément spécial. Ils devront s'adresser, afin d'obtenir la remise d'un titre, à la Dette inscrite.

Changement d'assignation. — Les bulletins de changement d'assignation doivent indiquer le montant des suppléments trimestriels et annuels tant sur la pension principale que sur les majorations.

ERRATA

Page 47, ligne 22, après le mot « expose », ajouter « le Trésor à des
    risques ».

Page 47, ligne 32, au lieu de « qu'elle ne pouvait du reste pas pas
    prévoir », lire « qu'elle ne pouvait du reste pas
    prévoir ».

Page 72, ligne 4, au lieu de « Le point de départ de l'échéance », lire
    « Le point de départ du décompte ».

Page 86, lignes 16 et 17, au lieu de « Par contre certaines veuves et
    certains orphelins tirent leurs droits », lire « Il en
    est de même pour les veuves et les orphelins titu-
    laires de pensions de reversion et qui tirent leurs
    droits ».

Page 86. Supprimer les lignes 20 à 24 et les remplacer par la phrase :
    « Les deux catégories de veuves et d'orphelins
    doivent produire en conséquence un certificat de
    non avances ou, dans le cas où des avances
    auraient été consenties, un ordre de reversement. »

Page 104, ligne 3, avant les mots « et celles qui sont indiquées sur
    le titre de pension », ajouter « 2° entre les dates
    inscrites sur la feuille de décompte ».

Page 128, ligne 23, avant les mots « et jusqu'à trois », ajouter « à par-
    tir du second ».

Page 140, ligne 10, au lieu de « sur l'Etat », lire « contre l'Etat ».

Page 157, ligne 10, après le mot « effectués », ajouter « par les caisses
    du Trésor ».

Page 167, entre les lignes 8 et 9, intercaler les mots « à 50 o/o pour
    la part comprise entre 375 et 900 frs. ».

Pages 191, supprimer la ligne 27.

Page 192, ligne 12, après les mots « de compter 50 ans d'âge et 20 ans
    de service », ajouter « dans la partie sédentaire et
    45 ans d'âge et 15 ans de service ».

Page 201, lignes 37 et 38, supprimer les mots : « lorsqu'elle n'est pas
    supérieure à 900 frs., du coefficient 3 ».

INDEX ALPHABÉTIQUE

Les chiffres renvoient aux pages

www.ingramcontent.com/pod-product-compliance
Lightning Source LLC
LaVergne TN
LVHW051105060726
842525LV00003B/789